Chemin de passion
chemins du monde

Henri Nouwen

Chemin de passion chemins du monde

Bayard

Mise en page : Dominique Pelland et Caroline Galhidi

Les textes bibliques sont tirés de la Bible TOB.
Société biblique française & Éditions du Cerf, Paris, 1988. Avec l'autorisation de la Société biblique canadienne.

Pour l'édition française :
ISBN : 2-227-47592-7

3 et 5, rue Bayard, 75393 Paris Cedex 08 (France)

Mot de l'éditeur

Écrire est rapidement devenu pour Henri Nouwen une nécessité. Le temps consacré à l'écriture lui a permis de trouver l'équilibre dont il avait besoin dans l'exercice de son ministère sacerdotal et de satisfaire cet irrésistible besoin qu'il éprouvait de témoigner de l'action de l'Esprit de Jésus en lui et dans le monde. En parcourant son œuvre, on est saisi par l'extraordinaire fécondité des quelques grandes intuitions qui ont guidé son cheminement spirituel.

Les quatre ouvrages qui sont ici réunis ont été rédigés après 1986, alors que Nouwen a renoncé à une brillante carrière universitaire dans de prestigieuses universités américaines (Notre-Dame, Yale, Harvard) et a choisi de vivre au sein d'une communauté de l'Arche — Daybreak — à Toronto. Pareille décision est survenue après une difficile période de remise en question. Dans son tout nouveau milieu de vie, l'universitaire habitué à être porté par l'estime et les louanges de ses collègues et étudiants prend conscience que les valeurs tant prisées au cours de ses années de vie professionnelle n'ont aucune consistance aux yeux des personnes lourdement handicapées qu'il côtoie. D'autres valeurs, beaucoup plus proches de l'Évangile, les font vivre. Il lui restait à les découvrir.

Une même intuition spirituelle traverse l'existence de Nouwen de part en part. Elle peut se résumer ainsi : toute la vie spirituelle est un « oui » ininterrompu à la réalité et à la vérité de notre identité de « bien-aimé ». D'où l'importance qu'il accorde à l'amitié qui, pour lui, est le reflet de l'amour de Dieu. Voie d'accès privilégiée au mystère de l'amour de Dieu révélé en Jésus, l'amitié constitue, nous semble-t-il, un fil unificateur des quatre ouvrages réunis dans ce recueil.

Le premier, *Chemin de passion, chemins du monde* (*Walk with Jesus. Stations of the Cross*, 1990), est un chemin de croix que Nouwen a rédigé « les yeux fixés sur Jésus » alors qu'il était immobilisé à la suite d'un accident de voiture. Obligé de cesser ses nombreuses activités, il devient — selon ses propres mots — « attentif à Jésus et à ses amis ». Cet ouvrage fait écho à sa découverte de la souffrance et de la misère aussi bien dans sa propre vie qu'en Amérique latine, au Pérou et à l'Arche. « Aimer, écrit Nouwen, c'est accepter d'accueillir la souffrance. » C'est au contact de la souffrance que Nouwen s'est véritablement ouvert aux autres.

Dans *Lettre à un ami sur la vie spirituelle* (*Life of the Beloved. Spiritual Living in a Secular World*, 1993), on voit Nouwen se lier d'amitié avec Fred Bratman, un journaliste juif venu l'interviewer. C'est en bonne partie au contact de Fred que se sont imposées à lui la nécessité et l'urgence de tenir, sur la vie spirituelle, un discours que des gens éloignés de toute tradition religieuse pourraient comprendre. C'est donc à l'amitié que les propos de Nouwen doivent d'avoir conservé, des décennies plus tard, leur étonnante actualité. S'il sait si bien parler au cœur et à l'esprit des femmes et des hommes de notre temps qui vivent dans un monde sécularisé, c'est qu'il a appris à les connaître en fréquentant Fred et ses amis.

Le remarquable traité sur la vie spirituelle qu'on découvre dans *Vivre sa foi au quotidien* (*Here and Now. Living in the Spirit*,

1994) s'enracine dans une vie personnelle et communautaire qui fait une large place à l'amitié, comme en témoignent les savoureux exemples qui tissent cet écrit de Nouwen. Fondée sans équivoque sur la suite de Jésus, l'expérience spirituelle à laquelle s'alimente sa réflexion lui fait découvrir peu à peu la véritable profondeur de ses amitiés. « Toutes les relations humaines, écrit encore Nouwen, qu'elles soient entre parents et enfants, entre mari et femme, entre amoureux, entre amis ou entre les membres d'une même communauté, sont destinées à être le reflet de l'amour de Dieu pour l'humanité tout entière et pour chaque individu. »

Quant à l'ouvrage *Ma foi comme une histoire* (*Adam. God's beloved*, 1997), il témoigne du point d'aboutissement du cheminement de Nouwen. Rédigé au cours de la dernière année de sa vie (1996), il ne sera publié qu'après sa mort grâce à Sue Mosteller, une proche collaboratrice et amie. Il illustre magnifiquement là où l'amitié a conduit Nouwen. Les pages qui racontent l'histoire de son ami Adam Arnett — une personne lourdement handicapée, incapable de parler — sont tout simplement bouleversantes et constituent un véritable hymne à l'amitié. Résumant ce que lui a apporté Adam, Nouwen affirme : « Voici l'homme qui plus que tout autre m'a permis d'entrer en communication avec mon moi intérieur, ma communauté, mon Dieu. Voici l'homme dont on m'avait confié le soin, mais qui m'a accueilli dans sa vie et dans son cœur de manière si profonde. Oui, j'ai pris soin de lui pendant ma première année à Daybreak, et j'en suis venu à tellement l'aimer; il a été pour moi un cadeau inestimable. Voici mon conseiller, mon maître et mon guide, qui n'a jamais réussi à dire un mot mais qui m'a enseigné plus que n'importe quel livre, professeur ou directeur spirituel. Voici Adam, mon ami, mon ami bien-aimé, la personne la plus vulnérable que j'aie connue et en même temps la plus forte. Il est mort maintenant. »

En regroupant ces quatre ouvrages de Nouwen, ce recueil nous fait entrer, nous semble-t-il, dans le mouvement d'ensemble de son œuvre : de Jésus, on est conduit à l'amitié, qui nous ramène à Jésus, en qui toute amitié trouve sa pleine dimension. Durant toutes les années qu'il a passées à l'Arche, au gré des événements qui l'ont façonné, Nouwen a contemplé — en la vivant — une même réalité spirituelle sous de multiples facettes, cette réalité spirituelle de l'amitié dans laquelle l'humain et le divin s'unissent au point de ne former plus qu'un.

Chemin de passion, chemins du monde

Méditation

Illustrations de sœur Helen David

Chemin de passion, chemins du monde
est la traduction de *Walk with Jesus. Stations of the Cross*, publié par Orbis Books, 1990.

Traduction : Josée Latulippe

Illustrations : S. Helen David

Remerciements

Ces réflexions à partir des illustrations de sœur Helen David ont en grande partie été écrites au cours d'un séjour de trois semaines et demie à l'hôpital York Central, à Richmond Hill, en Ontario. Je faisais de l'auto-stop pour me rendre au travail, un matin de verglas, lorsque j'ai été frappé par le rétroviseur extérieur d'une camionnette. Résultat : cinq côtes fracturées et j'ai dû subir une ablation de la rate. Ce qui, sur le coup, semblait être un événement malheureux s'est cependant révélé être une bénédiction « déguisée », une occasion de cesser les nombreuses activités qui m'occupaient tant et d'être particulièrement attentif à Jésus et à mes amis. La rédaction de ces réflexions est l'un des fruits inattendus de mon séjour à l'hôpital.

Je suis profondément reconnaissant à Connie Ellis, ma secrétaire, qui m'a été d'un grand soutien au cours de ces semaines. À travers d'innombrables autres occupations, elle a réussi à trouver le temps de travailler sur ce texte. Je dois également beaucoup à Conrad Wieczorek, qui a proposé de donner la priorité à l'édition de ce manuscrit.

J'adresse un merci bien spécial à sœur Helen David qui m'a demandé d'écrire ces réflexions. Merci pour sa grande patience après que j'eus accepté. J'aimerais aussi remercier Robert Ellsberg, éditeur en chef d'Orbis Books, pour son amitié et sa généreuse collaboration dans la tâche de réunir dans ce beau livre les illustrations de sœur Helen David et mes mots.

Avant-propos

Les quinze stations du chemin de la croix peintes par sœur Helen David nous invitent à porter sur la passion et la résurrection de Jésus un regard neuf. À travers une fenêtre bordée d'une croix stylisée, nous découvrons comment Jésus poursuit sa route de souffrance mais aussi d'espérance dans nos frères et sœurs qui sont condamnés, kidnappés, affamés, abandonnés, torturés et tués jour après jour à travers le monde. Par cette même fenêtre, nous pouvons également reconnaître des expressions de confiance, d'espérance et d'amour au milieu des ténèbres. J'ai longuement et intensément contemplé ces peintures et je prends de plus en plus conscience que la souffrance autant que la joie, dont nous sommes témoins dans tant de pays, ne sont rien de moins que la révélation perpétuelle du mystère insondable du Vendredi saint, du Samedi saint et du dimanche de Pâques.

« Quand j'aurai été élevé de terre, dit Jésus, j'attirerai à moi tous les hommes » (*Jean* 12, 32). De tout temps et en tous lieux, des gens ont été attirés dans la souffrance et dans le corps ressuscité de Jésus. Il n'existe en effet aucune douleur ou joie humaine que Jésus n'ait prise sur lui. À cause de cela, nous sommes capables de voir notre monde à travers la fenêtre de la croix, d'affronter la terrible réalité de la souffrance humaine sans céder au désespoir.

Ce fut pour moi une vraie grâce de pouvoir méditer sur les peintures de sœur Helen David. J'ai été grandement touché par le fait que ces stations n'ont pas été créées pour que nous nous sentions coupables de la souffrance humaine vécue loin de nous, mais pour nous aider à unir notre humanité blessée à celle des hommes, des femmes et des enfants qui y sont représentés. Cette union est rendue possible par la souffrance et la résurrection de Jésus. Dans et par Jésus, notre monde peut devenir un. En effet, dans son amour divin, Jésus étreint chacun et chacune de nous et veut que nous soyons un comme lui et le Père sont un (voir *Jean* 17, 21).

J'ai écrit ces méditations les yeux fixés sur Jésus qui désire faire tomber les murs qui nous séparent du tiers-monde, qui séparent les riches des pauvres, les gens en santé des malades, ceux qui sont loin de ceux qui sont proches, ceux qui souffrent dans leur corps de ceux qui souffrent au plus profond de leur être. Dans le cœur de Jésus, pas de place pour des comparaisons angoissées entre les degrés et la profondeur de la souffrance humaine. Inutile de se demander qui souffre le plus et quelle souffrance est la plus difficile à supporter. Jésus est mort et ressuscité pour tous, avec leurs différences, afin que tous soient élevés avec lui dans la splendeur de Dieu.

Une douleur immense habite le grand univers qui nous entoure; une douleur immense habite aussi le petit univers qui nous habite. Mais toute souffrance appartient à Jésus. Il la transforme en blessures glorifiées qui nous donnent de le reconnaître comme notre Seigneur ressuscité.

Je prie pour que tous ceux et celles qui regarderont et liront ce livre puissent entrer plus pleinement, à travers la passion et la résurrection de Jésus, dans la présence de Dieu et de tous nos frères et sœurs du monde entier.

Introduction

Marcher avec Jésus

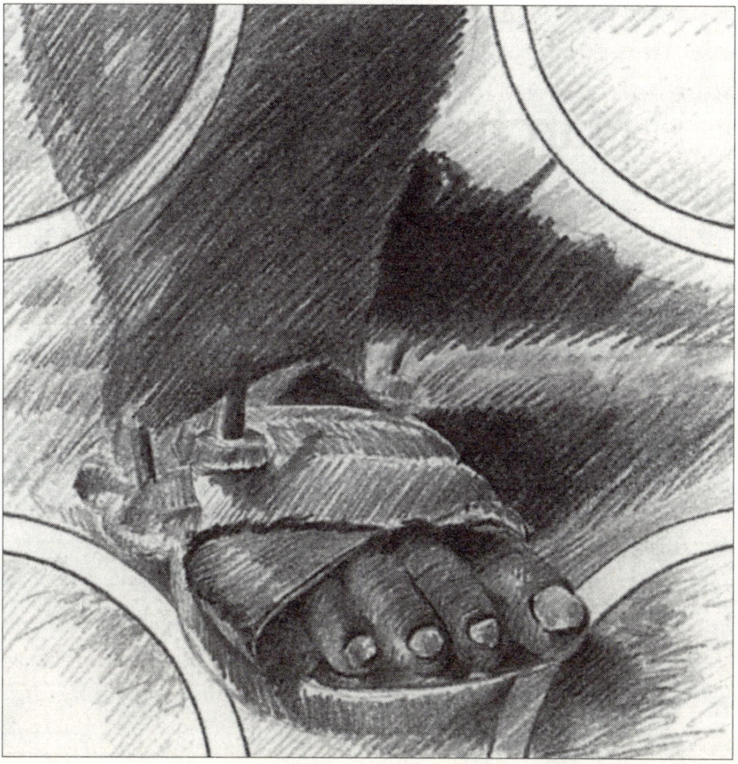

Quand je pense aux pauvres, l'image qui me vient à l'esprit est celle d'hommes et de femmes marchant sur le bord du chemin, chargés de lourds fardeaux. Je les revois très tôt le matin, marchant en direction du marché ou des champs, espérant vendre ou acheter quelque chose, trouver du travail ou peut-être rencontrer quelqu'un qui leur donne de quoi survivre un jour de plus. Je me rappelle m'être senti coupable d'être bien assis dans une voiture alors que tant de gens marchaient, parfois pieds nus, parfois dans des sandales usées.

Je les ai vus marcher sur les routes poussiéreuses de Bolivie, du Pérou et du Guatemala. Avec les yeux de mon cœur, je les vois encore. Les pauvres marchent sur les routes secondaires de notre monde, chargés de très lourds fardeaux, tentant de survivre.

Je n'ai jamais beaucoup marché. J'ai toujours pu compter sur des avions, des trains, des voitures ou des autobus pour me conduire d'un endroit à un autre. Mes pieds n'ont jamais beaucoup foulé la poussière du sol; j'ai toujours pu compter sur des roues pour me rendre la vie plus facile. Dans mon monde, peu de gens marchent. Il est même parfois difficile de trouver une personne en bordure de la route pour demander des indications. Dans mon monde, les gens se rendent d'un endroit à un autre enfermés dans leur cabine roulante, écoutant leur musique préférée et, seulement à l'occasion, rencontrant d'autres personnes dans des stationnements, des supermarchés ou des comptoirs de restauration rapide.

Mais Jésus marchait, et il marche encore. Il marche de village en village et, en marchant, il rencontre les pauvres. Il rencontre les mendiants, les aveugles, les malades, les endeuillés et ceux qui ont perdu espoir. Il demeure très près de la terre. Il sent la chaleur du jour et la fraîcheur de la nuit. Il connaît le gazon qui se fane et se flétrit, la terre rocailleuse, les arbustes épineux, les arbres stériles, les fleurs des champs et les riches récoltes. Parce qu'il marche tant, il les connaît et sent dans son corps la rigueur et la vitalité des saisons. Il écoute attentivement les personnes avec qui il marche et leur parle avec l'autorité d'un vrai compagnon de route. Il est sévère bien que miséricordieux, franc bien que très doux, exigeant bien que prêt à pardonner, inquisiteur bien que très respectueux. Il coupe profondément, mais avec les mains d'un guérisseur; il sépare, mais uniquement pour laisser pousser; il rejette, mais toujours pour permettre l'affirmation. Jésus est intimement lié à la terre qu'il foule. Il observe les forces de la nature; il apprend d'elles, les enseigne et révèle que le Dieu créateur est celui-là même qui l'a envoyé annoncer la Bonne Nouvelle aux pauvres, rendre la vue aux aveugles et aux prisonniers la liberté.

Les pauvres qui marchent sur les routes et à travers les déserts et les endroits sauvages de ce monde m'appellent à l'humilité — du mot latin *humus*, qui signifie terre. Je dois rester proche de la terre. J'ai souvent la tête dans les nuages, rêvant d'un monde meilleur. Mais jamais mes rêves ne porteront fruit si je ne garde pas les yeux tournés vers la terre et vers ces gens qui marchent sur leurs routes longues et pénibles, et qui m'invitent à les accompagner. Mais que signifie marcher avec les pauvres? Cela signifie reconnaître ma propre pauvreté : ma profonde blessure intérieure, ma fatigue, mon impuissance, ma finitude. C'est là que je suis en lien avec la terre, là que je suis vraiment humble. Oui, c'est là que je deviens solidaire de tous ceux et celles qui marchent sur la terre. C'est là que je découvre que je suis, moi aussi, aimé, personne fragile et chère.

Avant d'entrer dans sa passion, « sachant qu'il est sorti de Dieu et qu'il va vers Dieu, Jésus prend un linge et commence à laver les pieds des disciples » (*Jean* 13, 3-5). Le Verbe s'est fait chair pour laver mes pieds fatigués. Il me touche précisément là où je touche le sol, là où la terre est liée à mon corps tendu vers le ciel. Il s'agenouille, prend mes pieds dans ses mains et les lave. Puis il me regarde et, quand nos yeux se croisent, il dit : « Comprends-tu ce que j'ai fait pour toi? Si je t'ai lavé les pieds, moi, le Seigneur et le Maître, tu dois laver les pieds de tes frères et sœurs » (*Jean* 13, 13-14).

Pendant que je marche sur cette route longue et difficile qui conduit à la croix, je dois m'arrêter en chemin pour laver les pieds de mes compagnons. En m'agenouillant devant mes frères et sœurs, en leur lavant les pieds et en les regardant dans les yeux, je découvre que c'est à mes frères et sœurs qui marchent à mes côtés que je dois de pouvoir moi-même marcher.

I

Jésus est condamné

Un homme derrière les barreaux. Il est condamné à mort. Il est placé dans la catégorie des « damnés ». Il n'est désormais plus considéré comme digne de vivre. Il est devenu l'ennemi, le rebelle, le marginal, un danger pour la société. Il a été mis de côté, coupé de la vie de la communauté.

Pourquoi? Parce qu'il est différent. Il est Noir, et les Noirs sont dangereux. Il est homosexuel, et les homosexuels sont des pervers. Il est Juif, et on ne peut pas faire confiance aux Juifs. C'est un réfugié, et les réfugiés sont une menace pour notre économie. C'est un marginal, qui dit ce que nous ne voulons pas entendre, qui nous rappelle ce que nous aimerions mieux oublier. Il dérange nos vies bien ordonnées. Il déchire le voile qui recouvrait nos impuretés et abat le mur qui nous gardait séparés, en sécurité. Il dit : « Nous appartenons à la même humanité, nous sommes les enfants du même Dieu. Nous sommes tous les fils et filles bien-aimés de Dieu. Nous sommes appelés à vivre dans le même foyer, avec le même père, à manger ensemble à la même table. » Il affirme : « L'apartheid ne fait pas partie du projet de Dieu. Mais l'unité et la communion, oui. »

Cette voix doit être réduite au silence. Elle dérange nos façons de faire. Elle bouleverse notre vie familiale, notre vie sociale, notre vie d'affaires. Elle crée le désordre, et même le chaos. La vie est déjà assez compliquée! Nous n'avons pas besoin de prophètes qui détruisent la délicate toile de relations que nous avons soigneusement tissée. Tenons-nous-en au dicton : « Chacun pour soi et Dieu pour tous. » Nous aurons ainsi le minimum de souffrance et le maximum de confort.

Jésus se tint devant Pilate. En silence. Il ne se défendit pas devant les nombreuses accusations qui pesaient contre lui. Mais quand Pilate lui demanda : « Qu'as-tu fait? » il répondit : « Je suis né et je suis venu dans le monde pour rendre témoignage à la vérité. Quiconque est de la vérité écoute ma voix »

(*Jean* 18, 35-38). La vérité dont Jésus parle n'est ni une thèse, ni une doctrine, ni une explication de la réalité. Il s'agit de la relation vitale d'intimité entre lui et le Père, relation à laquelle il veut que nous participions. Pilate était incapable de comprendre cela; il en est de même pour quiconque n'est pas lié à Jésus. Cependant, qui entre en communion avec Jésus recevra l'Esprit de vérité, l'Esprit qui nous libère des dépendances et obsessions de notre société, qui nous rend participants de la vie intime de Dieu et nous donne de vivre dans le monde le cœur ouvert et l'esprit attentif. En communion avec Jésus, nous pouvons entendre la voix de l'Esprit et cheminer très loin, que nous soyons ou non en prison. Parce que la vérité — la vraie relation, la vraie appartenance — procure une liberté que les puissances des ténèbres ne peuvent enlever. Jésus est l'être humain le plus libre parce que le plus en lien avec Dieu. Pilate l'a condamné. Il voulait faire de lui un des damnés, mais il n'a pas réussi. La mort de Jésus, au lieu d'être l'exécution d'une sentence de mort, est devenue le chemin de la vérité tout entière, qui conduit à la liberté totale.

Je sais que plus j'appartiens à Dieu, plus je serai condamné. Mais la condamnation du monde révélera la vérité : « Heureux ceux qui sont persécutés pour la justice : le Royaume des cieux est à eux » (*Matthieu* 5, 10). Je dois croire à cette parole. C'est précisément là où le monde me hait, là où je ne suis pas pris au sérieux par les grandes puissances, là où je suis mis de côté, ridiculisé et marginalisé que je peux découvrir que je fais partie d'une communauté qui, à travers le monde, est exclue, enfermée et emprisonnée dans des camps isolés.

J'ai faim de vérité, de cette communion avec Dieu que Jésus a vécue. Mais chaque fois que ma faim sera satisfaite, on me condamnera et on me chargera d'une lourde croix. C'est l'histoire de Pierre et de Jean, de Paul et de Barnabé, de Jacques et d'André, et surtout de Marie, mère de Jésus. Leur joie et leur douleur sont intimement liées parce qu'ils ont choisi de vivre la vérité dans le monde. En effet, cela ne se fait pas sans qu'on nous donne une croix à porter, mais pas non plus sans l'immense joie d'être déjà participants de la vie divine qui nous rejoint, au-delà de tous les barreaux et de toutes les potences.

Oui, il y a de la peur dans les yeux de cet homme, prisonnier derrière les barreaux. Mais il y a aussi de l'assurance, de la confiance, de l'espérance et une profonde connaissance de la liberté. Ses yeux et les miens voient ce que le monde ne peut voir : le visage d'un Dieu souffrant qui nous appelle, bien au-delà de nos peurs, à cette terre d'un éternel amour.

II

Jésus porte sa croix

Un jeune Guatémaltèque porte un lourd chargement de bois. Le bois servira à fabriquer des cercueils pour des Indiens kidnappés, assassinés, dont les corps ont été retrouvés sur le bord de la route, ou pour enterrer les enfants qui n'ont pas survécu aux maladies qui s'attaquent à eux dès leur naissance. Cela s'est passé il y a plusieurs années; la presse avait rapporté ces événements avec une grande indignation. Cela se produit aujourd'hui encore, alors que le sujet a perdu son intérêt médiatique et demeure caché aux yeux du monde.

Des jeunes hommes sont assassinés avec des fusils, des couteaux et des décharges électriques. Des jeunes enfants meurent de malnutrition, de déshydratation ou de manque de soins. Jour après jour, la violence et la pauvreté tuent dans les petits villages du Guatemala, de Bolivie, du Pérou, d'Éthiopie, du Soudan, du Bangladesh et d'innombrables autres pays.

Je suis tourmenté par le visage de ce jeune Indien portant sur sa tête et ses épaules un lourd fardeau. Ses yeux sont presque fermés, ses sourcils, froncés par la peine profonde, son visage, déjà usé. La mort est très proche de lui; il dégage toutefois tant de dignité, de sérénité, de connaissance de son identité profonde. Sa bouche ne murmure pas; son cœur est silencieux. Son corps osseux a déjà vécu bien plus que je n'en vivrai, même si je vis très vieux. Il porte la croix de l'humanité, « homme de douleurs, familier de la souffrance » (*Isaïe* 53, 3). Il sait qu'il est possible que bientôt une voiture s'arrête, que des hommes armés l'attachent et l'emmènent pour le torturer cruellement, et jettent son corps nu dans la rue. Il le sait, mais il continue de marcher, portant le bois qui servira aux cercueils de ses amis.

Pilate livra Jésus pour qu'il soit flagellé. Les soldats « le dévêtirent et lui mirent un manteau écarlate; avec des épines, ils tressèrent une couronne qu'ils lui mirent sur la tête, ainsi qu'un roseau dans la main droite; s'agenouillant devant lui, ils se moquèrent de lui en disant : "Salut, roi des Juifs!" Ils crachèrent sur lui, et, prenant le roseau, ils le frappaient à la tête. Après s'être moqués de lui, ils lui enlevèrent le manteau et lui remirent ses vêtements. Puis ils l'emmenèrent pour le crucifier » (*Matthieu* 27, 28-31). Jésus subit tout cela. L'action est au passé. Il ne parle plus; il ne proteste pas; il ne fait pas de reproches. Il est devenu une victime. Il n'agit plus; d'autres agissent sur lui. Il est entré dans sa passion. Il sait qu'en grande partie la vie humaine est passion. Des gens sont affamés, kidnappés, torturés et assassinés. Des gens sont emprisonnés, enlevés de leur foyer, séparés de leur famille, placés dans des camps et soumis à un travail forcé. Il ne savent pas pourquoi. Il n'en comprennent pas les raisons. Personne ne leur explique. Ils sont pauvres. Quand Jésus a senti la croix placée sur ses épaules, il a senti peser sur lui la douleur de toutes les générations à venir. Il a vu le jeune Guatémaltèque et l'a aimé, éprouvant pour lui une profonde compassion.

Je me sens très impuissant. Je veux faire quelque chose. Je dois faire quelque chose. Je dois au moins dénoncer la violence et la malnutrition, l'oppression et l'exploitation. Au-delà de cela, je dois faire tout ce que je peux pour soulager la souffrance que je vois. Mais je suis placé devant une tâche encore plus ardue : porter ma propre croix, la croix de la solitude et de l'isolement, la croix des rejets dont je fais l'expérience, la croix de ma dépression et de mon angoisse intérieure. Tant que je suis tourmenté par la douleur des autres au loin, sans toutefois être capable de porter ma propre souffrance, je peux devenir un activiste, et même un grand défenseur de l'humanité, mais pas un disciple de Jésus. En fait, mon lien avec ceux et celles qui vivent l'oppression se réalise lorsque j'accepte de vivre ma propre solitude. C'est un fardeau que j'essaie parfois d'éviter, en me souciant plutôt des autres. Mais Jésus affirme : « Venez à moi, vous tous qui ployez sous le poids du fardeau, et moi je vous donnerai le repos » (*Matthieu* 11, 28). Je peux penser qu'il existe un fossé infranchissable entre moi et le jeune Guatémaltèque qui transporte du bois. Mais Jésus a porté sa croix pour nous deux. Nous sommes faits pour être ensemble. Nous devons chacun prendre notre propre croix et le suivre. Nous découvrons ainsi que nous sommes véritablement des frères qui apprennent de Jésus, doux et humble de cœur. Ainsi seulement pourra naître une humanité nouvelle.

III

Jésus tombe pour la première fois

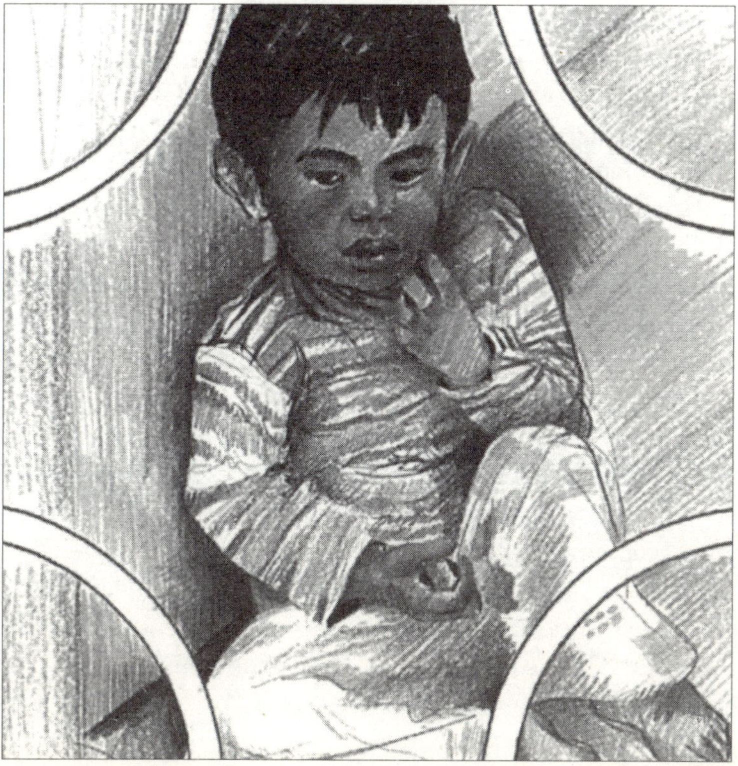

Ce petit garçon vietnamien est seul. Pourquoi? Ses parents ont peut-être été tués, enlevés ou placés dans un camp. Peut-être ont-ils tenté d'échapper à l'ennemi et ont été pris dans une embuscade. Peut-être font-ils partie de ces *boat people*, morts noyés. Peut-être, peut-être… mais leur enfant est seul. Dans ces yeux contemplant un avenir bouché, je vois les yeux de millions d'enfants écrasés par les pouvoirs des ténèbres. Ce petit enfant sensible a besoin d'être étreint, embrassé, cajolé. Il a besoin de sentir les mains fortes et aimantes de son père, d'entendre les paroles tendres de sa mère et de voir les yeux des gens qui lui disent : « Comme tu es beau! » Où ce garçon sera-t-il en sécurité? Où pourra-t-il savoir qu'il est vraiment aimé? Où pourra-t-il se précipiter s'il a peur ou se sent troublé? Où pourra-t-il laisser couler librement ses larmes? Où sa douleur pourra-t-elle être accueillie, ses rêves effrayants dissipés? Qui chatouillera ses orteils? Qui serrera sa main? Qui caressera ses joues? Il est assis là, vulnérable, seul, oublié, délaissé par une humanité qui n'a plus de prise sur son avenir.

Partout dans le monde, des enfants sont écrasés par le poids de la violence, de la guerre, de la corruption et de la souffrance humaine. Ils ont faim, faim d'affection et de nourriture. Dans les corridors glacés des institutions, ils sont assis… attendant que quelqu'un s'intéresse à eux. Il dorment avec des inconnus qui les exploitent pour satisfaire leurs propres désirs. Ils parcourent les rues des grandes villes, tentant de survivre, seuls ou en petites bandes. Ils sont des milliers, des millions à travers le monde. Ils n'ont jamais entendu la voix qui leur dit : « Tu es mon bien-aimé, il m'a plu de te choisir » (*Marc* 3, 11).

Le spectacle de notre humanité déchue n'est nulle part plus douloureux que dans ces enfants. Ils nous révèlent nos péchés. Abandonnés et seuls, ils nous disent que nous avons perdu la grâce de nous aimer.

Qu'adviendra-t-il de ces enfants quand ils grandiront et deviendront les hommes et les femmes de l'avenir? Prendront-ils les armes, dans une quête désespérée de vengeance? Se mureront-ils dans un silence sans fin dans des hôpitaux psychiatriques ou seront-ils enfermés derrière des barreaux comme de dangereux criminels? Deviendront-ils des terroristes, des chefs de gang, des trafiquants de drogue, des proxénètes ou des prostituées? Ou bien découvriront-ils que, derrière et au-delà de toutes les manipulations humaines, des mains leur offrent sécurité et amour inconditionnel?

Jésus tomba sous le poids de sa croix. Et il continue de tomber. Jésus n'est pas le héros victorieux qui subit la souffrance avec une ferme détermination et une volonté de fer. Non. L'enfant de Dieu et de Marie, adoré par les bergers et les mages, n'est jamais devenu le leader fier et maître de lui-même voulant conduire l'humanité à la grande victoire sur les puissances des ténèbres. Devenu adulte, il s'est humilié en se joignant à des hommes et des femmes pécheurs pour être baptisé dans le Jourdain. C'est là qu'il a entendu la voix qui a pénétré au plus profond de son cœur : « Tu es mon bien-aimé, il m'a plu de te choisir » (*Marc* 3, 11). Cette voix l'a accompagné tout au long de sa vie et l'a protégé de l'amertume, de la jalousie, du ressentiment et de la vengeance. Il est demeuré comme un enfant et a dit à ses disciples : « Si vous ne changez et ne devenez comme les enfants, non, vous n'entrerez pas dans le Royaume des cieux » (*Matthieu* 18, 3). Jésus est l'enfant innocent qui ploie sous le lourd fardeau de la croix de la douleur humaine — impuissant, faible et très vulnérable. Mais nous pouvons ici toucher le mystère du cœur compatissant de Dieu qui étreint tous les enfants, autour de nous et en nous.

Je sais que je suis un enfant, un enfant qui, au-delà de toutes mes réalisations et réussites, continue de crier qu'il a besoin de sécurité et veut être aimé sans condition. Je sais également que perdre contact avec cet enfant intérieur, c'est perdre contact avec Jésus et tous ceux et celles qui se réclament de lui. Chaque fois que je touche mon propre enfant intérieur, je touche à mon impuissance et à ma peur d'être laissé seul, dans l'insécurité. Jésus tombe sous le poids de la croix pour me permettre de retrouver mon enfant, cette partie de moi où je n'ai plus le contrôle, où j'éprouve l'urgent besoin d'être relevé et rassuré. Je porte en moi les enfants abandonnés du monde. Jésus m'invite à ne pas avoir peur, à aller vers eux et à souffrir avec eux. Il veut que je découvre qu'au-delà de toutes les émotions de rejet et d'abandon il y a l'amour, l'amour vrai, l'amour éternel, l'amour d'un Dieu fait chair qui jamais n'abandonnera ses enfants.

IV

Jésus rencontre Marie

Cette femme nicaraguayenne qui a perdu son fils dans la guerre vit une douleur intense, mais elle ne s'évanouit pas. Elle me regarde droit dans les yeux, confiante qu'au-delà de la mort se trouve la victoire.

Je me souviens très bien de ma rencontre avec les mères de fermiers nicaraguayens tués à Jalapa, un petit village près de la frontière du Honduras. J'étais avec un groupe de Nord-Américains qui se sentaient coresponsables de la guerre dont ces fermiers avaient été victimes. L'un d'entre nous demanda : « Pouvez-vous nous pardonner la violence dont vos familles et vous avez souffert? » Il y eut un long silence… puis une des femmes dit d'une voix forte : « Oui, nous vous pardonnons », et les autres répétèrent ses paroles : « Oui, nous vous pardonnons. » Un autre d'entre nous demanda : « Mais pouvez-vous également nous pardonner ces années de souffrance et d'angoisse causées par le boycott économique imposé par notre pays? » Encore une fois s'éleva la réponse : « Oui, nous vous pardonnons. » Une autre voix se fit entendre : « Et ces années où nous avons considéré votre pays comme notre arrière-cour et l'avons exploité, profitant de votre main-d'œuvre et de vos fruits à bon marché? » La réponse fut la même, peut-être plus forte encore. « Oui, nous vous pardonnons, et nous voulons travailler avec vous pour bâtir un monde meilleur, pour que la mort de nos enfants ne s'avère pas inutile. » En entendant cette litanie de culpabilité et de pardon, tout en fixant les yeux de ces croyantes, j'ai pris conscience que celles-ci représentaient des milliers de femmes à travers le monde qui ne cessent d'offrir la paix plutôt que la guerre, l'espérance au lieu du désespoir, le pardon plutôt que la vengeance. Ce sont les femmes de Leningrad, de Belfast, de Téhéran et d'innombrables autres villes et villages, femmes dont la douleur causée par la mort de leurs enfants devient terre fertile de compassion et de pardon.

Jésus rencontra sa mère sur le chemin qui le conduisait au lieu de son exécution. Marie ne s'évanouit pas; elle ne cria pas, ni de rage ni de désespoir; elle ne chercha pas à empêcher les soldats de torturer son fils. Elle le regarda dans les yeux et sut que son heure était venue. À Cana, lorsqu'elle lui avait demandé de l'aide, il avait établi une certaine distance entre eux et lui avait dit : « Femme, mon heure n'est pas encore venue » (*Jean* 2, 4). Mais là, sa douleur et celle de son fils se rejoignaient dans une connaissance intime de l'heure où s'accomplirait le plan de salut de Dieu. Bientôt, Marie se tiendrait sous la croix et Jésus la confierait à Jean, le disciple qu'il aimait : « Voici ta mère » (*Jean* 19, 27). La souffrance de Marie a fait d'elle non seulement la mère de Jésus, mais aussi la mère de tous ses enfants qui souffrent. Elle s'est tenue sous la croix; elle s'y tient encore et regarde dans les yeux ceux et celles qui sont tentés de réagir à leur douleur par la vengeance ou le désespoir. La souffrance de Marie a fait de son cœur un cœur qui embrasse tous ses enfants, où qu'ils soient, et leur offre consolation et réconfort.

Quand je regarde Marie et toutes les mères de douleur, une question jaillit du fond de mon être : « Dans ta souffrance, peux-tu rester debout et continuer à pardonner? » Je suis blessé, blessé par des expériences de trahison, d'abandon et de rejet, blessé aussi par mon impuissance à aider ceux et celles qui m'entourent, de près ou de loin, et à supprimer leur douleur. Mais je suis constamment tenté d'échapper à tout cela, de me cacher derrière des plaintes ou des accusations, de devenir victime du désespoir ou prophète de malheur. En vérité, je suis appelé à regarder Jésus souffrant, à le regarder dans les yeux sans être anéanti par sa douleur. Sa souffrance, il m'invite à la recevoir en moi et à la laisser porter un fruit de compassion. Je sais que plus je vivrai plus je verrai de souffrance, et plus je serai appelé à connaître la douleur. Mais c'est cette douleur humaine profonde qui unit mon cœur blessé au cœur de l'humanité. L'espérance réside dans ce mystère d'union dans la souffrance. Le chemin suivi par Jésus est le chemin qui conduit au cœur de la souffrance humaine. C'est le chemin que Marie a choisi et que de nombreuses Marie continuent de choisir. Des guerres commencent et cessent, puis recommencent. Des oppresseurs viennent, s'en vont et reviennent à nouveau. Mon cœur sait tout cela, même quand je fais tout ce que je peux pour résister à l'oppresseur et lutter pour la paix. Au milieu de tout cela, je dois continuer de choisir le sentier de plus en plus étroit, sentier de la douleur, de l'espérance. Les femmes de ce monde accablées de souffrance me guident sur ce chemin.

V

Simon aide Jésus à porter sa croix

Au Bangladesh, deux hommes travaillent ensemble à construire leurs petites huttes. Faites de boue, de bambou, de pierres et de bâtonnets de jute, ces maisonnettes sont très simples, mais ce sont des endroits où les gens se sentent chez eux et vivent ensemble à l'abri d'un toit. Quand je regarde ces hommes transportant leur lourd chargement de pierres, je suis frappé par l'harmonie de leurs corps. On dirait presque qu'ils dansent. Leur lourd chargement semble se transformer en un fardeau léger comme un panier de fruits.

Quand je pense à la société hautement compétitive dans laquelle je vis, où les terrains sont de plus en plus chers et où des promoteurs construisent des rangées de maisons vendues un demi-million de dollars chacune, j'envie ces « danseurs ». Leur maison sera simple. Elle n'aura peut-être ni plancher de ciment ou de bois, ni table, ni chaise, ni commode. Mais ce sera un endroit sécuritaire pour la famille et les amis, et ces deux hommes éprouveront le sentiment précieux et sacré d'avoir accompli quelque chose ensemble.

Les riches ont de l'argent. Les pauvres ont du temps. Nous sommes toujours occupés à courir d'un endroit à un autre, à faire une chose après l'autre, à nous tenir au courant de tout ce que l'argent permet d'acheter. Mais nous avons rarement le sentiment d'être vraiment ensemble. Dans bien des pays pauvres, en revanche, j'ai vu des gens qui savent travailler, manger, jouer et prier ensemble. J'ai vu de larges sourires; j'ai entendu des fous rires et de nombreux mercis. Les gens semblent toujours avoir amplement de temps. Ils savent, confiants, que même lorsqu'il y a très peu de choses auxquelles s'accrocher, il y a toujours des gens à aimer.

Pendant que Jésus portait sa croix au Golgotha, les soldats croisèrent un homme de Cyrène nommé Simon et le recrutèrent pour porter la croix devenue trop lourde pour Jésus seul. Celui-ci était alors incapable de la porter au lieu de son exécution; il avait besoin de l'aide d'un étranger pour accomplir sa mission. Tant de faiblesse, tant de vulnérabilité! Jésus a besoin de nous pour accomplir sa mission. Il a besoin de personnes qui portent sa croix avec lui et pour lui. Il est venu nous montrer le chemin vers la maison de son Père. Il est venu nous offrir un nouveau foyer, nous donner un sentiment d'appartenance, nous indiquer la vraie sécurité. Mais seul, il ne peut y arriver. Dans son projet de salut, œuvre difficile et douloureuse, Dieu devient dépendant des êtres humains. À ses disciples qui voulaient le défendre avec leurs épées, Jésus dit : « Remets ton épée à sa place [...]. Penses-tu que je ne puisse faire appel à mon Père, qui mettrait aussitôt à ma disposition plus de douze légions d'anges? Comment s'accompliraient alors les Écritures selon lesquelles il faut qu'il en soit ainsi? » (*Matthieu* 26, 52-54). Le chemin de Jésus en est un d'impuissance, de dépendance, de passion. Lui qui s'est fait enfant, dépendant de l'amour et des soins de Marie, de Joseph et de tant d'autres, complète son itinéraire terrestre dans la dépendance totale. Il devient un Dieu qui attend. Il attend, se demandant ce que les autres feront de lui. Est-ce qu'on le trahira ou le proclamera messie? Est-ce qu'on l'exécutera dans la solitude ou le suivra-t-on? Est-ce qu'on le clouera à la croix, loin de ses disciples, ou l'aidera-t-on à porter sa croix? Pour devenir Sauveur du monde, Jésus a besoin d'hommes et de femmes qui acceptent de porter la croix avec lui. Certains le font volontairement; d'autres doivent être « recrutés ». Mais quand ils touchent au bois de la croix, ils découvrent qu'il s'agit d'un fardeau léger, d'un joug facile à porter qui conduit à la maison du Père.

Je sens en moi un grand désir de vivre ma vie tout seul. Il est vrai que la société fait l'éloge des personnes qui se sont faites toutes seules, qui contrôlent leur destinée, établissent leurs propres objectifs, comblent leurs propres aspirations et construisent leurs propres royaumes. Il m'est très difficile de croire que la maturité spirituelle consiste dans la volonté de laisser d'autres me guider et me conduire là où je ne voudrais pas aller (cf. *Jean* 21, 18). Effectivement, chaque fois que j'accepte de sortir de mon supposé besoin d'autosuffisance et que j'ose demander de l'aide, une nouvelle communauté prend naissance, une fraternité de faibles, forte de l'assurance qu'ensemble nous pouvons former un peuple d'espérance pour un monde brisé. Simon de Cyrène a découvert une nouvelle communion. Chaque personne à qui je permets de me toucher dans ma faiblesse, de m'aider à être fidèle à ma route vers la maison de Dieu, découvrira qu'elle a un cadeau à offrir, cadeau peut-être demeuré très longtemps caché. Accueillir de l'aide, du soutien, un accompagnement, de l'affection et des soins pourrait bien être un appel encore plus grand que celui de donner toutes ces choses. En effet, en recevant, je révèle les dons des aidants; une vie nouvelle à vivre ensemble peut ainsi commencer. Ces deux hommes du Bangladesh ne font pas que travailler ensemble. Ils célèbrent leur humanité partagée et préparent un nouveau foyer. C'est l'appel que Jésus lance à tous les peuples, appel qui nous est souvent transmis à travers les pauvres.

VI

Jésus rencontre Véronique

« Ramenez-le à la maison! » C'est le cri d'une femme philippine tenant dans ses mains une photographie de son mari « disparu ». Ses yeux implorent la compassion. Ses lèvres expriment un profond chagrin. Son visage est rempli d'attentes. Elle dit : « Voyez-vous ma douleur, mon angoisse?... La personne que j'aime le plus a disparu. Pas une seule seconde de mes jours et de mes nuits qui ne soit remplie de la douleur créée par son départ soudain. Où est-il? en prison? en train d'être torturé? mort ou vivant? S'il vous plaît, répondez-moi! S'il est mort, indiquez-moi l'endroit où il repose que je puisse aller pleurer sur sa tombe. Vous, gens du monde entier, écoutez-moi! Regardez-moi! S'il vous plaît, répondez! »

Cette femme des Philippines représente les milliers de femmes angoissées dont le mari ou le fils a soudainement disparu et n'a jamais été revu. Elles vivent en Argentine et au Guatemala, mais aussi aux États-Unis et au Canada. Elles nous révèlent les blessures les plus profondes de l'humanité, les liens cruellement déchirés entre les personnes, parents et enfants, maris et femmes, frères et sœurs. Les déplacements en catastrophe de grands groupes de populations, les camps de réfugiés surpeuplés, les guerres qui font rage entre nations et entre divers groupes d'une même nation ont dispersé des gens comme jamais dans l'histoire humaine. Nous pouvons effectivement parler d'une humanité dispersée.

Véronique avait suivi Jésus quand il enseignait, guérissait les malades et annonçait le Royaume. Jésus était devenu le centre de sa vie. Tout à coup, il lui fut cruellement enlevé. Submergée de douleur et d'angoisse, elle voulut faire quelque chose. Quand elle le vit s'approcher, elle fendit la foule et couvrit de son voile son visage taché de sueur et de sang. En réponse à ce geste d'amour et de deuil, Jésus laisse sur le voile l'image de son visage, le visage d'une humanité dispersée. Le visage de Jésus est celui de tout homme et de toute femme qui subit la séparation, l'isolement et l'exil. Véronique est la femme du chagrin; chagrin qui perce le cœur d'une immense douleur; chagrin subi à travers le monde par des femmes de nombreuses nationalités, races et conditions sociales. La question déchirante : « Pourquoi ont-ils emmené mon enfant, mon mari, mon ami? » retentit dans un cri qui résonne aux quatre coins de l'univers.

Puis-je entendre ce cri au plus profond de mon être? Les murs de ma chambre sont couverts de photographies d'amis et de parents, d'icônes de Jésus, de Marie et des saints. Mais je sens en mon cœur une douleur inexprimable, douleur causée par l'absence. Celui avec qui je voudrais être le plus n'est pas là, et même si nous pouvions être ensemble, nous serions incapables de répondre aux besoins les plus profonds l'un de l'autre. La douleur de Véronique est aussi la mienne. J'ai moi aussi une profonde soif de communion, d'appartenance, d'intimité. Mais où que j'aille, peu importe qui je rencontre, il y a encore et toujours cette expérience de l'absence, de l'isolement. On dirait une épée qui transpercerait toute communion et ajouterait de la douleur à toute intimité. Les photographies sur mes murs révèlent ma soif d'intimité. Mais quand je les regarde, rempli d'amour, je sens grandir en moi une douleur intense : « Pourquoi ne puis-je lui parler? Pourquoi n'écrit-elle jamais? Pourquoi sont-ils morts avant que nous ayons pu nous réconcilier? Pourquoi ne pouvons-nous pas nous sentir bien ensemble? » J'allume alors un cierge devant mon icône de Jésus, je plonge mon regard dans l'éternité de ses yeux et je dis : « Quand, Seigneur? Quand viendras-tu combler la plus grande soif de mon cœur? » La soif de communion resurgit chaque fois que je regarde le voile de Véronique et y reconnais le visage de Jésus et celui des personnes que j'aime… et plus je vieillis, plus la douleur est intense.

Je sais que je dois perdre ma vie pour la trouver — laisser aller mes photographies et rencontrer les vraies personnes —, mourir à mes souvenirs sentimentaux et espérer la naissance d'une nouvelle communion, plus grande que tout ce que je pourrais imaginer. Mais comment espérer une vie nouvelle devant la vie de Jésus marquée de sang et de sueur, et devant la vie de tous ceux et celles qui souffrent dans des prisons, des camps de réfugiés ou des chambres de torture? Jésus me regarde et marque mon cœur du sceau de son visage. Je continuerai toujours de chercher, d'attendre, d'espérer. Son visage souffrant ne me permet pas de désespérer. Ma souffrance est une faim, ma solitude, une soif. Quand nous nous rencontrons, nous savons que l'amour qui nous fait souffrir est le germe d'une vie où la douleur n'a pas le dernier mot.

VII

Jésus tombe pour la deuxième fois

Ce pauvre fermier brésilien est complètement exténué. Il a travaillé sa terre pendant des heures, des jours, des semaines et des mois dans l'espoir de gagner suffisamment pour que sa famille et lui puissent manger décemment. Mais après plusieurs années de dur labeur, rien n'a changé. La terre est fatiguée; les récoltes sont maigres. Il n'arrivera jamais à concurrencer ceux qui peuvent se permettre d'utiliser des techniques modernes d'agriculture pour améliorer la terre. Il retire si peu de la vente de ses produits qu'il n'arrive même pas à payer la dette contractée pour assurer la survie de sa femme et de ses enfants. Et chaque année la situation empire. Il devra peut-être quitter sa petite ferme et rejoindre les millions de pauvres dans les bidonvilles qui entourent les grandes villes. Il fut un temps où il rêvait de payer ses dettes et de pouvoir assurer l'éducation de ses enfants, et peut-être même de gagner suffisamment pour acheter un coin de terre plus fertile. Mais tous ces rêves se sont maintenant envolés. Son cheval et lui sont devenus vieux et très fatigués. Il peut sentir la douleur du dur labeur dans chaque partie de son corps. Les yeux fermés, la main sur son visage, il ne voit rien d'autre qu'un avenir bouché. Son cœur s'assombrit. Il se demande pourquoi continuer de vivre quand tous ses efforts ne mènent à rien. Il a l'impression d'avoir raté sa vie; il se sent coupable de ne pas être le mari, le père et l'ami qu'il souhaitait être.

Ce fermier désespéré fait partie des millions de victimes des puissantes forces économiques sur lesquelles elles n'ont aucun pouvoir. Elles se retrouvent incapables de poursuivre le travail de leurs parents et de leurs grands-parents. Elles comprennent peu ou pas du tout les mouvements nationaux ou internationaux qui les ont conduites d'une simple vie de fermiers à une vie de pauvreté et de peur, et d'une vie de pauvreté et de peur à une vie de misère.

Quand Jésus tombe pour la deuxième fois, ce n'est plus parce que la croix est trop lourde à porter, mais parce que dans tout son corps il ressent l'épuisement complet. Il est vidé. Les années de travail dans son village natal, la période de prédication d'une ville à l'autre avec ses disciples, suivi de grandes foules, l'ont physiquement mis à l'épreuve. Plus récemment, il a dû subir les résistances à son appel à la conversion : des menaces personnelles à sa vie, la défection de nombreux disciples, la trahison de Judas et le reniement de Pierre, les coups, les moqueries, le manque complet de compréhension de la part d'Hérode et de Pilate, les cris des foules hostiles. C'est trop lourd à porter pour une seule personne. Alors il trébuche et tombe. Que sont devenus ses rêves d'inaugurer une ère d'amour et de pardon? Au début, on aurait cru qu'ils étaient plusieurs à partager son rêve. Maintenant il est complètement seul, se demandant pourquoi il n'entend plus cette voix qui lui parlait au Jourdain et sur le mont Tabor. A-t-il fait une erreur? A-t-il été victime de forces qu'il ne pouvait contrôler?

Jésus connaît très bien ces moments où nous ne voulons plus continuer, où nous voulons tout abandonner et laisser le désespoir suivre son cours destructeur. Il n'y a pas que dans les régions pauvres du Brésil et d'autres pays en développement que les gens vivent ces émotions. Les gens riches et prospères sont autant tentés par le désespoir que les pauvres et les indigents. Mes propres luttes me permettent de comprendre ce que ressent intérieurement le fermier brésilien. Moi aussi, même quand mon avenir économique semble assuré, je peux soudainement éprouver des sentiments troublants de culpabilité et de honte, de peur et de désespoir. Dans les yeux de ces gens qui ont beaucoup vécu et qui ont travaillé fort, je lis souvent cette même question : « Ma vie vaut-elle quelque chose? » Il arrive qu'une grande fatigue envahisse notre cœur; il nous semble alors impossible de poursuivre.

Tout ressemble à un énorme échec. Tous nos efforts semblent avoir été vains. Nos rêves se sont envolés, nos espoirs sont anéantis, nos aspirations ont été arrachées. La dépression prend le dessus, et rien n'a plus d'importance.

Jésus a vécu cela avec nous quand il est tombé. Il nous appelle aujourd'hui à croire que sa chute et les nôtres font vraiment partie du chemin de la croix. Tout ce que nous pouvons faire quand nous tombons, c'est peut-être nous rappeler que Jésus est tombé et qu'il tombe encore aujourd'hui avec nous. Ce rappel deviendrait pour nous un premier signe d'espérance. Cette espérance pourrait unir d'une façon nouvelle le monde de ce fermier brésilien et le nôtre pour nous montrer le chemin qui conduit à une société plus juste et plus unie.

VIII

Jésus rencontre les femmes de Jérusalem

Ces femmes nicaraguayennes pleurent sur la destruction de leur peuple, de leurs terres et de leurs foyers. Leurs enfants, qu'elles ont nourris et élevés avec tendresse et affection, gisent soudainement morts devant leurs yeux. Leurs maris, avec qui elles ont partagé les difficultés et la beauté de la vie, sont brusquement emmenés vers des destinations inconnues. Leurs terres sont ruinées, leurs récoltes, brûlées, et leurs maisons, détruites par des bombes. Alors elles pleurent. Leurs larmes viennent du plus profond de leur être. Pas de mots, pas d'explications, pas de discussions, pas de réflexions signifiantes. La guerre, la violence, le meurtre et la destruction ont besoin de larmes, de beaucoup de larmes. Les questions « pourquoi? par qui? dans quel but? » demeurent sans réponse.

Le monde se porterait mieux avec plus de larmes et moins de réponses. Ces larmes jaillissent de l'intérieur, au-delà de l'amertume, du ressentiment et du désir de vengeance. Elles sont versées en offrande d'un amour « inutile », comme une expression de solidarité, un véritable acte de non-violence.

Notre monde ne pleure pas beaucoup, même quand il y a tant de raisons de pleurer. Des guerres éclatent; des gens meurent de violence et de faim, de catastrophes naturelles et de défaillances techniques; des œuvres créées grâce à l'amour et au talent de mains humaines sont volées, endommagées ou détruites; notre planète devient un lieu de plus en plus menacé dans l'univers.

Nous commençons à chercher des solutions, mais nous nous arrêtons rarement pour pleurer la perte de ce qui nous était si cher. Mais si nous n'avons pas d'abord pleuré notre perte, nos solutions peuvent-elles être un véritable gain?

Pendant qu'on conduit Jésus au lieu de son exécution, des femmes se lamentent et pleurent sur lui. Ces femmes avaient l'habitude de pleurer pour des criminels condamnés et de leur offrir des boissons calmantes. Elles étaient les pleureuses officielles, et leurs pleurs étaient considérés comme un acte de compassion. Jésus leur dit : « Ne pleurez pas sur moi, mais pleurez sur vous-mêmes et sur vos enfants » (*Luc* 23, 28). Jésus annonce la destruction de Jérusalem et la guerre et la violence qui feront rage : « Voici venir des jours où l'on dira : "Heureuses les femmes stériles et celles qui n'ont pas enfanté ni allaité." Alors on se mettra à dire aux montagnes : "Tombez sur nous", et aux collines : "Cachez-nous." Car si l'on traite ainsi l'arbre vert, qu'en sera-t-il de l'arbre sec? » (*Luc* 23, 29-31).

Si nous voulons pleurer Jésus, nous devons pleurer l'humanité souffrante que Jésus est venu guérir. Si nous sommes vraiment tristes à cause des souffrances et de la douleur qu'il a subies, nous lierons à notre tristesse tous les hommes, femmes et enfants qui souffrent aujourd'hui dans notre monde. Si nous pleurons la mort du Saint Innocent de Nazareth, nos larmes doivent pouvoir atteindre les millions d'innocents qui ont souffert tout au long de l'histoire humaine.

Les larmes et les lamentations sont considérées par plusieurs comme des signes de faiblesse. Ceux-là affirment que pleurer ne rendra service à personne, que l'important est d'agir. Pourtant, Jésus a pleuré sur Jérusalem; il a pleuré aussi à l'annonce de la mort de son ami Lazare. Nos larmes nous révèlent nos douloureuses limites humaines; elles nous relient profondément au caractère inévitable de la souffrance humaine; elles créent des conditions propices à la compassion. Si nous sommes incapables de confesser nos propres péchés, nos limites et notre condition mortelle, alors nos actions bien intentionnées pour créer un monde meilleur peuvent facilement se retourner contre nous et devenir l'expression d'une colère et de frustrations non canalisées. Nos larmes peuvent aussi nous conduire au cœur de Jésus qui a pleuré sur notre monde. Pleurant avec lui, nous sommes conduits à son cœur et nous y découvrons la réaction la plus authentique à l'égard de nos pertes. Les larmes versées par les femmes du Nicaragua et les millions d'autres qui, à travers le monde, pleurent leurs morts peuvent enrichir notre terre de fruits de compassion, de pardon, de douceur et de guérison. Nous devons pleurer nous aussi et devenir ainsi des hommes et des femmes de plus en plus humbles.

IX

Jésus tombe pour la troisième fois

Un homme trébuche et tombe. Submergé de douleur, il est si faible qu'il n'arrive pas à se relever sans aide. Alors qu'il repose là, impuissant, il ouvre les bras et tend les mains dans l'espoir que d'autres mains prennent les siennes et l'aident à se relever. Une main espère le contact d'une autre main. La main humaine est si mystérieuse. Elle peut créer et détruire, caresser et frapper, faire des gestes d'accueil et des signes qui condamnent; elle peut bénir et maudire, guérir et blesser, mendier et donner. Une main peut se transformer en un poing menaçant autant qu'en un symbole de sécurité et de protection. Elle peut être la plus crainte autant que la plus espérée.

L'une des images les plus vivifiantes est celle de mains tendues qui s'approchent, se rejoignent et s'unissent en un signe de paix et de réconciliation. Par contre, une des images les plus désespérantes est celle d'une main tendue, attendant d'être touchée délicatement, alors que des gens passent, insouciants, tout près. Cette image illustre non seulement la solitude de la personne elle-même mais aussi celle d'une humanité divisée. La main du monde des pauvres est tendue, espérant être saisie par celle du monde des riches, mais les préoccupations de ces derniers les empêchent de voir les pauvres… et l'humanité demeure brisée et dispersée.

Quand Jésus tomba pour la troisième fois, il vécut dans son corps toute la solitude d'une humanité désespérée. Il ne put se relever sans aide. Mais il n'y avait personne pour aller vers lui et lui offrir un soutien pour se remettre debout. Ses mains ouvertes reçurent plutôt un coup de fouet et des mains cruelles tirèrent sur lui pour le relever. Jésus, Dieu fait homme, tombe pour que nous puissions nous pencher vers lui et lui montrer notre amour et notre compassion, mais nous sommes trop occupés par autre chose pour même le remarquer. Les mains de Dieu ont modelé l'univers, façonné Adam et Ève, touché avec tendresse toute personne souffrante et tiennent aujourd'hui toutes choses avec amour. Dieu est devenu une personne humaine avec des mains humaines appelant des mains humaines. Mais ces mêmes mains furent laissées ouvertes et percées de clous.

Depuis que je connais la main de Dieu — pas la main puissante contrôlant le cours de l'histoire mais celle, impuissante, demandant à être saisie par une main humaine attentionnée —, mon regard sur mes propres mains s'est transformé. Peu à peu, j'en suis venu à reconnaître, partout dans le monde, la main impuissante de Dieu tendue vers moi. Plus je la vois clairement, plus cette main tendue me semble proche. Les mains des pauvres quêtant de la nourriture, celles des gens seuls appelant une simple présence, celles des enfants demandant à être pris et serrés dans nos bras, celles des malades espérant être touchés, celles des maladroits souhaitant être formés — toutes ces mains sont les mains de Jésus qui tombe, espérant que quelqu'un s'approche et lui donne la main.

Je suis toujours tenté de penser aux mains mendiantes des gens de Calcutta, du Caire ou de New York, loin, très loin, et de ne pas voir les mains ouvertes qui se tendent vers moi ici même, là où je vis. Chaque soir en me couchant, je regarde mes mains. Et je dois leur demander : « Vous êtes-vous tendues à l'une des mains ouvertes autour de vous, lui apportant un peu de paix, d'espérance, de courage et de confiance? » D'une certaine manière, je pressens que toutes les mains humaines qui appellent à l'aide appartiennent aux mains de notre humanité blessée. Quand nous tendons la main et soulageons quelqu'un, nous participons à la guérison de toute l'humanité.

Jésus tombe et demande de l'aide pour se relever. Il nous ouvre ainsi la possibilité de toucher Dieu et l'humanité entière dans chaque main humaine et d'y faire l'expérience de la présence agissante de Dieu au milieu de nous.

X

Jésus est dépouillé de ses vêtements

Cette femme, dans un hôpital de Katmandu, n'a rien d'autre qu'une couverture pour couvrir son corps vieillissant. Sa longue vie de travail dans les champs, de soins apportés à son mari et à ses enfants, est réduite à une existence nue, anonyme. Sa vie, jadis remplie de sons joyeux et de moments colorés, est désormais silencieuse. Où est le mari qui l'honorait et les enfants qui lui donnaient joie et plaisir? Où sont les voisins qui lui demandaient conseil? Où sont les rivières et leurs bruyants rapides, et les collines ornées de verdure et de fleurs au printemps? Toutes personnes et toutes choses lui ont été enlevées. Un jour, des étrangers sont entrés dans son village, l'ont conduite à l'hôpital de la ville et enfermée dans l'aile psychiatrique. Ils la disaient folle. Il n'y avait personne pour prendre sa défense, personne pour parler en son nom, personne pour protéger sa dignité. Son esprit est devenu confus. Parfois, des souvenirs de jadis refont surface, des noms prononcés il y a des années jaillissent sur ses lèvres, des scènes de sa jeunesse et de sa vie d'adulte apparaissent, mais personne ne répond.

Voilà la vraie nudité. Toute dignité humaine a disparu, et elle qui autrefois était si belle à voir cache sa nudité sous une couverture. Ils sont nombreux, ces hommes et ces femmes qui vivent leur existence dépouillée cachés de notre monde et de son rythme effréné. Leur vieillissement ne leur a laissé rien d'autre que leur existence dénudée, entièrement dépendante des bonnes grâces ou du rejet prodigués au hasard par leur entourage.

Jésus fut dévêtu. Les soldats lancèrent les dés pour décider lequel d'entre eux aurait son vêtement (cf. *Jean* 19, 24). Ils ne lui ont rien laissé. Lui, l'image du Dieu invisible, premier-né de toute créature, en qui toutes choses avaient été créées sur la terre et dans les cieux, toutes choses visibles et invisibles, trônes, principautés, souverainetés, puissances — il était là, dénudé de tout pouvoir et de toute dignité, exposé au monde, dans la plus totale vulnérabilité. Le grand mystère de tous les temps nous est ici révélé : Dieu a choisi de manifester sa gloire dans l'humiliation. Là où toute beauté a disparu, où toute éloquence est forcée au silence, où toute splendeur est enlevée et toute admiration retirée, c'est là que Dieu a choisi de nous révéler son amour inconditionnel. « De même que les foules ont été horrifiées à son sujet — à ce point détruite, son apparence n'était plus celle d'un homme, et son aspect n'était plus celui des fils d'Adam — de même à son sujet des foules de nations vont être émerveillées, des rois vont rester bouche close [...]. Il n'avait ni aspect, ni prestance tels que nous le remarquions, ni apparence telle que nous le recherchions. Il était méprisé, laissé de côté par les hommes, homme de douleurs, familier de la souffrance, tel celui devant qui l'on cache son visage; oui, méprisé, nous ne l'estimions nullement » (*Isaïe* 52, 14-15; 53, 2-3).

Jésus a porté nos souffrances. Son corps dévêtu nous révèle l'immense humiliation subie par des êtres humains à travers le monde, en tout temps et en tous lieux. Souvent, je considère la vie comme l'ascension vers le sommet d'une montagne d'où je verrai enfin la beauté de ce qui m'entoure et ferai l'expérience d'être en pleine possession de tous mes sens. Mais Jésus indique la direction inverse. La vie est un appel de plus en plus fort à laisser aller mes désirs de réussite et d'accomplissement, à abandonner mon besoin de contrôle, à mourir à mon illusion de grandeur. La joie et la paix offertes par Jésus sont cachées dans le chemin qui descend à la croix. C'est là que reposent espérance, victoire et vie nouvelle, mais elles nous sont données à condition de tout perdre. « Qui perd sa vie la sauvera » (*Luc* 9, 24).

Je ne devrais pas avoir peur de perdre; je ne devrais pas non plus avoir peur pour ceux et celles qui ont beaucoup ou tout perdu. Jésus a été dépouillé pour que nous osions accueillir notre propre pauvreté et celle de notre humanité. En jetant un regard sur notre être appauvri et sur la pauvreté de nos semblables, nous découvrons l'immense compassion de Dieu à notre égard. Nous savons alors comment donner et pardonner, comment soigner et guérir, comment aider et créer une communauté d'amour. Solidaires dans la pauvreté, nous trouvons le moyen de devenir plus proches les uns des autres et d'affirmer joyeusement notre humanité commune.

XI

Jésus est cloué à la croix

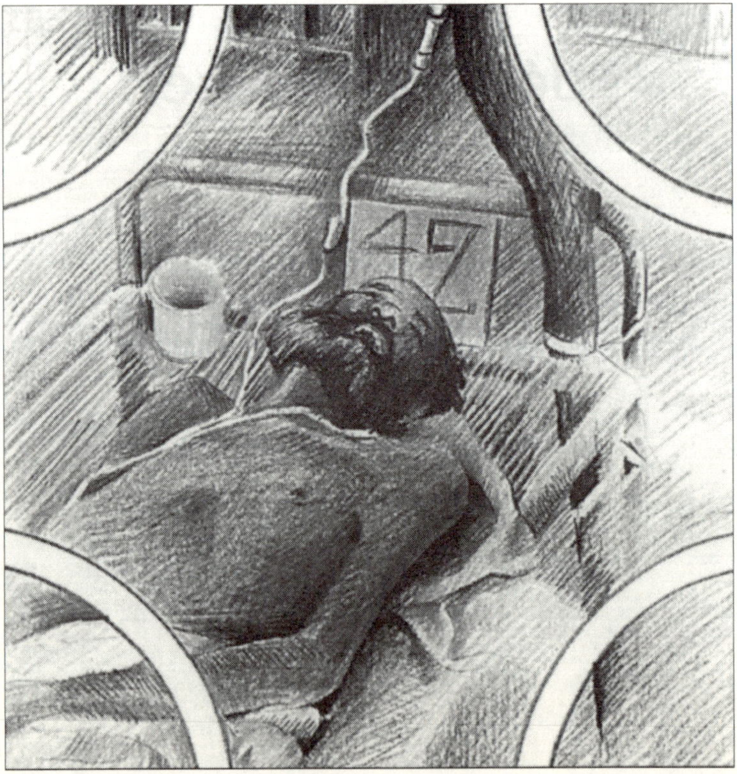

Cet homme soudanais est mourant. Il est seul. Sans nom. Il est l'un des nombreux mourants d'un grand hôpital. Il porte le numéro 42. L'intraveineuse semble être le dernier fil qui le rattache à la vie, mais elle ne le sauvera pas. Ses forces ont disparu. Ses bras maigres et ses épaules décharnées révèlent à quel point il est ruiné. Tous ceux qui l'entourent savent que sa dernière heure est arrivée. Lui aussi le sait, mais il n'a pas peur. Sa vie n'a pas été facile. Ce fut une vie de pauvreté, de nombreuses luttes et de peu de victoires. Il avait peur de la maladie et de la douleur. Mais il est en paix, sachant que la fin est proche.

Des gens meurent chaque jour, chaque heure, chaque minute. Ils meurent subitement ou lentement. Ils meurent dans les rues des grandes villes ou dans le confort d'une maison. Ils meurent isolés ou entourés de parents et d'amis. Ils meurent dans une grande souffrance ou comme s'ils s'endormaient. Ils meurent dans l'angoisse ou dans la paix. Mais tous meurent seuls, devant l'inconnu. Mourir fait effectivement partie de la vie quotidienne. Par contre, le monde poursuit généralement ses occupations en niant cette réalité. La mort est souvent un événement caché, une chose à ignorer ou à nier. Cependant, ce Soudanais exprime la vérité de la vie. Toute vie doit se terminer. La mort appartient à la vie.

Jésus fut cloué à la croix et, pendant trois heures, il agonisa. Il mourut entre deux hommes. L'un des deux dit à l'autre : « Nous recevons ce que nos actes ont mérité; mais lui n'a rien fait de mal » (*Luc* 23, 41). Jésus vécut sa mort entièrement pour les autres. L'épuisement total de son corps, l'abandon de ses amis, et même de son Dieu, tout devint un don de soi. Alors que, mourant dans une impuissance totale, il pendait cloué au bois d'un arbre, il n'éprouvait aucune amertume, aucun désir de vengeance, aucun ressentiment. Rien à garder pour lui. Tout à donner. « Si le grain de blé qui tombe en terre ne meurt pas, il reste seul; si au contraire il meurt, il porte du fruit en abondance » (*Jean* 12, 24). Donnée pour les autres, sa vie est devenue féconde. Jésus, le parfait innocent, sans péché, sans culpabilité, sans honte, subit une mort atrocement douloureuse pour que la mort plus jamais ne soit ignorée, mais devienne chemin de vie et source de communion.

En Jésus mourant, nous voyons le monde mourant. Jésus, qui sur la croix attira à lui tous les peuples, subit des millions de morts. Il subit non seulement la mort de l'exclu, de l'homme seul et du criminel, mais aussi celle des grands et des puissants, des personnes célèbres et renommées. Par-dessus tout, il subit la mort de tous ces gens simples qui ont vécu une vie ordinaire, qui sont devenus vieux et fatigués et qui espèrent que leur vie n'a pas été inutile.

Nous devons tous mourir. Et nous mourrons tous seuls. Personne ne peut faire ce dernier bout de chemin avec nous. Nous devons laisser aller ce qui nous est propre et espérer ne pas avoir vécu en vain. D'une certaine manière, la mort est le plus grand moment de la vie, parce que c'est là qu'on nous demande de tout donner. Notre façon de mourir est liée non seulement à la façon dont nous aurons vécu, mais aussi à la façon dont ceux et celles qui viendront après nous vivront. La mort de Jésus nous révèle que nous n'avons pas à vivre comme si la mort n'était pas commune à tous. Étendu entre ciel et terre, Jésus nous demande de regarder notre mort bien en face et d'être confiants que la mort n'aura pas le dernier mot. Nous pourrons ainsi regarder les mourants de notre monde et leur donner espoir; nous pourrons serrer dans nos bras leurs corps mourants, confiants que des bras plus puissants que les nôtres les recevront et leur donneront la paix et la joie qu'ils ont toujours désirées.

Dans la mort, l'humanité est une. Et Dieu est entré dans cette humanité mourante pour nous donner l'espérance.

XII

Jésus meurt sur la croix

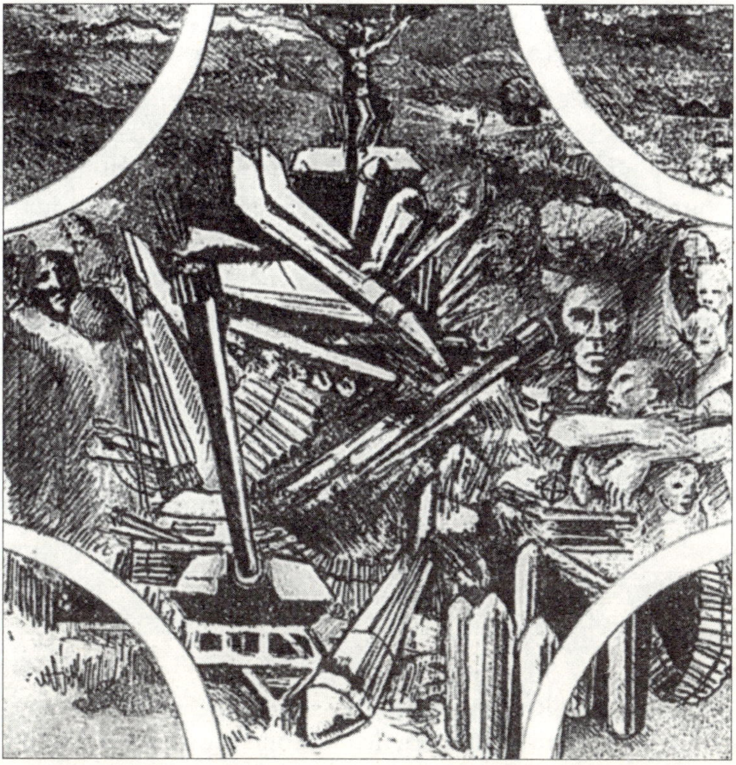

La mort, la destruction et l'anéantissement nous entourent de toutes parts. La plus grande partie des ressources de la terre, sinon toutes, sont mises au service de la mort. Les industries de l'armement consomment des proportions énormes du revenu national de nombreux pays. Les réserves d'armes conventionnelles et nucléaires augmentent chaque jour, et des économies entières sont devenues dépendantes de la production croissante de matériel meurtrier. Plusieurs universités, institutions de recherche et groupes de réflexion sont financés par l'industrie de la guerre. Des millions de personnes gagnent leur vie en fabriquant des produits qui, s'ils sont utilisés, ne peuvent engendrer que la mort.

Mais les puissances de mort sont bien plus subtiles et convaincantes que ces forces de destruction explicitement meurtrières. Des forces de mort sont non seulement visibles dans la violence familiale ou dans divers quartiers, mais elles sont également présentes dans des moyens de divertissement et de détente. Plusieurs sports sont entachés d'une fascination pour la mort. La possibilité de blessures graves ou de décès ajoute à l'excitation habituelle. Les gens aiment regarder des personnes qui risquent leur vie, attirées dans les ténèbres de la roulette russe. Plusieurs formes de divertissement, comme le cinéma, les séries télévisées et les romans, exploitent aussi la fascination des gens pour la mort. En effet, le monde est gouverné par les puissances de mort, puissances qui veulent soumettre tout être humain.

Jésus est mort. Les puissances de mort l'ont anéanti. Pas seulement les jugements de Pilate dictés par la peur, la torture infligée par les soldats romains et la cruelle crucifixion, mais également les puissances et principautés de ce monde. Les puissances de mort de ce monde l'ont détruit. Mais la mort de Jésus est celle du monde qui « fut par lui ». « En lui était la vie et la vie était la lumière des hommes, et la lumière brille dans les ténèbres, et les ténèbres ne l'ont point comprise » (*Jean* 1, 3-5).

Jésus fut anéanti par les forces des ténèbres, mais sa mort a fait disparaître l'aiguillon de la mort. À ceux et celles qui croient en lui, il a donné le pouvoir de devenir enfants de Dieu, c'est-à-dire de participer à la vie que la mort ne peut atteindre. Par sa mort, Jésus a vaincu toutes les puissances de mort. Les ténèbres de notre cœur qui nous font céder à ces puissances, les ténèbres de notre société qui font de nous des victimes de la violence, de la guerre et de la destruction, toutes ces ténèbres ont été dispersées par la lumière de Celui qui a fait de toute son existence un don total au Dieu de vie. Paul affirme : « Notre Sauveur le Christ Jésus [...] a détruit la mort et fait briller la vie et l'immortalité par l'Évangile » (*2 Timothée* 1, 10).

Il est difficile de proclamer la vie devant ces puissances de mort répandues partout. Les journaux nous rapportent chaque jour des récits de guerres, de meurtres, d'enlèvements, de tortures, de règlements de compte et d'innombrables autres tragédies qui conduisent à la maladie et à la mort. Nous sommes soumis à la tentation de croire que la mort a finalement le dernier mot. Mais la mort de Jésus ne cesse de nous appeler à choisir la vie. Le grand défi de la vie chrétienne consiste à dire « oui » à la vie, même dans les détails les plus petits, apparemment sans importance. Chaque instant porte une décision : pour ou contre la vie. Est-ce que je choisis de considérer cette personne d'une façon accusatrice ou porteuse de pardon? Est-ce que je choisis de dire une parole d'accueil ou de rejet? Est-ce que je choisis de tendre la main ou de la retenir, de partager ou d'amasser, de céder ou de m'accrocher, de blesser ou de guérir? Même nos émotions les plus profondes sont sujettes à de telles décisions. Je peux choisir d'être plein de ressentiment ou de reconnaissance, de désespoir ou d'espérance, de tristesse ou de joie, de colère ou de paix. Plusieurs de ces émotions peuvent nous submerger comme des vagues que nous ne pouvons contrôler. Néanmoins, il existe en nous un lieu où nous pouvons choisir la route que nous voulons prendre et empêcher les forces de mort de nous entraîner de plus en plus profondément dans l'abîme des ténèbres.

Nous vivons souvent comme si les grandes puissances des ténèbres qui peuvent nous conduire au bord d'un désastre nucléaire étaient complètement séparées de ce que nous pensons ou ressentons intérieurement. Cette séparation est illusoire. La plus infime fascination intérieure pour la mort et les plus horribles formes de destruction humaine sont intimement liées. Jésus connaissait ce lien. Son cœur transpercé englobe nos pensées les plus secrètes et nos actions les plus éclatantes. La mort de Jésus a vaincu toutes les forces de mort et délivré « ceux qui, par crainte de la mort, passaient toute leur vie dans une situation d'esclavage » (*Hébreux* 2, 15).

XIII

Jésus est descendu de la croix

En décembre 1980, Ita Ford, Maura Clarke, Jean Donovan et Dorothy Kazel furent violemment assassinées sur la route entre l'aéroport et San Salvador, la capitale du Salvador. De retour chez elles après un court séjour à l'extérieur du pays, elles furent arrêtées par les forces de sécurité salvadoriennes. Violées, torturées et tuées, elles furent jetées dans une fosse commune creusée dans un champ. Quel avait été leur crime? Elles travaillaient pour les pauvres du Salvador. Elles avaient tenté d'apporter nourriture et médicaments aux gens qui avaient dû quitter leurs maisons et leurs villages et cherchaient à survivre dans des régions montagneuses isolées. Ces quatre femmes d'Église, fidèles et courageuses, n'avaient d'autre but que de soulager une partie de l'immense souffrance de leurs frères et sœurs opprimés et de leur montrer que, au milieu de la haine et de la violence, les gens peuvent vraiment s'aimer les uns les autres.

Mais leur service et leur intérêt pour les plus petits avaient fait naître la colère des oppresseurs et placé leurs noms sur la liste noire. Leur existence ne pouvait plus être tolérée; ils devaient les anéantir, les faire disparaître. Leur simple présence était devenue intolérable pour les ennemis de la vie. Ceux-ci ne cachaient pas leur haine. Ces femmes devaient être tuées sur-le-champ.

Peu après leur assassinat, leurs corps recouverts de saletés furent découverts. Leurs amis et les pauvres de la région se tenaient là, étreints par une douleur inexprimable, constatant avec angoisse le massacre de quatre femmes innocentes. Un chagrin immense transperça leur cœur et une douleur atroce éclata dans le monde entier : « Combien de temps encore, Seigneur, avant que la justice règne sur la terre? »

Une fois assuré que Jésus était bel et bien mort, Pilate remit son corps à Joseph d'Arimatie, un membre éminent du conseil qui « attendait lui aussi le règne de Dieu » (*Marc* 15,

43). « Après avoir acheté un linceul, Joseph descendit Jésus de la croix et l'enroula dans le linceul » (*Marc* 15, 46). Marie, mère de Jésus, était là. Plusieurs années auparavant, quand elle avait laissé le vieux Siméon prendre son enfant dans ses bras, elle avait entendu ces mots : « Un glaive te transpercera l'âme » (*Luc* 2, 35). Et là, alors qu'elle recevait dans ses bras le corps de Jésus, ces paroles s'accomplissaient. Jésus avait souffert et était mort, mais la peine de celle qui l'avait aimé comme mère fit jaillir une douleur immense, jamais vécue par un être humain. La peine de Marie était à la mesure de son amour. Son amour avait étreint le Fils de Dieu; sa peine englobait maintenant l'humanité tout entière. Son cœur si pur avait servi de demeure au Sauveur du monde; elle était désormais appelée à porter en ce cœur toute la souffrance humaine, devenant ainsi la mère de tous. Marie se tint au pied de la croix. Elle reçut le corps de Jésus et, dans sa grande solitude, le serra dans ses bras. Le lien étroit ainsi créé entre amour et souffrance existe encore chez tous ceux et celles qui choisissent de vivre proches du cœur de Dieu.

Aimer véritablement, c'est accepter d'accueillir la souffrance. Aimer Dieu de tout son cœur, de tout son esprit et de toute sa force, c'est exposer son cœur à la plus grande souffrance qu'un être humain puisse connaître. Leur amour pour Jésus a conduit les quatre femmes américaines à porter en leur cœur la souffrance des pauvres du monde, particulièrement ceux du Salvador. Leur mort, à son tour, a fait naître une grande souffrance au cœur de leurs frères et sœurs. Une vie chrétienne est une vie d'amour pour Jésus. « M'aimes-tu? » nous demande-t-il à trois reprises. « Oui, Seigneur, tu sais bien que je t'aime. » Il nous dit : « On te conduira là où tu ne voudrais pas aller » (voir *Jean* 21, 15-18). Il n'y a pas d'amour sans peine, pas d'attachement sans douleur, pas d'engagement sans perte, pas de don sans souffrance, pas de « oui » à la vie sans l'expérience de nombreuses morts. Quand nous cherchons à éviter la douleur, nous sommes incapables d'aimer. Quand nous choisissons d'aimer, les larmes seront nombreuses. Quand le silence tomba sur la croix et que tout fut accompli, la douleur de Marie s'étendit jusqu'aux extrémités de la terre. Mais tous ceux et celles qui feront en leur cœur l'expérience de cette souffrance en viendront à la considérer comme le voile de l'amour de Dieu, le mystère caché de la vie.

XIV

Jésus est mis au tombeau

Une jeune femme salvadorienne se tient debout devant le cercueil où repose le corps de son mari cruellement assassiné. Elle est seule devant la tombe où sera descendu le cercueil. Ses yeux sont fermés, ses bras, croisés. Elle se tient là, pieds nus, pauvre, vide… mais immobile. Un grand silence l'entoure. Pas de cris de douleur, ni de plainte, ni de colère. Cette jeune veuve semble enveloppée d'un voile de paix. Tout est terminé, tout est calme. On lui a tout enlevé, mais les puissances de cupidité et de violence qui lui ont volé son amoureux ne peuvent atteindre la profonde solitude de son cœur. Ses amis et ses voisins se tiennent à l'arrière-plan. Ils forment autour d'elle un cercle de protection. Ils respectent sa solitude. Certains font silence; certains murmurent des paroles réconfortantes; d'autres essaient de s'expliquer ce qui s'est passé; d'autres encore s'embrassent et pleurent. Mais la femme se tient là, seule. Elle comprend quelque chose que les puissances de mort ne peuvent comprendre. Elle porte en elle une confiance et une assurance infiniment plus puissantes que les armes qui ont servi à tuer son mari. La solitude des vivants et celle des morts s'accueillent mutuellement.

Joseph d'Arimatie plaça le corps de Jésus « dans une tombe taillée dans le roc où personne encore n'avait été mis. […] Les femmes qui avaient accompagné Jésus depuis la Galilée suivirent Joseph; elles regardèrent le tombeau et comment son corps avait été placé. Puis elles s'en retournèrent et préparèrent aromates et parfums » (*Luc* 23, 53-56).

Un grand repos entourait la tombe de Jésus. Le septième jour, après avoir tout créé, Dieu se reposa. « Dieu bénit le septième jour et le consacra car il avait alors arrêté toute l'œuvre que lui-même avait créée par son action » (*Genèse* 2, 3). Au septième jour de la semaine de notre rédemption, quand Jésus eut accompli tout ce pour quoi le Père l'avait envoyé, il reposa au tombeau et les femmes, le cœur brisé de douleur, se reposèrent avec lui. De tous les jours de l'histoire, le Samedi saint — le samedi où le corps de Jésus repose dans le silence et l'obscurité de la tombe, derrière la grosse pierre roulée devant l'entrée (*Marc* 15, 46) — est le jour de la solitude de Dieu. C'est le jour d'attente de toute la création dans un profond calme intérieur. Aucune parole n'est prononcée, aucune proclamation n'est faite. Le Verbe de Dieu par qui tout a été fait est enseveli dans les ténèbres de la terre. Ce Samedi saint est le plus silencieux de tous les jours. Son silence relie la première alliance à la seconde, le peuple d'Israël au monde pas encore croyant, le Temple au nouveau culte dans l'Esprit, les sacrifices du sang au sacrifice du pain et du vin, la Loi à l'Évangile. Ce silence divin est le silence le plus fécond que le monde ait connu. De ce silence, la Parole se fera à nouveau entendre et fera toutes choses nouvelles.

Nous avons beaucoup à apprendre du repos de Dieu dans le silence et la solitude. La femme salvadorienne près de la tombe de son mari en savait quelque chose. Elle participait à ce silence, confiante qu'il porterait en elle des fruits. Même entourés du vacarme des préoccupations de notre monde, nous pouvons, comme cette femme, reposer dans le silence et la solitude de Dieu et les laisser porter des fruits en nous. Il s'agit d'un repos qui n'a rien à voir avec le fait de ne pas être occupé, même si cela peut en être un signe. Le repos de Dieu est un repos du cœur qui peut durer même lorsque nous sommes entourés des puissances de mort. C'est un repos qui nous propose l'espérance que notre existence souvent cachée et invisible portera du fruit, même si nous ignorons quand et comment. C'est le repos de la foi qui nous permet de vivre le cœur rempli de joie et de paix même lorsque les choses ne s'améliorent pas, quand des situations pénibles ne sont pas résolues, quand des révolutions et des guerres continuent de perturber le rythme de notre vie quotidienne. Ce repos divin est connu de tous ceux et celles qui vivent dans l'Esprit de Jésus. Leur vie n'est pas synonyme de faiblesse, de passivité ou de résignation. Au contraire, elle est marquée par une action créatrice de justice et de paix qui naît du repos de Dieu dans leur cœur, libre de toute obsession ou compulsion, riche de confiance et d'espérance.

Peu importe ce que nous faisons ou ne faisons pas de notre vie, nous devons rester en lien avec le repos du Samedi saint où Jésus fut enseveli, l'ensemble de la création attendant qu'il fasse toutes choses nouvelles.

XV

Jésus ressuscite

Ces Indiens d'Amérique du Sud rayonnent de joie et de paix intérieures. Les croix de paille qu'ils ont tissées sont le symbole de leurs difficultés et de leurs luttes. Les longues feuilles de palmier qu'ils brandissent expriment leur sentiment de victoire et de triomphe. Oui, il y a de la tristesse, mais aussi de l'allégresse. Oui, il y a de la peine, mais aussi de la joie. Oui, il y a de la peur, mais aussi de l'amour. Oui, il y a du travail pénible, mais suivi de célébrations. Et oui, il y a la mort, mais aussi la résurrection.

Les sourires illuminant les visages brunis de ces hommes et de ces femmes qui marchent en procession témoignent d'une foi profonde en la résurrection. C'est une foi qui non seulement affirme que la vie est plus forte que la mort, mais qui donne aussi un avant-goût de la joie éternelle. Les yeux de ces pauvres peuvent tout à coup s'illuminer d'espérance et ouvrir des horizons bien au-delà des conceptions bornées d'une humanité centrée sur elle-même. Les pauvres du monde portent en leur cœur une foi en la résurrection, une foi qui sait que tout ce qui est créé l'a été non pour être gaspillé mais pour être transformé en des cieux nouveaux et une terre nouvelle. Les magnifiques sourires illuminant les visages des pauvres de Bolivie, du Pérou, du Népal, du Pakistan, du Burundi, du Soudan et de toute la planète offrent un avant-goût de la résurrection. Ces sourires jaillissent des profondeurs de leur cœur qui sait que l'amour est véritable et éternel.

Au matin du premier jour de la semaine, Marie de Magdala, Marie, mère de Jacques, et Salomé trouvèrent le tombeau vide. Elles entendirent un jeune homme vêtu d'une robe blanche affirmer : « Il n'est pas ici. » Deux des disciples, Pierre et Jean, entrèrent au tombeau et virent sur le sol les bandelettes et le linge qui avait recouvert la tête de Jésus. Marie de Magdala entendit Jésus l'appeler par son nom, et Cléopas et son compagnon le reconnurent à Emmaüs, à la fraction du pain.

Le soir du même jour, Jésus vint et se tint au milieu de ses disciples. Il leur dit : « La paix soit avec vous » et leur montra ses mains et son côté.

Pendant ces événements, de nouvelles paroles brisèrent le silence du Samedi saint et touchèrent le cœur des hommes et des femmes qui avaient connu et aimé Jésus : « Il est ressuscité! Il est vraiment ressuscité! » Ces paroles ne furent pas clamées sur les toits ou inscrites sur de grandes pancartes promenées à travers la ville. Elles furent murmurées à l'oreille, message intime ne pouvant être vraiment entendu et compris que par un cœur qui attendait la venue du Royaume et avait reconnu ses premiers signes dans les paroles et les gestes de l'homme de Nazareth.

Tout est à la fois semblable et différent pour tous ceux et celles qui disent « oui » à la nouvelle murmurée à travers les siècles d'un bout à l'autre du monde. Les arbres sont encore des arbres; les rivières sont encore des rivières; les montagnes sont encore des montagnes; et dans leur cœur les gens sont encore capables de choisir entre l'amour et la peur. Mais tout cela a été élevé dans le corps ressuscité de Jésus et placé à la droite de Dieu. L'enfant prodigue est placé dans l'étreinte amoureuse du Père; le petit enfant est placé dans les bras de sa mère; l'héritier véritable est revêtu de la plus belle robe et du précieux anneau, et ses frères et sœurs sont invités à la même table. Tout est pareil, et tout a été renouvelé. Quand nous avons foi en la résurrection, nos fardeaux deviennent légers et nos jougs, faciles à porter, parce que nous trouvons le repos dans le cœur doux et humble de Jésus, qui de toute éternité appartient à Dieu.

Il est maintenant temps de reprendre la parole, doucement mais avec confiance. De nouvelles paroles jaillissent du silence. La Bonne Nouvelle est annoncée aux pauvres, les aveugles retrouvent la vue, les captifs la libération, les opprimés la liberté, et on proclame la bienveillance du Seigneur.

Ainsi se rejoignent le sourire de Dieu et celui de son peuple, qui deviennent un dans la lumière éternelle qui brille dans les ténèbres.

Prière finale

Cher Jésus,

Jadis, tu as été condamné; tu es encore condamné. Jadis, tu as porté ta croix; tu portes encore ta croix. Jadis, tu es mort; tu meurs encore. Jadis, tu es ressuscité d'entre les morts; tu ressuscites encore d'entre les morts.

Je te regarde, et tu ouvres mes yeux aux façons dont ta passion, ta mort et ta résurrection se produisent parmi nous chaque jour. Mais je porte en moi une peur profonde de regarder le monde qui m'entoure. Tu me dis : « N'aie pas peur de regarder, de toucher, de guérir, de réconforter et de consoler. » J'écoute ta voix. Quand je communie plus profondément aux vies difficiles mais remplies d'espérance de mes sœurs et frères humains, je sais que j'entre encore plus profondément en ton cœur.

Seigneur, ma peur d'ouvrir les yeux devant le monde qui souffre est solidement enracinée dans mon cœur inquiet. Je ne suis pas sûr d'être moi-même véritablement aimé; je garde donc mes distances avec les vies remplies de peur des autres. Mais tu me redis : « N'aie pas peur de me laisser regarder ton cœur blessé, t'embrasser, te guérir, te réconforter et te consoler… parce que je t'aime d'un amour sans frontière et sans condition. »

Merci, Seigneur, de me parler. Je désire tant te laisser guérir mon cœur blessé et pouvoir ainsi aider les personnes qui m'entourent, de près ou de loin.

Je sais, Seigneur, que tu es doux et humble de cœur et que tu nous appelles : « Venez à moi, vous qui peinez sous le fardeau; je vous donnerai le repos. »

Alors que ta passion, ta mort et ta résurrection se poursuivent dans l'histoire, donne-moi l'espérance, le courage et la confiance de laisser ton cœur unir mon cœur à ceux de tous mes frères et sœurs qui souffrent, devenant ainsi pour nous la source divine d'une vie nouvelle.

Amen.

Lettre à un ami sur la vie spirituelle

Lettre à un ami sur la vie spirituelle
est la traduction de *Life of the Beloved. Spiritual Living in a Secular World*,
publié par Crossroad, 1993.

Traduction : Josée Latulippe

Remerciements

Ce livre a été écrit et publié grâce au soutien de plusieurs amis. Je veux tout d'abord remercier Connie Ellis pour son travail de secrétariat et pour ses diverses façons de m'encourager à continuer d'écrire quand j'étais très occupé. Pour son amitié fidèle et son soutien généreux, je lui dédie ce livre avec un sentiment de gratitude profonde. Je suis aussi reconnaissant envers Conrad Wieczorek qui, de plusieurs manières, nous a offert, à Connie et à moi, son aide éditoriale dans les étapes finales de préparation du manuscrit.

Un merci particulier à Patricia Beall, Diana Chambers, Gordon Cosby, Bart Gavigan, Steve Jenkinson, Sue Mosteller, Dolly Reisman, Susan Zimmerman et à mon éditeur chez Crossroad, Bob Heller, pour leurs paroles d'encouragement et leurs suggestions concrètes pour mener mon texte à sa version finale.

Finalement, j'aimerais remercier Peggy McDonnell, sa famille et ses amis, pour leur amitié et leur généreux soutien financier, ainsi que la communauté franciscaine de Fribourg, en Allemagne, qui m'a fourni un lieu pour écrire dans une atmosphère de prière et de sécurité.

Prologue

La naissance d'une amitié

Ce livre est le fruit d'une amitié de longue date. Je crois que vous profiterez davantage de votre lecture si je vous raconte d'abord l'histoire de cette amitié. Il y a un peu plus de dix ans, alors que j'enseignais à la faculté de théologie de l'Université Yale, un jeune homme est venu me rencontrer; il désirait m'interviewer pour la section régionale « Connecticut » de l'édition du dimanche du *New York Times*. Il s'est présenté : Fred Bratman. Nous nous sommes assis et avons commencé à discuter. Rapidement, j'ai été saisi d'un mélange d'irritation et de fascination. J'étais irrité parce qu'il était clair que ce journaliste n'était pas tellement intéressé à faire ce qu'il était en train de faire. Quelqu'un lui avait suggéré mon nom comme sujet intéressant pour un portrait. Il avait accepté cette suggestion, mais je ne pouvais détecter chez lui ni empressement à me connaître ni réel désir d'écrire à mon sujet. C'était pour lui une tâche journalistique qui devait être accomplie, mais dont il aurait très bien pu se passer. Malgré tout, j'étais fasciné parce que je sentais, derrière son masque d'indifférence, un esprit bien vivant, désireux d'apprendre et de créer. D'une certaine manière, je savais que je me trouvais devant un homme rempli de talents, mais cherchant comment les utiliser.

Après une demi-heure de questions qui nous ont semblé, autant à lui qu'à moi, de peu d'intérêt, il est devenu évident que l'entrevue tirait à sa fin. Un article serait écrit; quelques personnes le liraient, et il y aurait peu ou pas de suites. Nous en étions tous deux bien conscients et nous avions le sentiment que nous aurions pu utiliser notre temps à de meilleures fins.

Comme Fred s'apprêtait à remettre son carnet dans son porte-documents et à dire son « Merci » habituel, je l'ai regardé droit dans les yeux et je lui ai dit : « Dis-moi, est-ce que tu aimes ton emploi? » À ma grande surprise, il a répondu sans hésiter : « Non, pas vraiment, mais c'est un travail! » Un peu naïvement, j'ai poursuivi : « Si tu n'aimes pas ça, pourquoi le fais-tu? — Pour l'argent, bien sûr. » Puis, sans que je le questionne davantage, il a ajouté : « Même si j'adore écrire, faire ces petits portraits pour le journal est très frustrant pour moi, à cause des contraintes de longueur et de forme qui m'empêchent de rendre justice à mes sujets. Comment, par exemple, puis-je présenter en profondeur votre personne et vos idées… en 750 mots? Mais je n'ai pas vraiment le choix… il faut bien que je gagne ma vie. Je devrais être heureux d'avoir au moins ça à faire! » Dans sa voix, j'ai saisi à la fois sa colère et sa résignation.

Soudain, j'ai pris conscience que Fred était sur le point de renoncer à ses rêves. Il me semblait être prisonnier derrière les barreaux d'une société qui le forçait à travailler à une chose en laquelle il ne croyait pas. Je l'ai regardé et j'ai ressenti une profonde sympathie, j'oserais même dire un amour vrai pour cet homme. Sous le sarcasme et le cynisme, je devinais un grand cœur, un cœur qui voulait donner, créer, mener une vie fructueuse. Son esprit vif, sa franchise lorsqu'il parlait de lui et la confiance simple qu'il avait mise en moi m'ont fait prendre conscience que notre rencontre ne pouvait être fortuite. Ce qui était en train de se passer entre nous m'est apparu semblable à ce qui s'est produit quand Jésus regarda longuement le jeune homme riche et « se prit à l'aimer » (*Marc* 10, 21).

De façon spontanée, j'ai senti un fort désir de le libérer de sa captivité et de l'aider à découvrir comment réaliser ses désirs les plus profonds.

« Que désires-tu vraiment? », lui ai-je demandé.

« Je veux écrire un roman… mais je n'y arriverai jamais. »

« Est-ce que tu le désires vraiment? » Il m'a regardé, surpris, et m'a dit en souriant : « Oui… mais j'ai peur parce que je n'ai jamais écrit de roman, et peut-être n'ai-je pas ce qu'il faut pour être romancier. — Comment le sauras-tu? — Eh bien! je ne le saurai probablement jamais. Il faut du temps, de l'argent et, surtout, du talent… et je n'ai rien de tout cela! »

À ce moment-là, j'ai commencé à ressentir de la colère contre lui, contre la société et, jusqu'à un certain point, contre moi-même, qui ne faisais rien pour changer les choses. J'aurais voulu faire tomber tous ces murs de peur, de conventions et de peu d'estime de soi, et j'ai lancé : « Pourquoi ne quittes-tu pas ton emploi pour écrire ton roman? — Je ne peux pas », a-t-il dit. J'ai insisté : « Si tu le veux vraiment, tu peux le faire. Tu n'as pas à être victime du temps et de l'argent. » À ce point-ci, j'ai pris conscience que je m'étais engagé dans une guerre que j'étais déterminé à gagner. Il a senti ma détermination et a dit : « Eh bien! je ne suis qu'un simple journaliste. Je devrais être satisfait de mon sort. — Non, tu ne devrais pas. Tu devrais affirmer ton désir profond et faire ce que tu veux vraiment faire… le temps et l'argent ne sont pas les vrais enjeux. — Quels sont-ils? — Toi. Tu n'as rien à perdre. Tu es jeune, plein d'énergie, bien formé… Tout est possible pour toi. Pourquoi laisser le monde te mettre en cage? Pourquoi devenir une victime? Tu es libre de faire ce que tu veux, si, bien sûr, tu le veux vraiment! »

Il m'a regardé, son étonnement grandissant, se demandant ce qui l'avait conduit dans une conversation aussi étrange. « Eh bien! il est temps que je parte... Peut-être un jour écrirai-je mon roman. »

Je l'ai arrêté; je ne voulais pas le laisser partir aussi facilement. « Attends, Fred, je suis sérieux. Écoute ton désir. » Avec une pointe de sarcasme dans la voix, il a dit : « Bien sûr! » Je ne voulais pas le laisser partir. J'ai pris conscience que mes propres convictions étaient en jeu. Je crois fermement que les gens peuvent faire des choix et les faire selon leurs propres aspirations. Je crois également que les gens font rarement de tels choix. À la place, ils rendent responsables de leur « sort » le monde, la société et les autres, et gaspillent la plus grande partie de leur vie à se plaindre. Mais j'ai senti, après notre court échange, que Fred était capable de dépasser ses peurs et de prendre le risque de se faire confiance. Je savais aussi, cependant, que je devais d'abord moi-même faire le saut. Alors j'ai dit : « Fred, quitte ton emploi, viens vivre ici pendant un an et écris ton roman. Je trouverai l'argent nécessaire. »

Plus tard — plusieurs années plus tard —, Fred m'a révélé que ces paroles l'avaient rendu très nerveux et qu'il s'était questionné sur mes motifs. « Que me veut vraiment cet homme? Pourquoi m'offre-t-il de l'argent et du temps pour écrire? Je n'ai pas confiance. Il doit sûrement y avoir quelque chose là-dessous! » Mais sa seule objection a été : « Je suis juif! Ici, c'est un séminaire chrétien. » J'ai repoussé son argument : « Tu seras considéré comme un étudiant en résidence. Tu feras ce que tu veux. Les gens ici seront enchantés d'avoir un romancier dans la boîte et toi, tu pourras apprendre quelque chose du christianisme et du judaïsme. »

Quelques mois plus tard, Fred est arrivé à la Faculté de théologie de l'Université Yale. Il y a passé un an, essayant d'écrire son roman. Celui-ci n'a jamais été écrit, mais Fred et moi sommes devenus des amis très proches. Aujourd'hui, plusieurs années plus tard, j'écris ce livre, fruit de notre amitié.

Pendant les quelque dix ans qui ont suivi le temps passé ensemble à Yale, Fred et moi avons vécu des moments bien différents de ce que nous envisagions lorsque nous nous sommes rencontrés la première fois. Fred a traversé un divorce très pénible. Il s'est remarié; aujourd'hui, sa femme Robin et lui attendent leur premier enfant. Entre-temps, il a occupé divers emplois, pas très satisfaisants au début, jusqu'à ce qu'il trouve un poste qui lui offre davantage la possibilité d'exercer sa grande créativité. Mon propre itinéraire a été tout aussi imprévisible. J'ai quitté le monde académique pour aller en Amérique latine; je suis revenu au monde académique; et, finalement, je me suis installé dans une communauté pour vivre avec des personnes ayant un handicap intellectuel et leurs assistants. Nos vies ont été remplies de combats, de souffrance et de joie, et nous avons eu la chance de partager longuement nos expériences respectives lors de rencontres régulières. Avec le temps, nous sommes devenus de plus en plus proches et conscients de l'importance de notre amitié, même si nos nombreuses occupations, la distance et nos styles de vie personnels nous empêchaient souvent de nous voir autant que nous l'aurions souhaité.

Dès les premiers moments de notre amitié, nous étions bien conscients d'être issus de milieux religieux radicalement différents. Au début, nous avions l'impression qu'il serait difficile de nous soutenir spirituellement. Fred me respectait en tant que prêtre catholique et se montrait réellement intéressé à ma vie et à mon travail, mais le christianisme en général et l'Église catholique en particulier ne faisaient pas partie de ses nombreux centres d'intérêt. Pour ma part, je pouvais assez facilement comprendre le judaïsme séculier de Fred, même si j'étais foncièrement convaincu qu'il gagnerait beaucoup à se rapprocher de son propre héritage spirituel. Je me rappelle clairement avoir dit un jour à Fred qu'il serait bon pour lui de lire la Bible hébraïque. Il avait protesté : « Ça ne me dit rien. C'est un monde lointain et étrange… — Eh bien! lis au moins le livre de Qohéleth (Ecclésiaste), celui qui commence par : "Vanité des vanités, tout est vanité." »

Le lendemain, Fred m'a dit : « Je l'ai lu… Je n'avais jamais réalisé qu'il y avait de la place dans la Bible pour un sceptique… quelqu'un comme moi! C'est très rassurant! » Je me rappelle avoir pensé : « Il y a beaucoup plus qu'un sceptique en toi! »

Au fil des ans, nous avons vieilli et nous sommes devenus moins préoccupés par le succès, la carrière, la renommée, l'argent et le temps; les questions de sens et de but sont alors devenues plus présentes au cœur de notre relation.

Au milieu des nombreux changements survenus dans nos existences, nous sommes tous deux entrés davantage en contact avec nos désirs profonds. Même si les circonstances de nos vies étaient très différentes, nous avons tous deux dû vivre la souffrance du rejet et de la séparation, et nous avons progressivement pris conscience de notre désir d'intimité et d'amitié. Pour éviter d'être noyés dans l'amertume et le ressentiment, nous avons dû faire appel à nos ressources intérieures les plus profondes. Les différences sont alors devenues moins importantes et les ressemblances, plus évidentes. À mesure que notre amitié se solidifiait et s'approfondissait, notre désir d'avoir un fondement spirituel commun est devenu plus explicite.

Un jour, alors que nous marchions sur Columbus Avenue, à New York, Fred s'est tourné vers moi et m'a dit : « Pourquoi n'écrirais-tu pas, pour mes amis et moi, quelque chose sur la vie spirituelle? » Fred connaissait bien la plupart de mes écrits. Il me donnait souvent de précieux conseils sur la forme et le style, mais il était rarement touché par le contenu. En tant que juif vivant dans la société séculière de New York, il ne pouvait trouver ni soutien ni réconfort dans des paroles si explicitement chrétiennes et si clairement fondées sur la longue tradition de l'Église. « C'est bon, disait-il souvent, mais ce n'est pas pour moi. » Il avait le sentiment que sa propre expérience et celle de ses amis nécessitaient un autre ton, un autre langage, une autre longueur d'onde spirituelle.

J'ai appris peu à peu à mieux connaître les amis de Fred, leurs intérêts et leurs préoccupations; j'ai alors mieux compris la remarque de Fred qui affirmait le besoin d'une spiritualité qui parle aux hommes et aux femmes vivant dans une société sécularisée. En grande partie, mes réflexions et mes écrits présupposaient une familiarité avec des concepts et des images qui ont nourri pendant des siècles la vie spirituelle des chrétiens et des juifs. Mais ces images et ces concepts sont étrangers à plusieurs, qui n'arrivent plus à les mettre en contact avec leur réalité spirituelle.

La suggestion de Fred de dire, sur la vie spirituelle, quelque chose que ses amis et lui pourraient « entendre » ne me quitta pas. Il me demandait de répondre à la grande soif spirituelle ressentie par d'innombrables personnes qui circulent dans les grandes villes. Fred m'appelait à dire une parole d'espérance à des gens qui n'allaient plus à l'église ni à la synagogue, et pour qui les prêtres et les rabbins n'étaient plus les conseillers incontournables.

« Tu as quelque chose à dire, me répétait sans cesse Fred, mais tu le dis aux gens qui ont le moins besoin de l'entendre… Que fais-tu de nous, jeunes hommes et femmes laïques, qui nous demandons finalement ce qu'est la vie? Peux-tu nous parler avec la conviction qui t'anime quand tu parles à ceux et celles qui partagent ta tradition, ton langage et ta vision? »

Fred n'était pas le seul à me poser de telles questions. Ce qu'il exprimait si clairement m'arrivait également de plusieurs autres directions. Je l'entendais de la part de personnes de ma communauté qui n'avaient aucune formation religieuse et pour qui la Bible était un livre étrange et déroutant. Je l'entendais de la part de membres de ma famille qui avaient quitté l'Église il y a très longtemps et n'avaient aucune envie d'y retourner. Je l'entendais de la part d'avocats, de médecins, d'hommes d'affaires pour qui, après une semaine infernale ayant brûlé toutes leurs énergies, le samedi et le dimanche n'étaient guère plus qu'un bref répit pour reprendre assez de forces en vue du retour dans l'arène le lundi matin. Je l'entendais également de jeunes hommes et femmes qui commençaient à prendre conscience des nombreuses exigences de la société mais qui, en même temps, avaient peur que celle-ci ne leur offre pas grand-chose en fait de « vraie vie ».

La question de Fred devint beaucoup plus que la suggestion déroutante d'un jeune intellectuel new-yorkais. C'était une demande qui venait de toutes parts — partout où j'étais ouvert à l'entendre. Elle finit par devenir pour moi la demande la plus urgente et la plus pertinente de toutes : « Parle-nous des aspirations les plus profondes de notre cœur, de nos nombreux désirs, de l'espérance; pas de nombreuses stratégies de survie, mais de la confiance; pas de nouvelles méthodes pour satisfaire nos besoins émotionnels, mais de l'amour. Parle-nous d'une vision plus large que nos perspectives éphémères, d'une voix plus profonde que les clameurs des médias. Oui, parle-nous de quelque chose ou de quelqu'un de plus grand que nous. Parle-nous de… Dieu. »

« Qui suis-je pour parler de telles choses? ai-je répondu. Ma propre vie est trop petite pour ça. Je n'ai ni l'expérience ni les connaissances ni le langage que vous demandez. Toi et tes amis vivez dans un monde si différent du mien! »

Fred n'en démordait pas. « Tu peux le faire… Tu dois le faire… Si tu ne le fais pas, qui le fera? Viens me voir plus souvent; parle à mes amis; regarde attentivement ce que tu vois, écoute attentivement ce que tu entends. Tu découvriras un cri qui jaillit des profondeurs du cœur humain, cri jamais entendu parce que personne n'était là pour l'écouter. »

Les paroles de Fred me rappellent son appartement de la 75e Rue : un endroit confortable au milieu d'un monde impitoyable. Quand Fred m'y a conduit la première fois, il y a plusieurs années, il a attiré mon attention sur le dénuement du hall d'entrée. « Tout a été volé. Le lustre, le marbre des murs, tout ce qui a la moindre valeur est déchiré et enlevé, souvent en plein jour. » Pendant que l'ascenseur nous conduisait au onzième étage, j'ai senti un silence angoissant habiter les passagers qui se touchaient presque. Si proches et cependant si loin les uns des autres! Fred avait besoin de deux clés pour ouvrir la porte de son appartement. Il devait fermer solidement les doubles fenêtres protégées par des barreaux de fer pour éviter que le bruit de l'avenue Columbus n'envahisse chaque recoin de son espace. Oui, une demeure agréable, mais quand nous y sommes enfin arrivés, j'avais déjà entendu tout un récit de violence et d'oppression, de peur, de méfiance et d'angoisse. C'est là que j'ai beaucoup appris sur les occupations quotidiennes de Fred : il quittait son appartement très tôt le matin et, en route vers le bureau, il disparaissait dans la foule; il lisait le journal dans le métro et travaillait à un bulletin financier dans un petit bureau; il prenait son repas avec un collègue dans un restaurant bruyant et passait l'après-midi à faire de nombreux téléphones et à envoyer des télécopies; puis il disparaissait à nouveau dans la foule, reprenant le chemin de son refuge douillet.

Qu'est-ce que je pourrais bien dire à un homme qui vit dans un tel endroit, à un tel rythme? Qu'est-ce que je pourrais bien dire à un monde de taxis, de tours à bureaux et de spectacles jour et nuit? Malgré tout, pendant mes nombreuses années d'étude, de prière et de rencontres, ne m'étais-je pas préparé à dire une parole d'espérance précisément à ce monde-là?

« Mais comment? Comment? » ai-je demandé à Fred, déchiré intérieurement entre ma résistance et mon empressement à répondre. Il a répondu : « Parle à partir de cet endroit dans ton cœur où tu es le plus toi-même. Parle de façon directe, simplement, avec amour et délicatesse, sans t'excuser. Dis-nous ce que tu vois et que tu veux que nous voyions. Dis-nous ce que tu entends et aimerais que nous entendions... Fais confiance à ton cœur. Les mots vont venir. Tu n'as rien à craindre. Ceux qui ont le plus besoin de toi t'aideront le plus. Sois assuré que je t'aiderai! »

Et maintenant, au moment où je commence enfin à écrire, je sais que j'en suis capable, mais uniquement si je demeure proche de Fred et de ses amis. Ils m'ont appelé à être celui que je veux être, mais ils m'ont également donné l'assurance de leur amour.

J'ai choisi de parler de façon directe, comme je le ferais dans une lettre personnelle. Je garde toujours en tête Fred et ses amis; je peux ainsi mieux exprimer ce que j'ai dans le cœur. Je suis incapable de traiter de tous les sujets chauds de notre époque et de notre société, mais je suis capable d'écrire à un bon ami. Avec le temps, Fred s'est révélé à moi, et j'ai appris à l'aimer comme un compagnon de voyage lui aussi en recherche de vie, de lumière et de vérité. J'espère que le fait que je sois si direct et personnel donnera à plusieurs le désir de s'arrêter pour écouter et même de se joindre à nous dans cette recherche spirituelle.

Être bien-aimé

Depuis que tu m'as demandé d'écrire, pour toi et pour tes amis, un livre sur la vie spirituelle, je me demande s'il y a un mot que j'aimerais que vous reteniez après la lecture de tout ce que j'ai à dire. Au cours des dernières années, un mot a émergé des profondeurs de mon cœur. C'est le mot « bien-aimé », et je suis convaincu qu'il m'a été donné pour toi et tes amis. Comme chrétien, j'ai d'abord entendu ce mot dans le récit du baptême de Jésus de Nazareth. « Au moment où Jésus sortait de l'eau, il vit les cieux s'ouvrir et l'Esprit Saint descendre sur lui comme une colombe. Et il entendit une voix venant des cieux : "Tu es mon Fils, mon bien-aimé; je mets en toi toute ma joie." » Pendant plusieurs années, j'ai lu ces paroles et même proposé des réflexions sur elles dans des homélies ou des cours, mais c'est seulement depuis nos discussions à New York qu'elles ont pris un sens qui dépasse les frontières de ma propre tradition. Nos nombreuses conversations m'ont convaincu intérieurement que les mots « Tu es mon bien-aimé » révèlent la vérité la plus intime à propos de tous les êtres humains, qu'ils appartiennent ou non à une tradition particulière.

Fred, voici ce que je veux te dire : « Tu es le bien-aimé. » Tout ce que j'espère, c'est que tu entendes ces mots prononcés avec toute la tendresse et la force que l'amour peut contenir. Mon seul désir est de les faire retentir dans tous les recoins de ton être… « Tu es le bien-aimé. »

Le plus beau cadeau que mon amitié puisse te faire est celui de t'aider à prendre conscience que tu es aimé. Ce cadeau, je peux te l'offrir uniquement si je l'accepte pour moi-même. N'est-ce pas cela, l'amitié : nous offrir l'un à l'autre le cadeau de notre condition de bien-aimés?

Oui, il y a cette voix, la voix qui vient d'en haut et de l'intérieur, qui murmure doucement ou proclame fort : « Tu es mon bien-aimé, je mets en toi toute ma joie. » Il n'est certes pas facile d'entendre cette voix dans un monde rempli de voix qui crient : « Tu n'es pas bon, tu es laide; tu ne vaux rien; tu es méprisable, tu es insignifiant… à moins que tu arrives à prouver le contraire! »

Ces voix négatives sont si fortes et si persistantes qu'il est facile de les croire. C'est le grand piège, le piège de se déprécier soi-même. Au fil des ans, j'en suis venu à prendre conscience que le plus grand piège, dans notre vie, n'est ni le succès, ni la popularité, ni le pouvoir, mais l'autocritique destructrice. Le succès, la popularité et le pouvoir peuvent, en effet, présenter une grande tentation, mais leur force de séduction vient souvent du fait qu'ils font partie d'une tentation plus grande encore : la dépréciation de soi. Lorsque nous en sommes venus à croire aux voix qui affirment que nous sommes sans valeur et non aimables, le succès, la popularité et le pouvoir sont facilement perçus comme des solutions attirantes.

Le vrai piège est donc de se déprécier soi-même. Je suis toujours fasciné de voir avec quelle rapidité je succombe à cette tentation. Dès que quelqu'un m'accuse ou me critique, dès que je suis rejeté, laissé seul ou abandonné, je me mets à penser : « Eh bien! encore une fois, ça prouve que je ne vaux rien. » Plutôt que de porter un regard critique sur la situation ou d'essayer de comprendre mes propres limites et celles des autres, j'ai tendance à me blâmer, pas seulement pour ce que j'ai fait, mais également pour ce que je suis. Mon côté sombre murmure : « Je ne suis pas bon… je mérite d'être mis de côté, oublié, rejeté et abandonné. »

Tu te crois peut-être davantage tenté par l'arrogance que par la dépréciation de toi-même. Mais l'arrogance n'est-elle pas, en fait, l'envers de la dépréciation de soi? N'est-ce pas te mettre sur un piédestal pour éviter d'être vu tel que toi, tu te vois? L'arrogance, en bout de ligne, n'est-ce pas uniquement un autre moyen de réagir au sentiment d'être sans valeur? L'arrogance et la dépréciation de soi nous attirent toutes deux hors de la réalité de l'existence et font de nous des personnes très difficiles à rejoindre. Je sais très bien que derrière mon arrogance se cache beaucoup de doute sur moi-même, tout comme il y a beaucoup d'orgueil caché dans mon autodépréciation. Que je sois arrogant ou que je me déprécie, je perds le contact avec ma vérité et je déforme ma vision de la réalité.

J'espère que tu trouveras les moyens d'identifier en toi la tentation de te déprécier, qu'elle se manifeste par l'arrogance ou par une faible estime de toi. Souvent, l'habitude de se déprécier est considérée comme l'expression névrotique d'une personne qui manque d'assurance. Mais la névrose est souvent la manifestation psychique d'une obscurité humaine encore plus profonde : celle de ne pas se sentir vraiment le bienvenu dans l'existence. La dépréciation de soi est le plus grand ennemi de la vie spirituelle parce qu'elle vient en contradiction avec la voix qui nous dit : « Tu es mon bien-aimé. » Être le bien-aimé est la vérité centrale de notre existence.

Je te dis tout cela de façon très franche et très simple parce que, même si l'expérience d'être aimé n'a jamais été complètement absente de ma vie, je ne l'ai jamais reconnue comme vérité centrale de mon existence. J'ai toujours tourné autour, dans des cercles plus ou moins grands, toujours à la recherche de quelqu'un qui puisse me convaincre que j'étais effectivement bien-aimé. C'était comme si je refusais d'entendre la voix qui jaillit au plus profond de mon être : « Tu es mon bien-aimé, je mets en toi toute ma joie. » Cette voix a toujours été là, mais on dirait que j'étais toujours plus empressé à écouter les autres voix, plus fortes celles-là, qui disent : « Prouve-nous que tu vaux quelque chose; fais quelque chose de significatif, de spectaculaire ou de puissant, ensuite tu auras mérité l'amour que tu désires tant. » Entre-temps, la voix douce qui parle dans le silence et la solitude de mon cœur restait présente, sans que je l'entende, ou du moins sans qu'elle réussisse à me convaincre.

Cette douce voix qui m'appelle le bien-aimé vient à moi de diverses façons. Mes parents, mes amis, mes professeurs, mes étudiants et les nombreux étrangers qui ont croisé ma route l'ont tous fait retentir dans différentes tonalités. Ils m'ont aimé avec beaucoup de tendresse et de douceur. Ils m'ont instruit avec beaucoup de patience et de persévérance. Ils m'ont encouragé à continuer quand j'étais prêt à abandonner et ils m'ont stimulé à essayer de nouveau après un échec. Ils ont récompensé et loué mes succès… mais, pour une raison ou pour une autre, tous ces signes d'amour n'étaient pas suffisants pour me convaincre que j'étais aimé. Derrière toute ma confiance en moi, apparemment solide, une question demeurait : « Si tous ces gens qui me comblent de tant d'attentions pouvaient me voir et me connaître tel que je suis vraiment, au plus profond de moi, est-ce qu'ils m'aimeraient encore? » Cette question angoissante, enracinée dans mon ombre intérieure, ne cessait de me persécuter et me faisait éviter ce lieu où la douce voix qui m'appelle son bien-aimé se fait entendre.

Je crois que tu comprends ce dont je parle. N'espères-tu pas, comme moi, qu'une personne, une chose ou un événement viendra te donner ce sentiment ultime de bien-être intérieur que tu désires? N'espères-tu pas, souvent, que « ce livre, cette idée, ce voyage, cet emploi, ce pays ou cette relation » comble ton plus grand désir? Mais tant que tu attends ce mystérieux moment, tu continues de courir comme un dératé, toujours angoissé et agité, plein de concupiscence et de colère, jamais complètement satisfait. Tu sais que c'est cette compulsion qui nous garde sans arrêt occupés, mais qui en même temps nous fait nous demander si à long terme nous y gagnons quelque chose. C'est le chemin qui mène au surmenage et à l'épuisement spirituel. C'est le chemin qui mène à la mort spirituelle.

Eh bien! ni toi ni moi n'avons à nous tuer à la tâche. Nous sommes bien-aimés. Longtemps avant que nos parents, nos professeurs, nos conjoints, nos enfants et nos amis nous aient aimés ou blessés, nous étions profondément aimés. Voilà la vérité ultime de notre vie. C'est la vérité que j'aimerais que tu reconnaisses en toi-même. C'est la vérité proclamée par la voix qui affirme : « Tu es mon bien-aimé. »

Si j'écoute cette voix avec une grande attention, j'entends en moi des mots qui disent : « Je t'ai appelé par ton nom depuis les commencements. Tu es à moi et je suis à toi. Tu es mon bien-aimé, j'ai mis en toi toute ma joie. Je t'ai formé des profondeurs de la terre et je t'ai tissé dans le sein de ta mère. J'ai gravé ton nom dans les paumes de mes mains et je t'ai caché à l'ombre de mes bras amoureux. Je te regarde avec une infinie tendresse et je prends soin de toi, plus encore qu'une mère prend soin de son enfant. J'ai compté chaque cheveu de ta tête et j'ai guidé chacun de tes pas. Où que tu ailles, je vais avec toi. Où que tu te reposes, je suis là. Je te donnerai une nourriture qui comblera toutes tes faims et étanchera toutes

tes soifs. Je ne te cacherai pas mon visage. Je te connais, tu es à moi; tu me connais, je suis à toi. Tu m'appartiens. Je suis ton père, ta mère, ton frère, ta sœur, ton époux, ton épouse, ton ami… ou même ton enfant. Où que tu sois, je serai là. Rien ne pourra jamais nous séparer. Nous sommes un. »

Chaque fois que tu écoutes avec attention la voix qui t'appelle bien-aimé, tu découvres en toi un désir de l'écouter encore plus longtemps et plus profondément. C'est comme découvrir un puits dans le désert. Une fois que tu as touché le sol humide, tu veux creuser toujours plus profond.

Ces derniers temps, je me suis mis à creuser un peu. Je sais que je ne fais que commencer à apercevoir un petit ruisseau qui jaillit du sable sec. Je dois continuer à creuser parce que ce petit ruisseau provient d'un énorme réservoir gisant sous le désert de ma vie. Le mot « creuser » n'est peut-être pas le plus approprié, parce qu'il suggère un travail difficile et pénible qui me conduit à l'endroit où je peux enfin étancher ma soif. Nous n'avons peut-être qu'à enlever le sable qui recouvre le puits. Il y a peut-être une épaisse couche de sable sec dans le désert de notre vie, mais Celui qui désire tant étancher notre soif nous aidera à l'enlever. Tout ce dont nous avons besoin, c'est le désir ardent de trouver l'eau et de nous y abreuver.

Tu es plus jeune que moi. Tu veux peut-être chercher un peu plus et plus longtemps pour te convaincre que la vie spirituelle vaut toutes les énergies que tu y consacreras. Mais cela m'impatiente : je ne veux pas que tu gaspilles trop de ton temps! Il me reste moins d'années devant moi que derrière. J'espère que l'inverse est vrai pour toi. Cependant, je voudrais t'assurer dès maintenant que tu n'as pas à te lancer dans des recherches qui ne conduisent qu'à des impasses. Tu n'as pas non plus à devenir la victime d'un monde manipulateur ni à te faire piéger dans toutes sortes de dépendances. Tu peux dès maintenant choisir de partir à la recherche de la vraie liberté intérieure et la trouver avec encore plus de plénitude.

Alors si tu es intéressé à prendre le chemin du bien-aimé, j'ai encore beaucoup de choses à te dire, parce que le voyage de la vie spirituelle nécessite non seulement de la détermination, mais aussi une certaine connaissance des lieux qui seront traversés. Je ne voudrais pas que tu sois obligé d'errer dans le désert pendant quarante ans comme l'ont fait nos pères dans la foi! Je ne veux même pas que tu y restes aussi longtemps que moi. Tu m'es très cher, tu es un ami que j'aime beaucoup. Même s'il est vrai que chacun doit réaliser ses propres apprentissages, je crois que nous pouvons empêcher les personnes que nous aimons de faire les mêmes erreurs que nous. Dans le domaine de la vie spirituelle, nous avons besoin de guides. Dans les pages que je m'apprête à écrire pour toi, j'aimerais être ton guide. J'espère que tu es toujours intéressé à marcher avec moi.

Devenir bien-aimé

Incarner la vérité

Cher ami, être bien-aimé est à la fois le point de départ et l'accomplissement de la vie spirituelle. En effet, dès que nous entrevoyons cette vérité, nous nous mettons à la recherche de sa plénitude. Nous serons sans repos tant que nous ne l'aurons pas trouvée. Dès que nous affirmons notre condition de bien-aimés, nous sommes appelés à devenir qui nous sommes. Devenir bien-aimés est le grand voyage spirituel que nous devons faire. Des paroles de saint Augustin décrivent bien cet itinéraire : « Mon âme est sans repos tant qu'elle ne repose en toi, ô Dieu. » Je sais très bien que si je suis toujours à la recherche de Dieu, luttant sans cesse pour découvrir la plénitude de l'amour, aspirant toujours à la vérité tout entière, c'est parce que j'ai déjà eu un avant-goût de Dieu, de l'amour et de la vérité. Je peux seulement rechercher une chose que, jusqu'à un certain point, j'ai déjà trouvée. Comment chercher la beauté et la vérité si celles-ci ne m'étaient pas déjà familières dans les profondeurs de mon cœur? Il me semble que nous tous, êtres humains, possédons, ancrées profondément en nous, des images intérieures du paradis perdu. Le mot « innocence » est peut-être plus approprié que le mot « paradis ». Avant de nous sentir coupables, nous étions innocents; avant d'entrer dans les ténèbres, nous étions dans la lumière; avant de nous mettre à la recherche d'un foyer, nous nous sentions chez nous. Le trésor que nous cherchons se trouve là, dans les profondeurs de notre esprit et de notre cœur. Nous connaissons sa valeur et nous savons qu'il renferme le don auquel nous aspirons : une vie plus forte que la mort.

S'il est vrai que non seulement nous sommes les bien-aimés mais que nous devons devenir les bien-aimés, s'il est vrai que non seulement nous sommes enfants de Dieu mais que nous devons devenir enfants de Dieu, s'il est vrai que non seulement nous sommes frères et sœurs mais que nous devons devenir frères et sœurs… si tout cela est vrai, comment alors entreprendre ce processus de devenir? Si la vie spirituelle n'est pas seulement une manière d'être mais également une façon de devenir, quelle est donc la nature de ce devenir?

Avec ton esprit pratique, je suis sûr que tu te demandes comment on passe de la première à la seconde innocence, de la première à la seconde enfance, d'être bien-aimé à devenir pleinement bien-aimé. C'est une question d'une grande importance parce qu'elle nous force à abandonner tout romantisme, tout idéalisme, pour affronter notre vie quotidienne bien concrète. Devenir bien-aimé, c'est laisser notre condition de bien-aimé s'incarner pleinement dans tout ce que nous pensons, disons ou faisons. Cela suppose un long et pénible processus d'appropriation ou, mieux encore, d'incarnation. Tant que « être bien-aimé » demeure une belle pensée ou une noble idée suspendue au-dessus de ma vie, m'empêchant d'être déprimé, rien ne change véritablement. Ce qu'il me faut, c'est devenir bien-aimé dans les lieux communs de mon existence quotidienne et, petit à petit, réduire l'écart qui existe entre ce que je sais de moi (je suis aimé) et les nombreuses réalités de ma vie bien concrète. Devenir bien-aimé, c'est faire entrer la vérité qui m'a été révélée dans la banalité de mes pensées, de mes paroles et de mes actions, d'heure en heure.

Quand je pense à ta vie, à celle de Robin et de vos amis, je suis très conscient des pressions que vous subissez. Robin et toi vivez au centre de New York, dans un petit appartement. Vous devez travailler pour arriver à payer le loyer et la nourriture. Vous avez des milliers de petites choses à faire : écrire des lettres, faire des appels téléphoniques, acheter de la nourriture et préparer les repas, rester en contact avec vos familles et amis, demeurer informés de ce qui se passe dans votre ville, dans votre pays et dans le monde. Tout cela semble beaucoup pour une personne, et c'est habituellement ces petites choses bien concrètes de la vie quotidienne qui nous fournissent des sujets de conversation. La question « Comment ça va? » conduit habituellement à des récits très terre à terre au sujet du mariage, de la famille, de la santé, du travail, de l'argent, des amis et des projets pour un avenir rapproché. Elle nous permet rarement des réflexions profondes sur l'origine et le but de notre existence. Je suis tout de même convaincu que ceux-ci sont en lien direct avec ce que nous pensons, disons et faisons dans notre vie quotidienne. Lorsque notre condition la plus profonde est que nous sommes bien-aimés, lorsqu'assumer pleinement cette vérité est notre plus grande joie et notre paix, cela doit se manifester de façon visible et concrète dans notre manière de manger, de parler, d'aimer, de jouer et de travailler. Quand les courants les plus profonds de notre vie n'ont plus aucune influence sur les vagues de surface, notre vitalité finit par décliner et nous nous retrouvons abattus et angoissés, même lorsque nous sommes très occupés.

Ma tâche est donc de décrire ce processus qui consiste à devenir bien-aimé, tel qu'il peut être identifié dans notre vie quotidienne bien concrète. Ce que je vais essayer de décrire, ce sont les mouvements de l'Esprit en nous et autour de nous. Comme tu le sais, nous vivons à une époque très « psychologique ». Nous en savons très long sur nos émotions, nos passions et nos sentiments. Nous sommes très conscients des nombreux liens qui existent entre nos expériences passées et nos comportements actuels. Notre connaissance du développement psychosexuel est devenue très sophistiquée, et nous arrivons facilement à identifier nos moments de persécution et ceux de vraie liberté. Nous savons ce que signifie être sur la défensive; nous sommes conscients de projeter nos besoins et nos peurs sur les autres, et nous savons que les doutes que nous entretenons sur notre potentiel peuvent facilement entraver notre créativité. Je me demande si nous pouvons décrire notre itinéraire spirituel aussi bien que notre itinéraire psychologique. Pouvons-nous entrer en contact avec ce mystérieux processus qui consiste à devenir bien-aimé de la même façon que nous devenons conscients de la « dynamique » de notre psyché?

Tu te demandes peut-être si nos dynamiques psychologiques sont vraiment si différentes des mouvements spirituels, de l'Esprit. Je crois qu'elles le sont, même si les deux sont liés et qu'ils se croisent de différentes façons. Ce que je veux décrire est la façon dont ces mouvements de l'Esprit se manifestent dans nos luttes quotidiennes et comment nous pouvons acquérir des habiletés nous permettant d'identifier ces mouvements et de leur faire correspondre nos actions.

Pour identifier ces mouvements de l'Esprit dans notre vie, il m'a semblé utile d'employer quatre mots : pris, béni, rompu et donné. Ces mots résument ma vie comme prêtre parce que chaque jour, quand je me retrouve autour de la table avec des membres de ma communauté, je prends du pain, je le bénis, le romps et le donne. Ces mots résument ma vie chrétienne parce que, comme chrétien, je suis appelé à devenir pain pour le monde : du pain qui est pris, béni, rompu et donné. Mais, et c'est le plus important, ces mots résument ma vie comme être humain parce que, à chaque moment de ma vie, d'une manière ou d'une autre, je suis pris, béni, rompu et donné.

Je dois maintenant te dire que ces quatre mots sont devenus les mots les plus importants de ma vie. J'ai progressivement compris leur signification. Je crois que je n'en saisirai jamais toute la profondeur. Ces mots sont à la fois les plus personnels et les plus universels. Ils expriment autant les vérités les plus spirituelles que les plus séculières. Ils parlent à la fois des comportements les plus humains et des plus divins. Ils atteignent à la fois ce qui est haut et bas, ils parlent de Dieu autant que des êtres humains. Ils expriment succinctement la complexité de la vie et englobent son mystère qui nous est sans cesse dévoilé. Ils sont les clés pour comprendre non seulement la vie des grands prophètes d'Israël et celle de Jésus de Nazareth, mais également notre propre vie. Je les ai choisis non seulement parce qu'ils sont si profondément gravés dans mon être, mais également parce que j'ai appris, à travers eux, comment devenir le bien-aimé de Dieu.

1

Pris

Pour devenir bien-aimés, nous devons affirmer que nous sommes « pris ». Cela peut sembler étrange à première vue, mais être pris est essentiel pour devenir bien-aimés. Comme je l'ai mentionné plus haut, c'est lorsque nous avons la conviction d'être déjà les bien-aimés que nous pouvons le désirer. Ainsi, le premier pas à faire dans la vie spirituelle est de reconnaître avec tout notre être que nous avons été « pris ».

Il me semble utile, à ce moment-ci, de remplacer le mot « pris », un peu froid et sec, par un mot plus doux qui a le même sens : « choisis ». En tant qu'enfants de Dieu, nous avons été choisis par lui.

J'espère que le mot « choisi » résonne en toi. Ce doit être pour toi un mot aux connotations très particulières. En tant que juif, tu connais les implications positives et négatives liées au fait d'être membre du peuple choisi par Dieu. Tu m'as souvent parlé du riche héritage de ta famille, de la foi profonde de tes grands-parents et des nombreuses traditions qui relient tes parents à l'histoire sacrée de ton peuple. Mais tu m'as aussi parlé des pogroms cruels en Europe, du voyage long et pénible qui a conduit ton père et ta mère en Amérique. Même si tu n'as pas directement souffert de la persécution, tu es bien conscient de sa place dans ton histoire et de sa proximité effrayante à la surface de ta vie. Tu m'as montré que l'antisémitisme est encore présent, sous bien des formes, et des événements récents, tant en Europe qu'aux États-Unis, ne font que confirmer ta conviction : « accuser les Juifs » n'est pas chose du passé. Je ne serais pas étonné qu'une partie de toi résiste à l'idée d'être choisi. Je fais cette expérience dans ma propre vie. Prêtre ordonné, j'ai souvent été traité comme une personne spéciale, « mise à part », choisie pour être différente. J'ai souvent essayé de montrer ou de prouver que j'étais « juste moi » (c'est une façon d'expliquer les initiales J.M. dans mon nom!), que je n'avais pas envie d'être mis sur un piédestal ou d'être traité comme une personne spéciale. Je pressentais, comme toi visiblement, que lorsqu'on est considéré comme étant « choisi », on est sujet autant à la persécution qu'à l'admiration.

Malgré tout, je crois profondément que, pour vivre une vie spirituelle, nous devons affirmer que nous sommes « pris » ou « choisis ». Je vais essayer de développer un peu ma pensée sur ces mots. Lorsque je sais que je suis choisi, je sais que j'ai été considéré comme une personne spéciale. Quelqu'un m'a remarqué, a vu que j'étais unique et a exprimé le désir de me connaître, de se rapprocher de moi, de m'aimer. Quand je t'écris que, en tant que bien-aimés, nous sommes choisis par Dieu, je veux dire que de toute éternité nous avons été regardés par Dieu, qui nous considère comme des êtres uniques, particuliers, qui lui sont chers. Il m'est très difficile d'exprimer la profondeur du sens que je donne au mot « choisi », mais j'espère que tu es prêt à m'écouter de l'intérieur. De toute éternité, longtemps avant que tu naisses et ne fasses partie de l'histoire, tu existais dans le cœur de Dieu. Longtemps avant que tes parents t'aient admiré, que tes amis aient reconnu tes talents ou que tes professeurs, collègues et employeurs t'aient encouragé, tu étais déjà « choisi ». Les yeux de l'amour t'avaient regardé : tu lui étais cher, d'une beauté infinie, d'une valeur éternelle. Lorsque l'amour choisit, il procède avec une sensibilité particulière à la beauté unique de l'être choisi, sans que personne ne se sente exclu.

Nous touchons ici à un grand mystère : être choisi ne signifie pas que les autres soient rejetés. Il est très difficile de concevoir cela dans un monde de compétition comme le nôtre. Quand je repense aux occasions où j'ai été choisi, immanquablement surgit le souvenir de ceux qui ne l'ont pas été. Lorsque j'ai été choisi pour jouer dans une équipe de soccer, pour être le « doyen » de ma classe d'ordination ou pour recevoir différents honneurs, ou que l'on m'a mis de côté pour choisir un autre chef de la troupe scoute, les larmes et les sourires étaient toujours voisins. La compétition et la comparaison étaient toujours présentes. Très souvent, j'ai eu besoin d'entendre ces paroles : « Le fait que tu ne sois pas choisi ne veut pas dire que tu n'es pas bon, seulement qu'un autre est un peu meilleur que toi. » Mais même ces mots arrivaient rarement à me consoler, à cause du sentiment de rejet, toujours présent. Et lorsque j'étais choisi et sélectionné comme étant le meilleur, j'étais toujours conscient de la déception des autres de ne pas être à ma place. À ces moments-là, j'avais besoin d'entendre : « Le fait que tu aies été choisi ne veut pas dire que les autres ne sont pas bons, simplement que tu es un peu meilleur qu'eux. » Mais, là encore, ces paroles ne m'étaient pas d'un grand secours, parce que j'étais incapable de rendre les autres aussi heureux que je l'étais.

Dans notre monde, être choisi signifie simplement être mis à part, par opposition aux autres. Tu sais comment, dans notre société de compétition, on regarde « ceux qui sont choisis » avec une attention particulière. Des revues complètes sont consacrées aux « héros » du sport, du cinéma, de la musique et d'autres façons d'exceller. Ils sont les « choisis », et leurs admirateurs, qu'ils soient lecteurs, auditeurs ou spectateurs, tentent d'éprouver quelque plaisir indirect du simple fait de les connaître ou d'être proches d'eux.

Être choisi comme le bien-aimé de Dieu est radicalement différent. Au lieu d'être exclus, les autres sont inclus. Au lieu d'être rejetés comme ayant moins de valeur, ils sont acceptés dans leur particularité. Ce choix n'est pas basé sur la compétition, mais sur la compassion. Notre esprit a bien du mal à saisir une telle réalité. Peut-être n'y arrivera-t-il jamais. Peut-être seul notre cœur peut-il la comprendre. Chaque fois que nous entendons parler de « peuple choisi », de « talents choisis » ou d'« amis choisis », presque automatiquement nous pensons à des élites et les sentiments de jalousie, de colère ou de ressentiment ne sont pas loin. Il n'est pas rare que le fait d'en savoir d'autres « choisis » ait conduit des personnes à l'agression, à la violence et à la guerre.

Mais, je t'en supplie, ne concède pas au monde le mot « choisi »! Ose le reconnaître comme étant le tien, même s'il est constamment mal compris. Tu dois t'accrocher à cette vérité : tu as été choisi. Elle est le fondement sur lequel tu peux construire une vie de bien-aimé. Lorsque tu perds de vue que tu as été choisi, tu t'exposes à la tentation du rejet de toi-même, qui ruine pour toi la possibilité de devenir un jour bien-aimé.

Quand je regarde en moi et autour de moi, je suis envahi par des voix sombres qui me disent : « Tu n'es pas quelqu'un de spécial; tu n'es qu'une personne parmi des millions d'autres; ta vie, ce n'est qu'une autre bouche à nourrir; tes besoins, juste un problème de plus à régler. » Ces voix se font de plus en plus fortes, en particulier en cette époque où tant de relations sont brisées. Plusieurs enfants ne se sentent jamais les bienvenus en ce monde. Derrière leur sourire nerveux se cache souvent la question : « Suis-je vraiment désiré? » Certains jeunes entendent même leur mère affirmer : « Je ne t'attendais pas vraiment, mais lorsque j'ai découvert que j'étais enceinte, j'ai décidé de t'avoir quand même… Tu étais comme un accident. » De telles paroles et attitudes n'aident pas du tout une personne à se sentir « choisie »! Notre monde est rempli de gens qui se demandent s'il n'aurait pas été mieux qu'ils ne voient pas le jour. Lorsque nous ne nous sentons pas aimés de ceux qui nous ont donné la vie, souvent nous souffrons toute notre vie d'un manque d'estime de nous-mêmes qui peut facilement conduire à la dépression, au désespoir et même au suicide.

Au cœur de cette réalité extrêmement douloureuse, nous devons oser affirmer encore cette vérité : « Nous sommes les choisis de Dieu », même lorsque notre monde ne nous choisit pas. Tant que nous laissons nos parents, nos frères et sœurs, nos professeurs, nos amis et nos partenaires décider si oui ou non nous sommes choisis, nous sommes pris dans le filet d'un monde étouffant qui nous accepte ou nous rejette selon ses propres critères d'efficacité et de contrôle. Souvent, cette tâche est ardue; c'est le travail de toute une vie. En effet, le monde s'efforce sans cesse de nous attirer dans les ténèbres du doute, d'une mauvaise estime et du rejet de nous-mêmes, et de la dépression. Tout cela parce que, lorsque nous manquons d'assurance, nous sommes craintifs et nous nous déprécions; les puissances qui nous entourent peuvent alors nous manipuler et nous utiliser plus facilement. La grande bataille spirituelle commence — sans jamais se terminer — par la reconnaissance du fait que nous sommes choisis. Bien avant que quiconque ait posé les yeux sur nous, Dieu nous contemple de ses yeux amoureux. Bien avant que quiconque nous ait entendus pleurer ou rire, Dieu nous entend, lui qui est tout oreilles pour nous. Bien avant que quiconque nous ait adressé la parole en ce monde, la voix de l'amour éternel nous parle. Notre valeur, notre caractère unique et notre individualité ne nous sont pas donnés par ceux que nous rencontrons pendant notre brève existence chronologique, mais par Celui qui nous a choisis dans un amour éternel, un amour qui existe depuis l'éternité et qui durera pour l'éternité.

Comment entrer en contact avec notre état de « choisis » alors que nous vivons dans un monde de rejet? Je l'ai déjà dit, cela suppose un véritable combat spirituel. Disposons-nous de points de repère pour nous aider dans ce combat? Permets-moi d'en formuler quelques-uns.

Premièrement, tu dois continuer de démasquer le vrai visage du monde qui t'entoure : c'est un monde manipulateur, contrôlant, assoiffé de pouvoir et, à la longue, destructeur. Il te raconte un tas de mensonges à ton sujet, et tu dois être assez réaliste pour te le rappeler. Chaque fois que tu te sens blessé, offensé ou rejeté, tu dois oser te dire : « Ces sentiments, aussi forts qu'ils soient, ne me disent pas la vérité sur moi. La vérité, même si je ne peux le ressentir en ce moment, c'est que je suis l'enfant choisi de Dieu; j'ai du prix à ses yeux, il m'appelle de toute éternité son bien-aimé et il me garde dans son étreinte éternelle. »

Deuxièmement, tu dois continuer de chercher des personnes et des endroits où ta valeur est reconnue et où l'on te rappelle ton identité profonde d'être choisi. Oui, nous devons oser opter consciemment pour notre identité d'êtres choisis et ne pas laisser nos émotions, nos sentiments ou nos passions nous attirer dans le rejet de nous-mêmes. Les synagogues, les Églises, les nombreuses communautés de foi, les divers groupes d'entraide qui nous aident à affronter les difficultés, notre famille, nos amis, professeurs et étudiants : tous peuvent devenir des rappels de notre vérité profonde. L'amour limité, parfois brisé, de ceux et celles qui partagent notre humanité peut souvent pointer vers la réalité de notre véritable identité : nous avons du prix aux yeux de Dieu. Cette vérité n'est pas uniquement une vérité intérieure qui jaillit de notre cœur. C'est aussi une vérité révélée par Celui qui nous a choisis. C'est pourquoi nous devons continuer d'écouter les nombreux hommes et femmes de l'histoire qui, par leurs paroles et par toute leur vie, nous rappellent sans cesse cette vérité.

Troisièmement, tu dois constamment célébrer le fait d'avoir été choisi. Cela signifie remercier Dieu de t'avoir choisi et remercier tous ceux et celles qui te le rappellent. La reconnaissance est le moyen le plus efficace d'avoir une conscience toujours plus profonde de n'être pas un « accident », mais bien un choix de Dieu. Il est important de prendre conscience que, souvent, nous passons à côté d'occasions d'être reconnaissants sans en profiter. Lorsque quelqu'un est gentil avec nous, quand un événement prend une tournure favorable, quand un problème est résolu, un lien recréé, une blessure guérie, nous avons des raisons très concrètes de rendre grâce : que ce soit avec des mots, des fleurs, une lettre, une carte, un coup de téléphone ou simplement un geste d'affection. Cependant, ces mêmes situations nous donnent aussi l'occasion d'être critiques, sceptiques, voire cyniques. En effet, quand une personne est aimable avec nous, nous pouvons mettre en doute ses motifs; quand un événement se termine bien, « ça aurait toujours pu être mieux »; quand un problème est résolu, un autre resurgit souvent à sa place; quand une relation est rétablie, une question est toujours présente : « Pour combien de temps? »; quand une blessure est guérie, une certaine douleur peut persister... Derrière tout motif de reconnaissance se cache aussi un motif d'amertume. Nous voilà placés devant une liberté de choix. Nous pouvons décider d'être reconnaissants ou amers. Nous pouvons décider de reconnaître, dans cet événement, que nous sommes un être choisi, ou au contraire de nous concentrer sur le côté sombre. Quand nous persistons à vouloir fixer notre regard sur le côté sombre, nous finissons éventuellement dans l'obscurité.

C'est ce que j'observe chaque jour dans notre communauté. Les hommes et les femmes avec un handicap intellectuel, qui en forment le noyau, ont bien des raisons d'être amers. Plusieurs d'entre eux font l'expérience d'une solitude profonde, du rejet par leur famille ou par des amis, du désir inassouvi d'avoir un conjoint, de la frustration constante de toujours avoir besoin d'aide. Ils choisissent cependant de ne pas être amers mais reconnaissants pour tous les petits cadeaux de leur vie — une invitation à dîner, quelques jours de retraite, la célébration d'un anniversaire et, surtout, pour leur vie quotidienne dans une communauté avec des gens qui leur donnent amitié et soutien. Ils préfèrent la reconnaissance à l'amertume et deviennent ainsi une grande source d'espérance et d'inspiration pour tous les assistants qui, même s'ils n'ont pas de handicap intellectuel, doivent eux aussi faire le même choix. Aspirer à la lumière nous rend de plus en plus rayonnants. Je suis fasciné de constater que, chaque fois que nous décidons d'être reconnaissants, il nous est encore plus facile de trouver de nouvelles raisons de l'être. La reconnaissance engendre la reconnaissance, tout comme l'amour engendre l'amour.

J'espère que ces trois points de repère pourront t'aider, dans ta vie quotidienne, à rester en contact avec cette vérité fondamentale : « Tu es choisi. » Ces repères font partie de ma discipline spirituelle. Ils ne sont pas faciles à mettre en pratique, particulièrement en temps de crise. Avant même d'en être conscient, je me retrouve en train de me plaindre, ruminant quelque rejet et complotant une vengeance; mais quand je garde ces habitudes en mon cœur, j'arrive à sortir de l'ombre pour marcher dans la lumière de ma vérité.

Avant de conclure ces réflexions, je veux insister sur l'importance de notre condition de « choisis » dans nos relations avec les autres. Lorsque nous réalisons et reconnaissons que nous sommes choisis, nous découvrons bientôt en nous un vif désir de révéler aux autres qu'ils sont eux aussi choisis. Le fait de nous savoir choisis ne nous fait pas nous sentir meilleurs, plus précieux ou ayant plus de valeur que les autres; au contraire, cela nous ouvre les yeux sur le fait que les autres aussi l'ont été. Être choisi renferme une grande joie : la découverte que les autres aussi le sont! Dans la maison de Dieu, il y a plusieurs demeures. Il y a une place pour chacun, chacune, une place particulière, bien spéciale. Lorsque nous croyons vraiment que nous avons du prix aux yeux de Dieu, nous sommes capables de reconnaître que les autres aussi ont du prix à ses yeux et qu'ils occupent une place dans son cœur. Cela me fait penser à Helen, une des personnes handicapées de notre communauté. Lorsqu'elle est arrivée à Daybreak il y a quelques années, je me sentais assez distant à son égard, et même un peu craintif. Elle vivait dans son petit monde à part, émettant des sons bizarres; jamais elle n'établissait de contact avec les autres. Mais lorsque nous avons appris à mieux la connaître et que nous avons pris conscience qu'elle aussi avait quelque chose de beau à offrir, elle est progressivement sortie de son isolement, elle a commencé à nous sourire et elle est devenue une grande source de joie pour toute la communauté.

Je prends conscience aujourd'hui qu'il me fallait être en contact avec ma propre bonté pour découvrir la bonté exceptionnelle de Helen. Tant que je me laissais guider par mes peurs et mes doutes sur moi-même, je ne pouvais pas créer l'espace qui permettrait à Helen de me révéler sa beauté. Mais lorsque j'ai pris conscience que j'étais choisi, j'ai pu enfin être présent à Helen, l'accueillir comme une personne qui avait beaucoup à m'offrir. Il est impossible d'être en compétition pour obtenir l'amour de Dieu. Son amour englobe toutes les personnes, chacune dans son unicité. Ce n'est que lorsque nous reconnaissons que nous-mêmes sommes aimés de Dieu que nous pouvons faire l'expérience de cet amour qui comprend tout, qui ne compare pas, et nous sentir en sécurité, pas seulement avec Dieu mais également avec nos frères et sœurs.

Toi et moi savons bien que tout cela est conforme à la réalité. Nous sommes amis depuis plusieurs années déjà. Au début, nous avions parfois tendance à nous comparer, à nous jalouser, à rivaliser. Mais comme nous avons grandi et sommes devenus assurés de notre propre unicité, notre rivalité a disparu, et nous avons pu reconnaître et apprécier nos dons mutuels. Je me sens bien quand je suis avec toi parce que je sais que tu m'apprécies pour qui je suis, pas simplement pour ce que je peux faire pour toi. Tu apprécies mes visites parce que tu sais que je m'émerveille devant ta gentillesse, ta bonté et tes nombreux dons — pas parce qu'ils me sont utiles, mais simplement parce que tu es toi. L'amitié profonde est la reconnaissance mutuelle de l'état de choisi de l'autre et de la place qu'il occupe dans le cœur de Dieu. Ta vie et ma vie sont, l'une et l'autre, uniques. Personne n'a jamais vécu ta vie avant toi, et personne après toi ne la vivra. Nos vies sont des pierres précieuses dans la mosaïque de l'existence humaine, sans prix et irremplaçables.

Être choisi est à la base de notre état de bien-aimé. Reconnaître que l'on est choisi suppose une lutte constante, mais aussi une joie sans fin. Plus nous le reconnaissons pleinement, le plus facilement nous découvrons aussi un autre aspect : le fait que nous sommes bénis. Permets-moi de t'en parler un peu maintenant.

2

Béni

En tant qu'enfants bien-aimés de Dieu, nous sommes bénis. Le mot « bénédiction » est devenu très important pour moi depuis quelques années, et tu es un des amis qui ont contribué à lui donner cette importance.

Te rappelles-tu ce samedi matin, à New York, lorsque tu m'as amené à la synagogue? Quand nous sommes arrivés, nous avons appris qu'il y aurait une *bar mitzvah*. Un jeune homme de treize ans allait être déclaré adulte par sa communauté. Pour la première fois, c'est lui qui dirigeait le service. Il a lu un extrait du livre de la Genèse et a fait un court sermon sur l'importance de prendre soin de notre environnement. Il a été confirmé par le rabbin et par ses amis, et béni par ses parents. C'était la première fois que j'assistais à une *bar mitzvah* et j'ai été profondément touché, en particulier par la bénédiction des parents. J'entends encore la voix du père : « Mon fils, quoi qu'il t'arrive dans la vie, qu'elle soit remplie ou non de succès, que tu deviennes important ou non, que tu sois en santé ou non, rappelle-toi toujours combien ta mère et moi nous t'aimons. » Lorsqu'il a dit cela devant toute la communauté, regardant avec douceur son fils debout devant lui, j'en ai eu les larmes aux yeux et je me suis dit : « Quelle grâce que cette bénédiction! »

Je prends de plus en plus conscience que nous, êtres humains craintifs, inquiets et insécures, avons besoin de bénédictions. Les enfants ont besoin d'être bénis par leurs parents, et les parents par leurs enfants. Nous avons besoin de la bénédiction les uns des autres — maîtres et disciples, rabbins et étudiants, évêques et prêtres, médecins et patients.

Laisse-moi d'abord te dire ce que j'entends par « bénédiction ». Bénir vient du latin *benedicere*. Employé dans plusieurs Églises, le mot « bénédiction » signifie donc littéralement : parler (*dictio*) bien (*bene*) ou dire du bien de quelqu'un. Cette définition me parle. J'ai besoin d'entendre de belles choses à mon sujet, et je sais que tu éprouves le même besoin. Aujourd'hui, on dit souvent : « Nous devons nous reconnaître mutuellement. » Sans reconnaissance, il est difficile de bien vivre. Offrir une bénédiction à quelqu'un est la plus grande reconnaissance que nous puissions lui manifester. C'est plus qu'une parole de louange ou d'admiration; c'est plus que de faire ressortir les talents ou les bons gestes de l'autre; c'est plus que de le mettre en évidence. Offrir une bénédiction à quelqu'un, c'est dire « oui » au fait que cette personne est bien-aimée. Plus encore : offrir une bénédiction crée la réalité dont celle-ci parle. Il y a dans ce monde beaucoup d'admiration mutuelle, comme il y a aussi beaucoup de condamnation mutuelle. Une bénédiction va au-delà de la distinction entre admiration et condamnation, entre vices et vertus, entre bonnes et mauvaises œuvres. Une bénédiction rejoint la bonté originelle de l'autre et reconnaît son état de bien-aimé.

Il y a peu de temps, dans ma communauté, j'ai fait l'expérience de la puissance d'une véritable bénédiction. Peu avant le début d'une rencontre de prière dans une de nos maisons, Janet, une personne avec un handicap membre de notre communauté, me dit : « Henri, peux-tu me donner une bénédiction? » Je répondis de façon plutôt mécanique en traçant avec mon pouce le signe de la croix sur son front. Au lieu de me remercier, cependant, elle se mit à protester avec véhémence. « Non! Ça, ça ne marche pas! Je veux une vraie bénédiction! » Je pris soudainement conscience de la qualité plutôt rituelle de ma réponse à sa demande. Je lui dis : « Oh! je suis désolé! Je vais te donner une vraie bénédiction lorsque nous serons tous réunis pour la prière. » Elle hocha la tête en souriant, et je réalisai qu'elle attendait de moi quelque chose de spécial. Après la célébration, alors qu'une trentaine de personnes étaient assises en rond sur le sol, je dis : « Janet m'a demandé une bénédiction spéciale. Elle sent qu'elle en a besoin maintenant. » En disant cela, je ne savais pas ce que Janet désirait réellement. Mais elle ne me laissa pas longtemps dans le doute. J'avais à peine terminé qu'elle se leva et avança dans ma direction. Je portais une longue aube blanche avec des manches très amples couvrant mes mains et mes bras. Spontanément, Janet m'entoura de ses bras et mit sa tête contre ma poitrine. Sans réfléchir, je la couvris de mes manches, si bien qu'elle avait presque disparu dans les plis de mon aube. Alors que nous nous serrions l'un contre l'autre, je dis : « Janet, je veux que tu saches que tu es la fille bien-aimée de Dieu. Tu as du prix à ses yeux. Ton magnifique sourire, ta gentillesse envers les gens de ta maison et toutes les belles choses que tu fais nous montrent quelle belle femme tu es. Je sais que ces jours-ci tu te sens un peu déprimée et qu'il y a de la tristesse dans ton cœur, mais je veux que tu te rappelles qui tu es : une personne exceptionnelle, profondément aimée par Dieu et par les gens qui sont ici avec toi. »

À ces mots, Janet leva la tête et me regarda; son large sourire me dit qu'elle avait vraiment entendu et reçu la bénédiction.

Quand elle retourna à sa place, Jane, une autre personne avec un handicap, leva la main et dit : « Moi aussi, je veux une bénédiction. » Elle se leva et, avant que je m'en rende compte, elle avait appuyé sa tête contre ma poitrine. Après que j'eus prononcé quelques paroles de bénédiction à son endroit, plusieurs autres personnes avec un handicap la suivirent, exprimant le même désir d'être bénies. Le moment le plus touchant fut cependant lorsqu'un des assistants, un étudiant de vingt-quatre ans, leva la main et dit : « Et moi? — Bien sûr, répondis-je. Viens. » Il vint et, alors que nous étions debout face à face, je mis mes bras autour de lui en disant : « John, comme il est bon que tu sois ici avec nous! Tu es le fils bien-aimé de Dieu. Ta présence est une joie pour chacun et chacune d'entre nous. Quand les choses sont plus difficiles et que la vie semble un fardeau, rappelle-toi toujours que tu es aimé d'un amour infini. » À ces mots, il me regarda avec des larmes aux yeux et me dit : « Merci, merci beaucoup. »

Ce soir-là, j'ai compris l'importance de bénir et d'être béni, et j'ai redécouvert que c'était là un signe de l'état de bien-aimé. Les bénédictions que nous nous donnons les uns aux autres sont des expressions de la bénédiction qui repose sur nous de toute éternité. Elles sont l'affirmation la plus profonde de notre être véritable. Il ne suffit pas d'être choisis. Nous avons également besoin d'une bénédiction continuelle qui nous permet d'entendre, d'une manière toujours nouvelle, que nous appartenons à un Dieu aimant qui ne nous laissera jamais seuls et nous rappellera toujours que nous sommes guidés par l'amour tout au long de notre vie. Abraham et Sarah, Isaac et Rébecca, Jacob, Léa et Rachel ont tous entendu cette bénédiction et sont devenus nos mères et nos pères dans la foi. Ils ont parcouru leur itinéraire long et souvent douloureux sans jamais oublier qu'ils étaient les héritiers de la bénédiction. Jésus a lui aussi entendu cette bénédiction après que Jean le

Baptiste l'ait baptisé dans le Jourdain. Une voix est venue du ciel qui disait : « Tu es mon Fils, mon bien-aimé, je mets en toi toute ma joie. » C'était une bénédiction, et cette bénédiction a soutenu Jésus à travers tous les moments de louange, d'accusation, d'admiration et de condamnation qui ont suivi. Comme Abraham et Sarah, Jésus n'a jamais perdu son intime conviction d'être « le béni ».

Je te dis cela parce que je sais à quel point nous pouvons être d'humeur changeante, toi et moi. Un jour nous nous sentons très bien, le lendemain nous sommes malheureux. Un jour nous sommes remplis d'idées nouvelles, le lendemain tout nous paraît sombre et monotone. Un jour nous pouvons conquérir le monde, mais le lendemain le moindre petit effort nous semble de trop. Ces sautes d'humeur nous montrent que nous cessons d'écouter la bénédiction qu'entendaient Abraham et Sarah, Isaac et Rébecca, Jacob, Léa et Rachel, et Jésus de Nazareth, et que nous devons entendre nous aussi. Lorsque nous nous laissons emporter par les petites vagues qui troublent la surface de notre existence, nous devenons les proies faciles de notre monde manipulateur. Mais quand nous continuons d'entendre la douce voix intérieure qui nous bénit, nous pouvons traverser la vie avec un sentiment de bien-être et de véritable appartenance.

Le sentiment d'être béni n'est pas, il me semble, le sentiment que nous entretenons généralement à notre égard. Tu as vécu plusieurs moments difficiles dans ta vie, des moments où tu te sentais davantage maudit que béni. Et je peux affirmer la même chose. En fait, je soupçonne que plusieurs personnes souffrent du sentiment profond d'être maudites. Lorsque j'écoute les conversations des gens pendant les repas, dans les restaurants, pendant les pauses au bureau, j'entends beaucoup de reproches et de plaintes, tout cela dans un esprit de résignation passive. Plusieurs personnes, et nous aussi à certains moments, se sentent victimes d'un monde qu'elles ne peuvent pas changer. Les journaux quotidiens ne nous aident pas beaucoup à lutter contre ce sentiment. Souvent, le sentiment d'être maudit vient plus facilement que celui d'être béni, et nous pouvons trouver beaucoup d'arguments pour le nourrir. Nous pouvons dire : « Regardez ce qui se passe dans le monde. Regardez les peuples affamés, les réfugiés, les prisonniers, les malades et les mourants... Regardez toute la pauvreté, l'injustice et la guerre... Regardez la torture, les meurtres, la destruction de l'environnement et de la culture... Regardez nos luttes quotidiennes dans nos relations, dans notre travail, pour notre santé... » Où est la bénédiction? Le sentiment d'être maudit surgit aisément. Nous entendons facilement une voix intérieure qui nous traite de méchants, de mauvais, de pourris, de bons à rien, d'incapables, d'êtres voués à la maladie et à la mort. Ne nous est-il pas plus facile de croire que nous sommes maudits que de croire que nous sommes bénis?

Malgré tout, je te le dis, en tant que fils bien-aimé de Dieu, tu es béni. De bonnes paroles parlent de toi et à toi — des paroles qui disent la vérité. Les malédictions — aussi bruyantes, tapageuses et assourdissantes qu'elles soient — ne disent pas la vérité. Ce sont des mensonges; des mensonges faciles à croire, mais des mensonges quand même.

Eh bien! si la bénédiction présente la vérité et la malédiction, le mensonge au sujet de notre véritable identité, nous sommes placés devant une question bien concrète : comment écouter et reconnaître la bénédiction? Si le fait que nous soyons bénis n'est pas uniquement un sentiment mais une vérité qui façonne notre vie quotidienne, nous devons être capables de ressentir cette bénédiction et d'en faire l'expérience d'une manière non équivoque. Permets-moi de t'offrir deux suggestions qui t'aideront à reconnaître que tu es béni. Il y est question de prière et de présence.

Dans un premier temps, la prière. Pour moi personnellement, la prière devient de plus en plus un moyen d'entendre la bénédiction. J'ai beaucoup lu et écrit au sujet de la prière; mais lorsque je me retire dans un endroit calme pour prier, je prends conscience que même si j'ai tendance à dire beaucoup de choses à Dieu, le vrai « travail » de la prière consiste à faire silence et à écouter cette voix qui dit de belles choses à mon sujet. Cela peut paraître facile, mais c'est en fait une discipline ardue. J'ai tellement peur d'être maudit, d'entendre que je ne suis pas bon, ou pas assez bon, que je cède rapidement à la tentation de me mettre à parler sans arrêt afin de contrôler mes peurs. Mettre de côté les voix qui remettent en question ma bonté et les faire taire, et être assuré que j'entendrai une voix de bénédiction… cela demande un effort réel.

As-tu déjà essayé de passer une heure entière à ne faire rien d'autre qu'à écouter la voix qui habite au fond de ton cœur? Lorsqu'il n'y a pas de radio à écouter, pas de télévision à regarder, pas de livre à lire, personne à qui parler, pas de projet à terminer, pas d'appel téléphonique à faire, comment te sens-tu? Souvent, tout ce que ça fait, c'est nous faire prendre conscience de tout ce qu'il reste à faire, et nous décidons alors de quitter ce terrible silence et de retourner au travail! Il n'est pas facile d'entrer en silence et de faire taire les nombreuses voix bruyantes et exigeantes de notre monde pour découvrir la petite voix qui, au plus intime de notre être, nous dit : « Tu es mon enfant bien-aimé, je mets en toi toute ma joie. » Mais si nous osons embrasser notre solitude et apprivoiser notre silence, nous arriverons à entendre cette voix. Je ne veux pas laisser croire qu'un jour tu entendras cette voix avec tes oreilles de chair. Je ne parle pas d'une voix hallucinatoire, mais d'une voix qui peut être entendue avec les oreilles de la foi, les oreilles du cœur.

Souvent, tu auras l'impression qu'il ne se passe rien dans ta prière. Tu diras : « Je suis juste assis là, rempli de distractions. » Mais si tu prends l'habitude de passer une demi-heure par jour à écouter la voix de l'amour, tu découvriras progressivement qu'il se passe quelque chose dont tu n'étais même pas conscient. Il se peut que ce soit uniquement après coup que tu découvres cette voix qui te bénit. Tu avais l'impression que ton temps d'écoute et de prière n'était rien d'autre qu'un tas de pensées confuses, mais tu te surprends soudain à attendre avec impatience ce temps de silence et à le regretter lorsque tu ne peux te l'accorder. Le mouvement de l'Esprit de Dieu est très doux, discret. Il n'attire pas l'attention. Mais ce mouvement est aussi persistant, très fort et profond. Il transforme radicalement notre cœur. La pratique régulière de la prière te révèle que tu es béni et te donne le pouvoir de bénir les autres.

Il est peut-être utile de donner ici une suggestion pratique. Une bonne façon d'écouter est de s'aider d'un texte sacré : un psaume ou une prière, par exemple. L'auteur spirituel hindou Eknath Easwaran m'a appris la très grande valeur spirituelle de la pratique qui consiste à apprendre par cœur un texte sacré et à le répéter lentement en soi, mot par mot, phrase par phrase. Ainsi, écouter la voix de l'amour devient autre chose qu'une attente passive; l'écoute devient une attention active à la voix qui s'adresse à nous par les mots de l'Écriture.

J'ai passé plusieurs demi-heures de prière à ne rien faire d'autre que de répéter lentement la prière de saint François : « Seigneur, fais de moi un instrument de paix. Là où il y a la haine, que je mette l'amour… » En laissant ces mots passer de mon esprit à mon cœur, j'ai commencé à faire l'expérience, au-delà de mes émotions et de mes sentiments agités, de la paix et de l'amour que je demandais par mes paroles.

De cette façon, j'ai également pu lutter contre mes distractions sans fin. Lorsque je m'éloignais en esprit, je pouvais toujours revenir à ma simple prière et ainsi écouter à nouveau en mon cœur la voix que je voulais tant entendre.

Ma deuxième suggestion, pour prendre possession de la certitude que tu es béni, est de développer une culture de la présence. Par présence j'entends l'attention aux bénédictions qui t'arrivent jour après jour, année après année. Le problème avec la vie moderne est que nous sommes trop occupés — recherchant la reconnaissance aux mauvais endroits? — pour remarquer que nous sommes bénis. Souvent, les gens disent de belles choses à notre sujet, mais nous les repoussons du revers de la main en faisant des remarques du genre : « Oh! ce n'est rien, je vous en prie, oubliez ça, etc. » Ces remarques peuvent avoir l'air d'expressions d'humilité, mais elles sont en fait des signes que nous ne sommes pas vraiment prêts à recevoir les bénédictions qui nous sont données. Il n'est pas facile pour nous, gens occupés, de vraiment recevoir une bénédiction. Le fait qu'il y ait aujourd'hui si peu de gens qui donnent de véritables bénédictions est peut-être le résultat de l'absence de personnes qui soient disposées et capables de les recevoir. Il nous est devenu très difficile d'arrêter, d'écouter, d'être attentifs et de recevoir avec grâce ce qui nous est offert.

Vivre avec des personnes ayant un handicap intellectuel m'a aidé à comprendre cela. Ces personnes ont de nombreuses bénédictions à offrir, mais si je suis toujours occupé, toujours sur le point de faire quelque chose d'important, comment puis-je les recevoir? Adam, un des membres de ma communauté, ne peut parler, marcher seul, manger sans aide, s'habiller ou se déshabiller, mais il a de merveilleuses bénédictions à offrir aux personnes qui prennent le temps de lui être présentes, en le prenant dans leurs bras ou simplement en s'asseyant près de lui. Je n'ai pas encore rencontré quelqu'un qui ait passé beaucoup de temps avec Adam sans se sentir béni par lui. Il s'agit d'une bénédiction qui jaillit d'une simple présence. Mais tu sais aussi combien le simple fait d'être présent peut être difficile! Il reste toujours tant de choses à faire, tant de tâches à terminer et de travail à poursuivre qu'une simple présence peut facilement sembler inutile et même une perte de temps. Cependant, sans un désir conscient de « perdre » notre temps, il est difficile d'entendre la bénédiction.

Cette présence attentive peut nous permettre de constater qu'elles sont nombreuses, les bénédictions qui nous sont destinées : les bénédictions du pauvre qui nous arrête sur la route, celles des arbres remplis de bourgeons et celles des fleurs qui nous parlent de vie nouvelle, les bénédictions de la musique, de la peinture, de la sculpture et de l'architecture... tout cela mais surtout toutes les bénédictions qui nous viennent à travers des paroles de reconnaissance, d'encouragement, d'affection et d'amour. Ces nombreuses bénédictions n'ont pas à être inventées. Elles sont là, elles nous entourent de toutes parts. Mais nous devons leur être présents et les recevoir. Elles ne s'imposent pas à nous. Elles sont de doux rappels de la belle voix, forte mais discrète, de Celui qui nous appelle par notre nom et dit de belles choses à notre sujet.

Eh bien! j'espère que ces deux suggestions, la prière et la présence, pourront t'aider à reconnaître que tu es béni. Je n'insisterai jamais assez sur l'importance d'une telle prise de conscience. Ne pas reconnaître que tu es béni te conduira lentement au pays des maudits. Il n'y a pas de territoire neutre entre le pays des bénis et celui des maudits. Tu dois choisir où tu veux vivre et refaire ce choix à chaque instant de ta vie.

Avant de conclure ces réflexions sur la bénédiction, je dois te dire que le fait d'affirmer que tu es béni conduit toujours au désir profond de bénir les autres. La caractéristique des gens qui sont bénis est que, où qu'ils aillent, ils prononcent toujours des paroles de bénédiction. Il est remarquable de constater à quel point il est facile de bénir les autres, de leur dire de belles choses à leur sujet, de mettre en lumière leur beauté et leur vérité, lorsqu'on est soi-même « branché » sur sa propre identité d'être béni. Qui est béni bénit toujours. Et les gens veulent être bénis! C'est tellement évident, où que tu ailles. Personne n'est conduit à la vie par des malédictions, des commérages, des accusations ou des reproches. Il y a tant de tout cela autour de nous, qui ne suscite que ténèbres, destruction et mort. En tant que « bénis », nous pouvons traverser ce monde en offrant des bénédictions. Cela n'exige pas beaucoup d'effort mais coule naturellement de notre cœur. Lorsque nous entendons en nous la voix qui nous appelle par notre nom et nous bénit, les ténèbres ne nous distraient plus. La voix qui nous appelle « bien-aimés » nous donnera les mots pour bénir les autres et leur révéler qu'ils sont aussi bénis que nous le sommes.

Tu vis à New York. Je vis à Toronto. Lorsque tu parcours l'avenue Columbus et moi la rue Yonge, nous ne pouvons plus douter de la présence des ténèbres. La solitude, l'itinérance et la dépendance des gens sont trop visibles. Pourtant, ces gens aspirent tous à une bénédiction. Cette bénédiction ne peut leur être donnée que par ceux et celles qui l'ont eux-mêmes entendue.

Je me sens maintenant prêt à t'écrire sur la vérité la plus difficile à formuler : nous sommes tous des êtres brisés. Nous sommes choisis et bénis. Lorsque nous avons vraiment reconnu, intégré et dit « oui » à cette vérité, alors nous pouvons affronter avec lucidité notre propre brisure et celle des autres. C'est ce que nous allons faire maintenant.

3

Brisé

Le moment est venu de parler de notre brisure. Tu es un homme brisé. Je suis un homme brisé. Toutes les personnes que nous connaissons sont brisées. Notre brisure est tellement visible et palpable, tellement concrète et précise, qu'il est souvent difficile de croire qu'on puisse penser, parler ou écrire sur autre chose que celle-ci.

Dès notre première rencontre, nous avons parlé de notre brisure. Tu voulais écrire un article sur moi pour la section régionale « Connecticut » du *New York Times*. Je t'ai parlé de mon écriture comme moyen de faire face à ma solitude, à mon sentiment d'isolement, à mes nombreuses peurs et à mon sentiment général d'insécurité. Lorsque nous avons commencé à parler de toi, tu m'as confié ton insatisfaction par rapport à ton travail, ta frustration de ne pas avoir assez de temps et d'argent pour écrire ton propre roman et ta confusion générale à l'égard de l'orientation à donner à ta vie. Dans l'année qui a suivi notre première rencontre, nous avons été de plus en plus ouverts l'un envers l'autre au sujet de notre souffrance et de notre douleur. De fait, le partage de nos luttes profondes est devenu un signe de notre amitié.

Tu as traversé une séparation et un divorce difficiles, et moi une longue période de dépression. Tu as subi de nombreuses déceptions dans ton travail, sans cesser de te demander quelle était ta vraie mission dans la vie. Et moi, j'ai continué d'être submergé par les nombreuses exigences de temps et d'énergie qui me menaient souvent à l'épuisement et au désespoir.

Chaque fois que nous nous rencontrions, nous devenions plus conscients de la brisure de notre vie. Il n'y a rien d'anormal à cela. Lorsque des gens se rencontrent, ils se concentrent facilement sur leurs blessures. Les compositions musicales les plus célèbres, les peintures et sculptures les plus remarquées et les livres les plus lus sont souvent des expressions directes de la conscience que les humains ont de leur déchirure. Cette conscience repose souvent à la surface de notre existence, car nous savons tous qu'aucun d'entre nous n'échappera à la mort — la manifestation la plus radicale de notre brisure.

Les dirigeants et les prophètes du peuple d'Israël, qui étaient manifestement choisis et bénis, ont tous eu des vies brisées. Et nous, fils et filles bien-aimés de Dieu, ne pouvons pas plus échapper à notre douleur.

Il y a bien des choses que j'aimerais te dire à ce sujet. Mais par où commencer?

Le plus simple serait peut-être de dire que notre brisure révèle quelque chose de qui nous sommes. Nos souffrances et nos douleurs ne sont pas uniquement des interruptions ennuyeuses de notre vie; elles viennent plutôt nous rejoindre dans notre unicité et dans ce qui nous est le plus intime. Ma façon de vivre ma brisure te dit quelque chose d'unique sur moi. La façon dont tu vis ta situation d'être brisé me dit quelque chose d'unique sur toi. C'est pourquoi je me sens très privilégié lorsque librement tu partages avec moi une partie de ta souffrance, et c'est pourquoi le fait que je te révèle une partie de mon côté vulnérable exprime ma confiance en toi. L'expérience de notre brisure est toujours hautement personnelle, intime et unique. Je suis profondément convaincu que chaque être humain souffre d'une manière qui lui est propre. Bien sûr, on peut faire des comparaisons; on peut parler de plus ou moins de souffrance, mais ultimement, ta douleur et la mienne sont tellement personnelles que le fait de les comparer ne peut apporter ni consolation ni réconfort. De fait, je suis plus reconnaissant envers une personne qui reconnaît ma grande solitude devant ma souffrance qu'envers celle qui me rappelle que bien d'autres portent des souffrances semblables ou pires que les miennes!

Nos souffrances nous appartiennent personnellement. Elles n'appartiennent à personne d'autre. Elles nous sont aussi uniques que notre élection et notre bénédiction. Notre façon d'accepter notre brisure en dit autant sur nous que notre manière d'être pris et bénis. Oui, aussi effrayant que cela puisse paraître, en tant que bien-aimés, nous devons reconnaître notre brisure qui est unique, tout comme nous devons reconnaître que nous sommes choisis et bénis de manière unique.

Je vais maintenant tenter de me rapprocher de ton expérience d'être brisé. Comme je l'ai déjà dit, cette expérience est très personnelle et, dans notre société, il s'agit souvent d'une brisure intérieure, une brisure du cœur. Même si plusieurs personnes souffrent de handicaps physiques ou intellectuels, et même si plusieurs connaissent la pauvreté économique, l'itinérance et le manque du nécessaire, la souffrance dont je suis le plus conscient sur une base quotidienne est celle du cœur brisé. Encore et encore, je vois l'immense douleur causée par la rupture de liens entre maris et femmes, parents et enfants, partenaires, amis et collègues. Dans le monde occidental, la souffrance la plus douloureuse est celle causée par le sentiment d'être rejeté, ignoré, méprisé et laissé seul. Dans ma propre communauté, formée de plusieurs hommes et femmes lourdement handicapés, la plus grande source de souffrance n'est pas le handicap lui-même, mais l'expérience de se sentir inutile, bon à rien, non reconnu et mal aimé. Il est beaucoup plus facile d'accepter de ne pas pouvoir parler, marcher ou manger seul que d'accepter de n'avoir pas de prix aux yeux d'une autre personne. Nous, êtres humains, pouvons supporter vaillamment d'immenses privations, mais à partir du moment où nous sentons que nous n'avons plus rien à offrir aux autres, nous perdons rapidement contact avec la vie. Instinctivement, nous savons que la joie de vivre jaillit de nos manières d'être ensemble et que la douleur de vivre surgit de notre impuissance à bien y arriver.

Bien sûr, c'est le plus souvent en lien avec notre sexualité que nous faisons le plus douloureusement l'expérience de notre brisure. Mes luttes et celles de mes amis montrent bien à quel point notre sexualité est essentielle à notre façon de penser et de ressentir. Notre sexualité nous révèle notre immense besoin de communication. Les désirs de notre corps — être touché, embrassé et enlacé — font partie des désirs profonds du cœur et sont des signes concrets de notre recherche d'unité. C'est précisément autour de ce désir de communication que nous vivons tant d'angoisse. Notre société est si fragmentée, notre famille tellement séparée par des distances physiques et émotionnelles, nos amitiés si sporadiques, nos intimités si provisoires et souvent très utilitaires, qu'il existe très peu d'endroits où nous nous sentons vraiment en sécurité. Je prends conscience que très souvent mon corps est tendu, que je suis sur la défensive et que j'ai rarement le sentiment de me sentir vraiment « chez moi ». J'habite en banlieue de Toronto. Quand je regarde les méga-résidences, les horribles centres commerciaux disposés de façon à rendre la consommation encore plus efficace, les panneaux d'affichage attrayants qui promettent confort et détente de diverses façons toutes aussi séduisantes les unes que les autres... quand je regarde tout cela et qu'en même temps je sais que des forêts sont abattues, des cours d'eau asséchés, des chevreuils, lièvres et oiseaux chassés de mon environnement, je ne suis pas étonné que mon corps réclame haut et fort un contact salutaire et une étreinte rassurante. Lorsque tout ce qui nous entoure nous stimule à l'excès et élargit nos sens, et que ce qui nous est offert pour répondre à nos besoins les plus profonds comporte généralement un caractère séducteur, il n'est pas étonnant que nous soyons assaillis de fantasmes insensés, de rêves fous, de pensées et de sentiments troublants. C'est lorsque nous sommes les plus vulnérables et sans ressources que nous faisons le plus l'expérience de notre brisure. Notre milieu de vie est tellement morcelé et commercialisé qu'il nous est pratiquement impossible de trouver un endroit où tout notre être — corps, esprit et cœur — se sente en sécurité. Que nous marchions dans les rues de New York ou de Toronto, il est difficile de ne pas être arrachés de notre centre et de ne pas faire l'expérience, dans nos entrailles même, de l'angoisse et de l'agonie de notre monde.

L'épidémie de sida est probablement l'un des symptômes les plus parlants de notre brisure contemporaine. L'amour et la mort y sont liés l'un à l'autre dans une violente étreinte. De jeunes gens, cherchant désespérément l'intimité et la communion, risquent leur vie même. On dirait que, à travers les grands espaces vides de notre société, s'élève un cri : il vaut mieux mourir que de vivre une solitude sans fin.

En voyant mourir des personnes atteintes du sida et en constatant la générosité spontanée avec laquelle leurs amis forment communauté pour les soutenir de leur affection et les aider matériellement et spirituellement, je me demande souvent si cette horrible maladie n'est pas une dernière invitation à se convertir adressée à un monde condamné à la compétition, à la rivalité et à un isolement sans cesse croissant. Oui, la crise du sida exige un regard entièrement renouvelé sur notre brisure humaine.

Comment pouvons-nous réagir devant cette souffrance? J'aimerais proposer deux moyens : premièrement, se lier d'amitié avec elle; deuxièmement, la vivre sous le signe de la bénédiction. Je souhaite que tu puisses les mettre en pratique dans ta propre vie. C'est ce que j'ai essayé et essaie de faire sans arrêt, à certains moments avec plus de succès qu'à d'autres, mais je suis convaincu que ces moyens nous mettent sur la bonne voie pour tenter d'affronter notre brisure.

La première façon de réagir est donc de regarder notre souffrance bien en face et de nous en faire une amie. Cela peut nous sembler quelque peu étrange. Au début, notre réaction spontanée devant la douleur et la souffrance est de l'éviter, de la tenir à bonne distance, de l'ignorer ou de la nier. La souffrance, qu'elle soit physique, mentale ou émotionnelle, est presque toujours vécue comme une intrusion non désirée dans notre vie, comme quelque chose qui ne devrait pas exister. Il est difficile, voire impossible, de voir quoi que ce soit de positif dans la souffrance; elle doit à tout prix être évitée.

Si telle est notre attitude spontanée devant notre brisure, il n'est pas étonnant que tenter de nous en faire une amie puisse au début paraître masochiste. Quoi qu'il en soit, ma propre souffrance m'a appris que le premier pas vers la guérison ne consiste pas à fuir la souffrance, mais plutôt à m'en approcher. Parce que notre brisure est en fait une partie intime de notre être, au même titre que notre condition de choisis et de bénis, nous devons oser surmonter notre peur et nous faire proches d'elle. Oui, il nous faut trouver le courage d'embrasser notre propre souffrance, de transformer notre pire ennemie en notre amie et compagne intime. Je suis convaincu que la guérison est souvent si difficile parce que nous ne voulons pas reconnaître la douleur. Cela est vrai de toute douleur, particulièrement de celle causée par un cœur brisé. L'angoisse et la souffrance qui résultent du rejet, d'une séparation, de négligence, d'abus et de manipulation émotive ne servent qu'à nous paralyser lorsque nous ne pouvons pas les affronter, lorsque nous les fuyons continuellement. Nous avons besoin d'être aidés dans notre souffrance, d'abord et avant tout pour nous rapprocher de notre douleur et prendre conscience que nous ne devons pas l'éviter, mais nous en faire une amie.

Je me souviens très bien de ce jour où je suis allé chez toi. Tu venais tout juste de réaliser que ton mariage était un échec. Ta souffrance était immense. Tu voyais le rêve de toute une vie partir en fumée; tout projet d'avenir te semblait impossible; tu te sentais seul, coupable, inquiet, honteux et profondément trahi. La douleur était gravée sur ton visage. C'était le moment le plus pénible de ta vie. Je me trouvais à New York à ce moment-là et j'étais passé te voir. Que pouvais-je te dire? Je savais qu'il était inutile de te dire que tu passerais à travers, qu'il y avait encore de belles choses à considérer, que les choses n'étaient pas si terribles qu'elles en avaient l'air. Tout ce que je pouvais faire était d'être près de toi, de rester avec toi, de t'encourager à ne pas fuir ta souffrance tout en m'assurant que tu avais la force de rester debout devant elle. Aujourd'hui, plusieurs années plus tard, tu es en mesure d'affirmer qu'effectivement tu as pu te tenir debout devant ta souffrance et grandir grâce à elle. Sur le coup, cela te semblait être une tâche impossible, mais c'est la seule à laquelle je pouvais t'inviter.

Ma propre expérience de l'angoisse m'a appris que l'affronter et vivre avec elle est le chemin de la guérison. Mais je ne peux réussir cela tout seul. J'ai besoin que quelqu'un m'aide à me tenir debout au cœur de la souffrance, m'assure qu'au-delà de l'angoisse se trouve la paix, au-delà de la mort, la vie, au-delà de la peur, l'amour. Mais je sais maintenant que tenter d'éviter, de refouler ou de fuir la souffrance serait comme amputer un membre qui pourrait très bien être guéri avec les soins appropriés.

La vérité profonde est que notre souffrance ne doit pas être un obstacle à la joie et à la paix auxquelles nous aspirons, mais le moyen d'y arriver. Le grand secret de la vie spirituelle, la vie des fils et des filles bien-aimés de Dieu, est que tout ce que nous vivons, bonheur ou tristesse, joie ou souffrance, santé ou maladie, tout cela peut faire partie du chemin qui nous conduit à la pleine réalisation de notre humanité. Il n'est pas difficile de nous dire : « Tout ce qui est beau et bon nous conduit à la gloire des enfants de Dieu. » Mais il est très difficile de dire : « Mais ne saviez-vous pas que nous devons tous souffrir pour entrer dans la gloire? » Cependant, notre attention les uns pour les autres nous invite à nous aider afin de transformer notre blessure en chemin qui conduit à la joie.

La première façon de réagir devant notre brisure est de la placer sous la bénédiction. Pour moi, cela est essentiel si nous voulons nous en faire une amie. Il est souvent terrifiant d'affronter notre blessure parce que nous la vivons sous le mode de la malédiction. Vivre sa brisure sous le mode de la malédiction, c'est faire l'expérience de notre souffrance comme confirmation de nos sentiments négatifs à notre égard. Comme si nous disions : « J'ai toujours pensé que j'étais inutile ou sans valeur, et maintenant j'en ai la preuve à cause de ce qui m'arrive. » Il y a toujours en nous une partie qui cherche à expliquer ce qui se produit dans notre vie. Si nous cédons à la tentation du rejet de nous-mêmes, toute forme de malchance ne fait que confirmer ce rejet. Lorsque la mort nous arrache un parent ou un ami, que nous perdons un emploi, que nous échouons à un examen, que nous vivons une séparation ou un divorce, lorsqu'une guerre éclate, qu'un tremblement de terre détruit notre maison ou nous affecte, la question « pourquoi? »

jaillit spontanément. « Pourquoi moi? Pourquoi maintenant? Pourquoi ici? » Il est si difficile de vivre sans une réponse à ces « pourquoi? » que facilement nous nous laissons convaincre de lier des événements, sur lesquels nous n'avons aucun contrôle, à notre autoévaluation, consciente ou inconsciente. Lorsque nous nous sommes maudits, ou avons permis aux autres de nous maudire, il est tentant de considérer notre souffrance comme l'expression ou la confirmation de cette malédiction. Avant même que nous en soyons pleinement conscients, nous nous sommes déjà dit : « Tu vois, j'ai toujours pensé que je n'étais pas bon… Maintenant, j'en suis sûr! Les événements le démontrent. »

Les enfants bien-aimés de Dieu sont invités à retirer leur brisure de l'ombre de la malédiction pour la placer dans la lumière de la bénédiction. Cela n'est pas aussi facile que ça en a l'air. Les ténèbres qui nous entourent sont puissantes, et les gens qui se rejettent eux-mêmes sont plus faciles à manipuler que les personnes qui s'acceptent. Mais lorsque nous nous mettons à l'écoute de la voix qui nous appelle « bien-aimés », il nous est possible de vivre notre souffrance non pas comme une confirmation de notre peur d'être sans valeur, mais comme une occasion de purifier et d'approfondir la bénédiction qui repose sur nous. Une souffrance physique, mentale ou émotionnelle vécue sous la bénédiction est radicalement différente de celle vécue sous la malédiction. Le plus petit des fardeaux, perçu comme un signe de notre nullité, peut nous conduire à une dépression profonde… et même au suicide. Cependant, des fardeaux énormes et lourds deviennent faciles et légers lorsque vécus à la lumière de la bénédiction. Ce qui semblait intolérable devient un défi. Ce qui semblait être une raison de déprimer devient source de purification. Ce qui semblait être une punition devient un doux modelage. Ce qui semblait être un rejet devient chemin vers une communion plus profonde.

La tâche ardue consiste alors à permettre à la bénédiction de nous toucher au cœur même de notre brisure. Puis celle-ci sera progressivement considérée comme une ouverture vers la pleine acceptation de nous-mêmes comme bien-aimés. Cela explique comment il est possible de faire l'expérience d'une joie véritable au milieu d'une grande souffrance. Il s'agit de la joie d'être discipliné, purifié, modelé. Tout comme les athlètes peuvent vivre une grande souffrance pendant leur course et, en même temps, goûter à la joie de savoir qu'ils s'approchent de plus en plus de leur but, ainsi les bien-aimés peuvent faire l'expérience de la souffrance comme chemin vers la communion profonde à laquelle ils aspirent. Ici, joie et douleur ne s'opposent plus mais sont devenues les deux côtés du même désir de grandir et d'atteindre la plénitude des bien-aimés.

Les divers programmes à douze étapes, comme ceux des Alcooliques anonymes, de Al-Anon et des Joueurs anonymes, sont tous des moyens de placer notre brisure sous la bénédiction et d'en faire un chemin de vie nouvelle. Toutes les dépendances font de nous des esclaves, mais chaque fois que nous les reconnaissons ouvertement et que nous exprimons notre certitude que Dieu peut nous libérer, la source de notre souffrance devient la source de notre espérance.

Je me rappelle très bien comment, à un certain moment, je suis devenu totalement dépendant de l'affection et de l'amitié d'une personne. Cette dépendance m'a jeté dans le gouffre de l'angoisse et m'a conduit à la limite d'une dépression autodestructrice. Mais on m'a aidé à faire l'expérience que ma dépendance était l'expression de mon besoin de m'abandonner totalement à un Dieu d'amour qui pouvait combler les désirs les plus profonds de mon cœur. J'ai alors commencé à vivre ma dépendance d'une manière radicalement nouvelle. Au lieu d'éprouver honte et confusion, j'ai pu la vivre comme une invitation urgente à reconnaître l'amour inconditionnel de Dieu à mon égard, un amour dont je peux dépendre sans crainte.

Eh bien! mon ami, je me demande si j'ai pu t'aider en te parlant ainsi de notre brisure. Apprivoiser notre blessure et la placer sous la bénédiction ne rend pas nécessairement notre souffrance moins douloureuse. En fait, cela nous rend souvent encore plus conscients de la profondeur de nos blessures, et combien il est illusoire de penser qu'elles vont disparaître. Le fait de vivre avec des personnes ayant un handicap intellectuel m'a rendu de plus en plus conscient que nos blessures sont souvent une part essentielle du tissu de notre vie. La douleur du rejet des parents, la souffrance de ne pas pouvoir se marier, l'angoisse de toujours avoir besoin d'aide, même pour les tâches les plus « normales », comme s'habiller, manger, marcher, prendre l'autobus, acheter un cadeau ou payer une facture… aucune de ces blessures ne disparaîtra ni ne s'amenuisera. Malgré tout, apprivoiser notre brisure et la placer sous la lumière de Celui qui nous appelle ses bien-aimés peut la faire briller comme un diamant.

Te rappelles-tu, il y a deux ans, quand nous sommes allés au Lincoln Center entendre Leonard Bernstein dirigeant un orchestre jouant du Tchaïkovski? Ce fut une soirée très émouvante. Plus tard, nous avons pris conscience que c'était la dernière fois que nous entendrions ce génie musical. Leonard Bernstein a été, sans aucun doute, le chef d'orchestre et le musicien qui a eu le plus d'influence dans ma découverte de la beauté et de la joie de la musique. Adolescent, j'avais été complètement transporté par la façon dont il jouait à la fois le rôle de chef d'orchestre et celui de soliste dans l'interprétation de concertos pour piano de Mozart au Rurhaus Concert Hall de Scheviningen, en Hollande. Lorsque son *West Side Story* a été porté à l'écran, je me suis retrouvé fredonnant ses mélodies envoûtantes des mois durant, retournant au cinéma dès que je le pouvais.

En regardant son visage expressif à la télévision alors qu'il dirigeait et expliquait la musique classique à des enfants, j'ai réalisé que Leonard Bernstein était devenu le professeur de musique que je respectais le plus. Il n'est donc pas étonnant que sa mort subite m'ait touché tout autant que celle d'un ami très proche.

Pendant que je t'écris au sujet de notre souffrance, je me rappelle une scène de la *Messe* de Leonard Bernstein (une œuvre musicale écrite en mémoire de John F. Kennedy) qui incarne pour moi l'idée de brisure placée sous la bénédiction. Vers la fin de cette œuvre, le prêtre, richement vêtu de splendides ornements liturgiques, est soulevé par son peuple. Il domine la foule, tenant entre ses mains un calice de verre. Soudain, la pyramide humaine s'écroule et le prêtre dégringole. Ses vêtements sacerdotaux sont déchirés et son calice de verre se fracasse sur le sol. Alors qu'il marche lentement à travers les débris de sa gloire passée, pieds nus, portant uniquement un jean et un tee-shirt, on entend des voix d'enfants qui chantent : « *Laude, laude, laude* — Louez, louez, louez. » Soudain, le prêtre aperçoit le calice brisé. Il le fixe pendant un long moment puis, de façon hésitante, dit : « Je n'avais jamais réalisé que du verre brisé pouvait briller aussi intensément. »

Je n'oublierai jamais ces paroles. Pour moi, elles représentent le mystère de ma vie, de ta vie et, désormais, peu après sa mort, de la vie splendide mais tragique de Bernstein.

Avant de conclure ces mots sur notre brisure, je veux souligner une de ses implications sur nos relations avec les autres. Plus je vieillis, plus je prends conscience à la fois du peu que je peux faire pour les autres et de tout ce que je peux faire pour eux. Oui, en effet, nous sommes choisis, bénis et brisés pour être donnés. C'est ce dont je voudrais te parler maintenant.

4

Donné

Nous sommes choisis, bénis et brisés pour être donnés. Le quatrième aspect de la vie de bien-aimé est celui d'être donné. Je crois personnellement que c'est uniquement en fonction du don que nous pouvons pleinement comprendre le choix, la bénédiction et la brisure. Dans le don, il devient évident que nous sommes choisis, bénis et brisés non seulement pour nous-mêmes, mais pour que tout ce que nous vivons trouve son sens ultime dans le fait d'être vécu pour les autres.

Nous connaissons tous deux l'expérience d'une joie qui naît du fait de pouvoir faire quelque chose pour une autre personne. Tu as beaucoup fait pour moi et je te serai toujours reconnaissant de tout ce que tu m'as donné. Mais une partie de ma gratitude naît lorsque je te vois si heureux de faire des choses pour moi. Il est tellement plus facile d'être reconnaissant pour une chose donnée avec joie que pour un don fait avec hésitation ou réticence. As-tu déjà remarqué la joie d'une mère lorsqu'elle voit le sourire de son bébé? Le sourire d'un bébé est un cadeau à sa mère qui est reconnaissante de voir son enfant heureux.

Quel merveilleux mystère! Notre plus grande réalisation, c'est de nous donner aux autres. Même si souvent on dirait que les gens donnent uniquement dans le but de recevoir, je crois que, au-delà de tous nos besoins d'être appréciés, récompensés et reconnus, se trouve le désir simple et pur de donner. Je me rappelle cette fois où j'ai passé de longues heures à parcourir les magasins hollandais à la recherche d'un cadeau d'anniversaire pour mon père ou ma mère, goûtant simplement ma capacité de donner. Notre humanité atteint sa plénitude dans le don. Nous devenons de belles personnes lorsque nous offrons ce qu'il nous est possible de donner : un sourire, une poignée de main, un baiser, une étreinte, un mot d'amour, un présent, une partie de notre vie… toute notre vie!

J'ai été un témoin ému de ce don total à l'occasion de votre mariage, Robin et toi. Ce jour-là, la douleur de l'échec de ton premier mariage s'est finalement estompée; tu as été à nouveau capable de reconnaître que la vie trouve sa plénitude dans le don. La veille du mariage, tu es venu me chercher à l'aéroport La Guardia dans l'après-midi; nous sommes allés manger avec ta mère, ta sœur, ton beau-frère et ta nièce, puis tu m'as conduit à l'hôtel où j'ai passé la nuit. C'était une magnifique fin de semaine ensoleillée de mai et, même si tu affichais la nervosité habituelle d'un époux à la veille de son mariage, tu étais rempli de paix et de joie. Ton cœur était comblé à l'avance par ta vie avec Robin. Tu m'as dit que Robin t'avait redonné confiance en toi, qu'elle avait balayé tes doutes de pouvoir aimer à nouveau et de trouver l'emploi idéal. Elle t'avait encouragé à croire que tu trouverais la meilleure façon d'utiliser tes talents, même si tu n'entrais pas dans les moules traditionnels que la société t'imposait. Enfin — et c'est le plus important — Robin t'aimait pour qui tu étais et pas seulement pour ce que tu pourrais rapporter ou accomplir. Tu m'as dit aussi que tu étais conscient d'être devenu un très grand soutien pour elle. Tu admirais son grand engagement comme avocate des pauvres et des sans-abri, ses magnifiques dons pour défendre les sans-voix de notre monde, sa vitalité et son sens de l'humour. Mais tu étais aussi conscient de lui donner quelque chose qu'elle ne pouvait se donner à elle-même : un foyer, un lieu de sécurité et de fécondité. Ton amour pour elle était si beau à voir, je me sentais privilégié d'être invité à être témoin de cet amour.

Pendant cette journée de mariage, avec l'émouvant rituel juif présidé par votre amie, le rabbin Helen Ferris, la réception joyeuse dans le jardin et le copieux repas, j'ai plus que jamais pris conscience à quel point il est vrai que notre vie atteint sa plénitude dans le don de nous-mêmes aux autres. Ce jour-là, tu t'es donné à Robin et tu as affirmé que, quoi qu'il arrive — que cela concerne ton travail, ta santé ou la scène politique ou économique —, Robin serait, à partir de ce moment-là, ta préoccupation première.

Comme ton union avec Robin était ton deuxième mariage et que tu avais vécu la solitude du divorce, tu es demeuré très humble. Tu savais que rien ne se produit automatiquement et que ta décision de te donner à Robin devrait être renouvelée jour après jour, particulièrement lorsque vous sentiriez une distance s'installer entre vous.

J'ai aussi pris conscience de l'importance de la famille et des amis, qui vous entourent de leur amour, pour vous aider à vivre vos promesses. Votre invitation à être proche de vous en ce jour de votre mariage m'a fait réaliser que vous vouliez que je sois un de ces amis qui vous aideraient à être fidèles, et c'est pour moi une joyeuse responsabilité.

Il est triste de constater que, dans notre monde de compétition et de consommation, nous avons perdu contact avec la joie du don. Souvent, nous vivons notre vie comme si notre bonheur dépendait de notre avoir. Mais je ne connais personne qui soit vraiment heureux à cause de son avoir. La vraie joie, le bonheur et la paix intérieure jaillissent du don de nous-mêmes aux autres. Une vie heureuse est une vie pour les autres. Cette vérité, cependant, est habituellement découverte lorsque nous sommes confrontés à notre brisure.

J'ai beaucoup réfléchi sur la façon dont notre amitié a grandi avec les années. Je prends conscience qu'il existe un lien mystérieux entre notre blessure et notre capacité de donner à l'autre. Nous avons tous deux traversé des périodes de très grande souffrance intérieure. Pendant ces moments pénibles, nous avons souvent cru que notre vie avait atteint un point mort et que nous n'avions plus rien à offrir. Mais aujourd'hui, des années plus tard, ces périodes difficiles s'avèrent être les moments qui nous ont rendus capables de donner encore plus, pas moins! Notre brisure nous a ouverts à un moyen encore plus profond de partager notre vie et d'être l'un pour l'autre porteurs d'espérance. Pour être donné, le pain doit être rompu; il en est de même pour notre vie. Cela ne veut pas dire que nous devons nous infliger des souffrances, à nous-mêmes ou à l'autre, pour être en mesure de mieux donner. Même si le verre brisé est éclatant, seul un fou briserait le verre pour le faire briller! En tant qu'êtres humains, mortels, les difficultés font partie de notre existence; au fur et à mesure que nous les apprivoisons et les plaçons sous la bénédiction, nous découvrirons que nous avons beaucoup à donner — beaucoup plus que ce que nous aurions pu rêver.

Un repas partagé n'est-il pas la plus belle expression de notre désir de nous donner l'un à l'autre dans notre brisure? La table, la nourriture, les boissons, les paroles, les histoires ne sont-ils pas les moyens les plus intenses non seulement d'exprimer notre désir de donner notre vie à l'autre, mais également de le réaliser? J'aime beaucoup l'expression « casser la croûte ensemble », parce que les actions de rompre et de donner sont clairement unies. Lorsque nous mangeons ensemble, nous sommes vulnérables devant l'autre. Autour de la table, il est impossible de porter une arme, quelle qu'elle soit. Manger du même pain et boire à la même coupe nous invite à l'unité et à la paix. Cela devient plus clair quand survient un conflit. Manger et boire ensemble peut alors devenir très menaçant et le repas, le moment le plus redouté de la journée. Nous connaissons tous ces silences douloureux. La distance qui sépare les convives peut alors être insupportable. Quelle différence avec l'intimité vécue lorsqu'on mange et qu'on boit ensemble!

Par contre, un repas partagé dans la paix et la joie fait partie des plus grands moments de la vie.

Ne crois-tu pas que notre désir de manger ensemble est l'expression de notre désir encore plus profond d'être nourriture les uns pour les autres? Ne nous arrive-t-il pas de dire : « Voilà une conversation vraiment nourrissante. Quel moment rafraîchissant! » Je crois que notre désir le plus profond, en tant qu'êtres humains, est de nous donner les uns aux autres comme source de croissance physique, émotionnelle et spirituelle. L'enfant nourri au sein de sa mère n'est-il pas le signe le plus émouvant de l'amour humain? Le mot « goûter » n'est-il pas celui qui exprime le mieux l'expérience de l'intimité? Les amoureux, dans leurs moments d'extase, ne font-ils pas l'expérience de leur amour comme d'un désir de se manger et de se boire l'un l'autre? En tant que bien-aimés, nous nous accomplissons en plénitude en devenant pain pour le monde. Voilà l'expression la plus intime de notre profond désir de nous donner les uns aux autres.

Comment cela peut-il se faire? Si notre accomplissement le plus total repose sur le don de nous-mêmes aux autres, comment réaliser cela au jour le jour dans une société qui parle davantage de posséder que de donner? J'aimerais proposer deux chemins : se donner dans la vie et se donner dans la mort.

Premièrement, notre vie est le plus grand don que nous puissions faire — nous l'oublions constamment. Lorsque nous évoquons le don de nous-mêmes aux autres, ce qui nous vient immédiatement à l'esprit est le partage de nos talents : ces habiletés à faire des choses particulièrement bien. Toi et moi en avons souvent parlé. « Quels sont nos talents uniques? » nous demandions-nous. Cependant, en mettant l'accent sur nos talents, nous avons tendance à oublier que le véritable don n'est pas tant les choses que nous pouvons faire mais notre personne. La vraie question n'est donc pas : « Que pouvons-nous nous offrir l'un à l'autre? », mais bien « Qui pouvons-nous être l'un pour l'autre? » Cela ne fait aucun doute, il est merveilleux que nous puissions réparer quelque chose pour un voisin, conseiller efficacement un ami, donner un sage conseil à un collègue, aider un patient à guérir ou annoncer une bonne nouvelle à un paroissien, mais il existe un don encore plus grand que tous ceux-là. C'est le don de notre propre vie qui illumine tout ce que nous faisons. Plus je vieillis, plus je découvre que le plus grand don que j'ai à offrir est ma propre joie de vivre, ma paix intérieure, mon propre silence et ma solitude, mon propre sentiment de bien-être. Lorsque je me demande : « Qui m'aide le plus? », je dois répondre : « Celui ou celle qui accepte de partager sa vie avec moi. »

Il est utile de faire une distinction entre talents et dons. Nos dons sont encore plus importants que nos talents. Nous pouvons très bien n'avoir que quelques talents, mais nous avons plusieurs dons. Nos dons sont les multiples façons par lesquelles nous exprimons notre humanité. Ils font partie de ce que nous sommes : amitié, gentillesse, patience, joie, paix, pardon, douceur, amour, espérance, confiance et plusieurs autres. Voilà les vrais cadeaux que nous devons nous donner les uns aux autres.

D'une certaine manière, je sais cela depuis longtemps, surtout grâce à mon expérience de l'immense pouvoir de guérison de ces dons. Mais depuis que je vis dans une communauté avec des personnes ayant un handicap intellectuel, j'ai redécouvert cette vérité toute simple. Peu d'entre elles possèdent un talent dont elles peuvent se vanter. Peu ont les capacités d'apporter leur contribution à notre société dans le but de gagner de l'argent, de rivaliser sur le marché du travail ou de gagner des prix. Mais comme ils sont magnifiques, leurs dons! Bill, qui a énormément souffert d'une famille brisée, possède un don d'amitié que j'ai rarement vu. Même lorsque je deviens impatient ou distrait par d'autres personnes, il demeure toujours fidèle et continue de me soutenir en tout ce que je fais. Linda, qui éprouve une difficulté d'élocution, possède un don unique pour accueillir les gens. Plusieurs personnes qui ont habité dans notre communauté se rappellent de Linda comme de celle qui a su les mettre à l'aise. Adam, qui est incapable de parler, de marcher ou de manger sans aide et qui a besoin d'un soutien de tous les instants, a le merveilleux don d'apporter la paix à ceux et celles qui prennent soin de lui et qui vivent avec lui. Plus je vis à L'Arche, plus je reconnais que nos vrais dons, à nous personnes apparemment sans handicap, demeurent souvent enfouis sous nos talents. La brisure si visible des personnes avec un handicap leur a permis, d'une façon mystérieuse, d'offrir leurs dons librement et sans inhibitions.

Encore davantage qu'avant, je suis convaincu que nous sommes appelés à nous donner les uns aux autres pour ainsi devenir une véritable communauté d'amour.

Nous sommes appelés à nous donner nous-mêmes non seulement dans la vie, mais aussi dans la mort. En tant qu'enfants bien-aimés de Dieu, nous sommes appelés à faire de notre mort le plus grand des dons. Comme il est vrai que nous sommes brisés pour être donnés, alors notre brisure finale, la mort, doit devenir le moyen de réaliser le don final de nous-mêmes. Comment? Il semble qu'aujourd'hui la mort soit la grande ennemie à fuir le plus longtemps possible. Nous n'aimons pas penser ou parler de la mort. Mais une des rares choses dont nous avons la certitude, c'est que nous allons mourir. Je suis toujours stupéfait de constater jusqu'à quel point notre société nous empêche de bien nous préparer à la mort.

En tant que fils et filles bien-aimés de Dieu, nous découvrons que la mort nous permet de faire l'expérience complète de notre véritable identité de bien-aimés. Pour ceux et celles qui se savent choisis, bénis et brisés pour être donnés, la mort est la façon par excellence de devenir vrai don pour les autres.

Je ne crois pas que toi et moi ayons beaucoup parlé de la mort. Cela nous semble lointain, irréel… quelque chose qui concerne davantage les autres que nous-mêmes. Nous sommes confrontés quotidiennement, par le biais des médias, à la réalité tragique d'innombrables personnes qui meurent à cause de la violence, de la guerre, de la faim et de la négligence. Dans notre cercle de parents et d'amis, nous entendons régulièrement parler de personnes qui meurent. Malgré tout cela, nous portons très peu d'attention à notre propre façon d'approcher la mort. Notre société nous laisse à peine le temps de vivre notre deuil lorsqu'un ami ou un membre de notre famille meurt. Tout ce qui nous entoure nous encourage à continuer « comme si rien ne s'était passé ». En agissant ainsi, nous n'entrons jamais en contact avec notre propre mortalité; et lorsque, finalement, nous devons faire face à notre mort prochaine, nous tentons de la nier le plus longtemps possible et sommes étonnés, et même furieux, de ne pas pouvoir lui échapper.

Cependant, en tant que bien-aimé, je suis invité à considérer la vie comme une préparation pour la mort en tant que don final. Non seulement nous sommes appelés à vivre pour les autres, mais aussi à mourir pour les autres. Comment cela est-il possible?

Permets-moi d'abord de te parler de deux amis très chers qui sont décédés au cours des derniers mois : Murray McDonnell et Pauline Vanier. Ils me manquent. Leur mort est une perte très douloureuse. Lorsque je pense à eux, je ressens une douleur vive en réalisant qu'ils ne sont plus chez eux, auprès de leurs parents et de leurs amis. Je ne peux plus les appeler, leur rendre visite, entendre leur voix ou voir leur visage. Je ressens une douleur immense. Mais je crois profondément que leur mort est plus qu'une perte. Leur mort est également un don.

La mort des personnes que nous aimons et qui nous aiment fait éclore la possibilité d'une communion nouvelle, plus radicale, d'une nouvelle intimité, d'une nouvelle appartenance l'un à l'autre. Si l'amour est effectivement plus fort que la mort, alors la mort a la capacité d'approfondir et de fortifier les liens de l'amour. C'est seulement après que Jésus a quitté ses disciples que ceux-ci ont été capables de saisir ce qu'il représentait réellement pour eux. Mais cela n'est-il pas vrai de tous ceux et celles qui meurent dans l'amour?

C'est seulement à notre mort que notre esprit peut se révéler pleinement. Murray et Pauline étaient deux personnes très belles, mais dont la capacité d'aimer était limitée par leurs nombreux besoins et blessures. Aujourd'hui, après leur mort, ce qui gardait leur esprit captif ne les empêche plus de se donner entièrement à nous. Ils peuvent maintenant nous envoyer leur esprit, et nous pouvons vivre avec eux dans une communion nouvelle.

Rien de tout cela ne se produit sans préparation. Je le sais parce que j'ai vu des gens mourir dans la colère et l'amertume, avec une grande réticence à accepter leur mortalité. Leur mort était devenue source de frustration et même de culpabilité pour ceux et celles qui restaient. Leur mort n'a jamais été transformée en don. Ces personnes avaient peu de choses à laisser. Leur esprit avait été éteint par les pouvoirs des ténèbres.

Oui, il existe une chose qu'on pourrait appeler « une bonne mort ». Nous sommes responsables de la manière dont nous mourrons. Nous devons choisir entre nous accrocher à la vie d'une manière telle que la mort ne devienne qu'un échec et abandonner notre vie dans la liberté de façon à ce qu'elle puisse être donnée aux autres comme une source d'espérance. C'est un choix crucial auquel nous devons « travailler » chaque jour de notre vie. Notre mort ne doit pas être notre dernier échec, notre dernière défaite dans la lutte de la vie, notre destin inévitable. Si notre désir le plus profond est effectivement de nous donner aux autres, alors nous pouvons faire de notre mort notre dernier don. Il est si merveilleux de voir à quel point la mort peut porter du fruit lorsqu'elle est un don libre.

Les cinq dernières années de la vie de Murray, décédé subitement d'une défaillance cardiaque, ont été une préparation à sa mort. Petit à petit, il était devenu ouvert et sensible à son épouse, Peggy, à ses neuf enfants, à leur famille et à tous ceux et celles qu'il aimait. Il avait également trouvé en lui le courage de faire la paix avec les personnes avec qui il s'était battu. Il était très ouvert à mon égard, s'intéressait sincèrement à ma vie avec des personnes handicapées et encourageait généreusement mon travail d'écriture; tout cela avait tissé entre nous des liens d'amitié très solides. Je pouvais difficilement imaginer qu'il ne soit plus là pour moi. Cependant, même si elle me causa un grand choc, sa mort est devenue une célébration de l'amour. Lorsque sa famille s'est réunie à nouveau un an après son décès, chacun avait de belles histoires à raconter pour exprimer comment Murray avait donné vie et espérance à tous ceux et celles qui pleuraient son départ.

Pauline Vanier avait quatre-vingt-treize ans à sa mort. En tant qu'épouse de l'ex-gouverneur général du Canada, elle avait vécu parmi les grands et les puissants de ce monde. Mais lorsque, après la mort de son mari, elle a rejoint son fils Jean dans sa communauté avec les petits et les faibles, elle est devenue grand-mère, mère et confidente pour plusieurs de ces derniers. Au cours de l'année où j'ai vécu dans sa maison, elle m'a donné beaucoup d'attention et partagé une grande partie de sa sagesse. Mon arrivée à L'Arche sera toujours pour moi en lien avec l'affectueuse « Mamie » qu'elle était. Même si elle me manque, je sais que les fruits de sa vie deviendront de plus en plus apparents dans ma vie et dans la vie de tous ses proches. J'ai également la certitude que son esprit, rempli d'humour et de prière, continue de nous guider.

La mort du bien-aimé porte des fruits dans la vie de plusieurs. Toi et moi devons être confiants que notre petite vie peut porter du fruit bien au-delà des frontières de notre vie chronologique. Mais c'est un choix que nous devons faire. Et nous devons être confiants que nous aurons un esprit à envoyer, esprit qui apportera joie, paix et vie à ceux et celles qui se rappelleront de nous. François d'Assise est mort en 1226, mais il est encore très vivant! Sa mort a été un véritable don et aujourd'hui, près de huit siècles plus tard, il continue de remplir ses frères et ses sœurs, à l'intérieur ou à l'extérieur des ordres franciscains, d'une grande énergie et de vie. Il est mort, mais il n'est jamais mort. Sa vie continue de porter des fruits à travers le monde. Son esprit descend toujours sur nous. Je suis plus que jamais convaincu que la mort peut en effet être choisie afin de devenir notre dernier don de vie.

Toi et moi n'avons plus que peu de temps à vivre. Les vingt, trente, quarante ou cinquante ans qu'il nous reste passeront très vite. Nous pouvons agir comme si nous étions éternels et être surpris du contraire, mais nous pouvons aussi vivre en anticipant avec joie que notre désir profond de vivre pour les autres pourra être accompli selon la manière dont nous choisissons de mourir. Lorsque dans la mort nous donnons notre vie en toute liberté, nous-mêmes et tous ceux et celles que nous aimons découvrons combien nous avons à donner.

Nous sommes choisis, bénis et brisés pour être donnés, non seulement dans la vie, mais aussi dans la mort. En tant qu'enfants bien-aimés de Dieu, nous sommes appelés à devenir pain les uns pour les autres, pain pour le monde. Cette façon de voir donne une dimension nouvelle au récit de la multiplication des pains par Élisée. Au serviteur qui lui apportait vingt pains d'orge et de blé nouveau dans un sac, Élisée dit : « Distribue-les aux gens et qu'ils mangent! » Lorsque le serviteur protesta : « Comment pourrais-je en distribuer à cent personnes? », Élisée insista : « Donne-leur à manger. » Le serviteur fit la distribution, ils mangèrent et il y eut des restes (*2 Rois* 5, 42-44).

Ce récit ne présente-t-il pas la vraie signification de la vie spirituelle? Nous sommes peut-être de petits serviteurs sans importance aux yeux d'un monde régi par l'efficacité, le contrôle et la réussite. Mais lorsque nous prenons conscience que Dieu nous a choisis de toute éternité, qu'il nous a bénis, envoyés dans le monde et livrés à la souffrance, ne pouvons-nous pas alors espérer que notre petite vie se multiplie et puisse combler les besoins de nombreuses personnes? Cela peut peut-être paraître pompeux et prétentieux, mais en vérité, la confiance en sa capacité de porter du fruit naît d'un esprit humble. C'est son esprit humble qui poussa Anne à s'écrier, remplie de reconnaissance pour la vie de son nouveau-né, Samuel : « Mon esprit exulte en Dieu, mon Sauveur. Il s'est penché sur son humble servante et a fait de grandes choses pour moi… tous les âges me diront bienheureuse » (cf. *1 Samuel* 2, 1-10). Lorsque nous reconnaissons et vivons notre vie comme étant une vie de bien-aimé, sa fécondité dépasse tout ce que nous pouvons imaginer. L'un des plus grands actes de foi est de croire que les quelques années que nous passons sur cette terre sont comme un petit grain planté dans une terre très riche. Pour que ce grain porte du fruit, il doit mourir. Souvent, nous ne voyons et ne sentons que la mort, mais la récolte sera abondante, même si nous ne moissonnons pas nous-mêmes.

Comme notre vie serait différente si nous étions capables de vraiment croire qu'elle se multiplie lorsque nous en faisons le don! Comme notre vie serait différente si seulement nous pouvions croire que chaque acte de foi, chaque geste d'amour, chaque parole de pardon, chaque parcelle de joie et de paix se multiplieront, et ce jusqu'à ce qu'il y ait des gens pour les recevoir… et que, aussi nombreux soient-ils, il y aura des restes!

Imagine que tu sois profondément convaincu que ton amour pour Robin, ta gentillesse à l'égard de tes amis et ta générosité envers les pauvres sont des petits grains de moutarde qui deviendront de grands arbres où les oiseaux pourront faire leur nid! Imagine que, au plus profond de ton cœur, tu aies l'assurance que tes sourires et tes poignées de main, tes étreintes et tes baisers ne sont que les signes d'une communauté mondiale d'amour et de paix! Imagine-toi confiant que tous tes mouvements d'amour se répercuteront en des cercles nouveaux et toujours plus larges, tout comme une petite pierre lancée dans un étang. Imagine, imagine… Pourrais-tu être déprimé, en colère, plein de ressentiment ou de désir de vengeance? Pourrais-tu haïr, détruire ou tuer? Pourrais-tu désespérer du sens de ta courte existence terrestre?

Nous danserions tous deux de joie si nous saisissions vraiment que nous, petites gens, sommes choisis, bénis et brisés pour devenir pain qui se multiplie dans le don. Nous n'aurions plus peur de la mort; nous vivrions plutôt en la considérant comme le point culminant de notre désir de faire de nous-mêmes un don pour les autres. Le fait que nous soyons si loin de cet état d'esprit montre uniquement que nous sommes des débutants dans la vie spirituelle et que nous n'avons pas encore pleinement assumé l'entière réalité de notre appel. Mais soyons reconnaissants pour chaque parcelle de vérité que nous pouvons reconnaître, confiants qu'il y a toujours plus à voir… toujours.

D'ici quelques années, nous serons tous deux enterrés ou incinérés. Les maisons où nous demeurons seront probablement encore là, mais d'autres personnes y habiteront, qui ne sauront probablement que peu ou pas de choses à notre sujet. Mais je crois, et j'espère que tu crois également, que notre bref itinéraire dans ce monde continuera de donner la vie à des gens, à travers le temps et l'espace. L'esprit d'amour, une fois libéré de notre corps mortel, soufflera où il voudra, même lorsque peu de personnes seront conscientes de ses allées et venues.

Vivre en bien-aimé

En tant que personnes choisies, bénies, brisées et données, nous sommes appelés à vivre notre vie avec une joie et une paix profondes. C'est la vie de bien-aimés, vécue dans un monde qui cherche constamment à nous convaincre que nous devons prouver que nous sommes dignes d'être aimés.

Mais qu'en est-il du revers de la médaille? Qu'en est-il de notre désir de faire carrière, de nos espoirs de réussite et de gloire, et de notre rêve de nous bâtir une réputation? Ces aspirations s'opposent-elles à la vie spirituelle?

Certaines personnes répondraient « oui » à cette dernière question. Elles te conseilleraient de quitter le rythme de vie effréné de la grande ville pour trouver un milieu qui te permette de vivre sans contrainte une vie spirituelle. Mais je ne crois pas que ce soit ta route. Je ne crois pas que ta place soit dans un monastère ou dans une communauté comme celle de L'Arche, ou dans la solitude de la campagne. Je dirais même que la ville, avec ses défis, n'est pas un si mauvais endroit pour toi et pour tes amis. Il y a là beaucoup de choses stimulantes, passionnantes, en mouvement; il y a beaucoup à voir, à entendre, à goûter et à apprécier. Le monde n'est mauvais que lorsque tu en deviens l'esclave. Il a beaucoup à offrir

— tout comme l'Égypte pour les enfants de Jacob — tant que tu ne te sens pas forcé de lui obéir. Le grand combat, pour toi, n'est pas de quitter le monde, de rejeter tes ambitions et tes aspirations ou de mépriser l'argent, le prestige ou la réussite, mais bien de reconnaître ta réalité spirituelle et de vivre dans le monde comme quelqu'un qui n'appartient pas au monde. Il est stimulant de remporter une compétition; il est passionnant de rencontrer des personnes influentes; il est exaltant d'écouter un concert au Lincoln Center, de voir un film ou de visiter une nouvelle exposition au Metropolitan Museum. Et qu'y a-t-il de mal à apprécier les bons amis, les bons repas et les beaux vêtements?

Je crois profondément que tu peux profiter des belles choses que t'offre notre monde. Mais tu peux véritablement les apprécier uniquement lorsque tu arrives à reconnaître qu'elles expriment ta réalité d'enfant bien-aimé de Dieu. Cette vérité te rendra libre pour recevoir la beauté naturelle et culturelle dans la reconnaissance, signe que tu es bien-aimé. Cette vérité te permettra également de recevoir les dons de ta société et de célébrer la vie. Mais cette vérité te permettra également de laisser aller tout ce qui te distrait, te rend perplexe et met en danger la vie de l'Esprit en toi.

Considère-toi comme envoyé dans le monde… une façon de te voir qui n'est possible que si tu crois vraiment que tu étais aimé avant que le monde existe… une perception de toi-même qui demande un véritable bond dans la foi! Tant que tu vis dans le monde, que tu cèdes à ses énormes pressions pour prouver à toi-même et aux autres que tu es quelqu'un, sachant dès le départ que tu finiras par perdre, ta vie ne peut être guère plus qu'une lutte pour survivre. Cependant, si tu veux vraiment vivre dans le monde, tu ne peux considérer le monde lui-même comme la source de cette vie. Le monde et ses stratégies peuvent t'aider à survivre un long moment, mais ils ne peuvent t'aider à vivre parce que le monde n'est pas la source de sa propre vie, encore moins de la tienne.

Spirituellement, tu n'appartiens pas au monde. Voilà précisément pourquoi tu es envoyé dans le monde. Ta famille et tes amis, tes collègues, tes adversaires et toutes les personnes que tu rencontres sur le chemin de ta vie recherchent davantage qu'une simple survie. Ta présence parmi eux en tant qu'envoyé leur permettra d'entrevoir la vraie vie.

Tout se transforme radicalement à partir du moment où tu prends conscience que tu es envoyé dans ce monde. Les temps et les lieux, les gens et les événements, l'art et la littérature, l'histoire et la science cessent d'être opaques et deviennent transparents, indiquant bien au-delà d'eux-mêmes cet endroit d'où tu viens et où tu retourneras. Il est très difficile pour moi de t'expliquer ce changement radical parce qu'il s'agit d'un changement qui ne peut être décrit en termes ordinaires ni enseigné ou pratiqué comme une nouvelle discipline de connaissance de soi. Le changement dont je parle est le passage d'une vie vécue comme un test pour prouver que tu mérites d'être aimé, à une vie vécue comme un « oui » ininterrompu à la réalité de ton identité de bien-aimé. En termes plus simples, la vie est une occasion que Dieu nous donne de devenir qui nous sommes, de reconnaître notre véritable identité spirituelle, notre réalité, de nous approprier et d'intégrer la réalité de notre être, mais, surtout, de dire « oui » à Celui qui nous appelle ses bien-aimés.

Voici l'insondable mystère de Dieu : Dieu est un amoureux qui désire être aimé. Celui qui nous a créés attend notre réponse à l'amour qui nous a donné l'être. Dieu ne dit pas seulement : « Tu es mon bien-aimé. » Il demande aussi : « M'aimes-tu? » et nous donne d'innombrables occasions de répondre « oui ». Voilà ce qu'est la vie spirituelle : l'occasion de dire « oui » à notre vérité intérieure. Ainsi comprise, la vie spirituelle transforme tout, radicalement. Naître et grandir, quitter la maison et trouver une carrière, être couvert d'éloges et être rejeté, marcher et se reposer, prier et jouer, tomber malade et être guéri — oui, vivre et mourir — deviennent des expressions de cette question divine : « M'aimes-tu? » Et à chaque moment du voyage nous avons le choix de répondre « oui » ou « non ».

Lorsque tu arrives à entrevoir cette vision spirituelle, tu constates que les nombreuses distinctions si importantes dans ta vie quotidienne perdent leur sens. Lorsque la joie et la douleur sont toutes deux des occasions de dire « oui » à notre identité d'enfants bien-aimés de Dieu, elles sont alors plus semblables que différentes. Lorsque la réception d'un prix et l'expérience de notre manque d'excellence nous offrent toutes deux la chance d'affirmer notre vraie identité comme bien-aimés de Dieu, ces expériences sont plus semblables que différentes. Lorsque se sentir seul et se sentir chez soi renferment tous deux un appel à découvrir plus pleinement quel est ce Dieu dont nous sommes les enfants, ces sentiments sont davantage semblables que différents. Finalement, lorsque vivre et mourir nous rapprochent tous deux de la pleine réalisation de notre individualité spirituelle, ils ne sont plus de grands opposés, comme voudrait nous le faire croire notre monde; ce sont plutôt les deux côtés du même mystère de l'amour de Dieu. Vivre la vie spirituelle, c'est considérer la vie comme un tout unifié. Les forces des ténèbres déchirent, divisent et opposent. Les forces de la lumière unissent. Littéralement, le mot « diabolique » signifie « qui divise ». Le démon divise; l'Esprit unit.

La vie spirituelle contrecarre les innombrables divisions qui parsèment notre vie quotidienne et causent destruction et violence. Ces divisions sont autant intérieures qu'extérieures : parmi nos émotions les plus intimes, parmi les groupes sociaux les plus répandus. La division entre joie et tristesse en moi, ou celle entre les races, les religions et les cultures qui m'entourent, viennent toutes deux des forces diaboliques des ténèbres. L'Esprit de Dieu, l'Esprit qui nous appelle les bien-aimés, est l'Esprit qui unit et unifie. Il n'existe pas de meilleur moyen pour discerner la présence de l'Esprit de Dieu que d'identifier les moments d'unité, de guérison, de rétablissement et de réconciliation. Quand l'Esprit est à l'œuvre, les divisions disparaissent et l'unité se manifeste, tant à l'intérieur qu'à l'extérieur.

Ce que je souhaite le plus ardemment te dire, c'est que lorsque toute notre vie quotidienne est vécue « d'en haut », c'est-à-dire en reconnaissant notre condition de bien-aimés envoyés dans le monde, alors toutes les personnes que nous rencontrons et tout ce qui nous arrive deviennent une occasion unique de choisir la vie qui ne peut être vaincue par la mort. Ainsi, la joie et la souffrance deviennent toutes deux parties du chemin vers notre épanouissement spirituel. J'ai trouvé une expression très émouvante de cette vision dans une lettre du romancier Julien Green à son ami Jacques Maritain, philosophe français. Il écrit : « [...] lorsqu'on songe à l'expérience mystique de beaucoup de saints, on peut se demander si joie et souffrance ne sont pas les aspects d'un même phénomène, sur un certain plan très élevé. Une analogie, absurde sans doute, me vient à l'esprit : l'extrême froid brûle. Il paraît à peu près certain, non, il est certain que nous ne pouvons aller à Dieu qu'à travers la souffrance et que cette souffrance se mue en joie, parce que finalement c'est la même chose » (*Une grande amitié : correspondance 1926-1972, Julien Green-Jacques Maritain*, Paris, Gallimard, 1982, p. 282).

Où tout cela nous conduit-il? Je crois que cela nous ramène au « lieu » d'où nous venons, « le lieu » de Dieu. Nous sommes envoyés dans ce monde pendant une courte période pour dire

— à travers les joies et les souffrances de notre vie — le grand « oui » à l'amour qui nous a été donné, et ainsi retourner à Celui qui nous a envoyés avec ce « oui » gravé en notre cœur. Notre mort devient ainsi le moment du retour. Mais cela n'est possible que si toute notre vie a été un itinéraire vers Celui de qui nous venons et qui nous appelle les bien-aimés. Il existe tant de confusion au sujet de la vie dans « l'au-delà » ou de la « vie éternelle ». Personnellement, je crois profondément en la vie éternelle, mais pas uniquement comme vie après notre mort physique. C'est seulement lorsque nous aurons reconnu pour nous-mêmes la vie de l'Esprit de Dieu en de nombreux moments de notre vie « chronologique » que nous pouvons croire que la mort est la porte de la plénitude de vie. La vie éternelle n'est pas une grande surprise qui arriverait sans avertissement à la fin de notre existence dans le temps; elle est plutôt la pleine révélation de ce que nous avons été et de ce que nous avons vécu tout au long de notre vie. L'évangéliste Jean l'exprime succinctement lorsqu'il écrit : « Mes bien-aimés, [...] ce que nous serons n'a pas encore été manifesté. Nous savons que, lorsqu'il paraîtra, nous lui serons semblables, puisque nous le verrons tel qu'il est » (*1 Jean* 3, 2).

Selon cette vision, la mort n'est plus l'ultime défaite. Au contraire, elle devient le « oui » final et le grand retour là où nous pouvons le mieux devenir enfants de Dieu. Elles sont à mon avis peu nombreuses, les personnes qui envisagent la mort de cette façon. Plutôt que de la voir comme un moment d'épanouissement, les gens ont peur de la mort, qu'ils considèrent comme l'ultime échec, qu'ils doivent garder à distance le plus longtemps possible. Tous les discours de notre société suggèrent que la mort est la grande ennemie qui finira par avoir le dessus sur nous, contre notre volonté et notre désir. Mais ainsi perçue, la vie est à peine plus qu'une bataille perdue d'avance, une lutte sans espoir, un itinéraire de désespoir. Ma propre vision, et la tienne aussi, je l'espère, est radicalement différente. Même si je cède souvent aux nombreuses peurs et aux multiples avertissements du monde, je crois tout de même profondément que nos peurs sur cette terre font partie d'un ensemble beaucoup plus large qui s'étend bien au-delà des frontières de notre naissance et de notre mort. Je considère cet ensemble comme une mission dans le temps, une mission passionnante et même exaltante, surtout parce que Celui qui m'a envoyé en mission attend que je rentre à la maison et que je lui raconte ce que j'aurai appris.

Ai-je peur de mourir? Oui, chaque fois que je me laisse séduire par les voix bruyantes du monde qui me disent que ma « petite vie » est tout ce que j'ai et qui me conseillent de m'y accrocher de toutes mes forces. Mais lorsque je relègue ces voix à l'arrière-plan de ma vie, quand je me mets à l'écoute de cette douce petite voix qui m'appelle le bien-aimé, je sais que je n'ai rien à craindre et que la mort est le plus grand acte d'amour, celui qui me conduit vers l'éternelle étreinte de mon Dieu dont l'amour est éternel.

Épilogue

Une amitié s'approfondit

Après avoir terminé la rédaction de *Lettre à un ami sur la vie spirituelle*, je l'ai envoyée à Fred. Je me demandais impatiemment si j'avais réussi à répondre à sa demande : « Écris sur l'Esprit quelque chose que mes amis et moi pourrons comprendre. » J'avais tenté de parler de mon cœur à son cœur, de ma propre expérience très personnelle à la sienne, de mon vrai « moi » au sien. J'étais très curieux de savoir si j'avais réussi.

Peu après avoir reçu le manuscrit, Fred m'a téléphoné; il voulait venir à Toronto passer quelques jours dans la communauté et discuter de *Lettre à un ami sur la vie spirituelle*. Pendant son séjour, nous avons pris conscience que la dernière décennie nous avait conduits vers des lieux beaucoup plus sûrs que là où nous nous trouvions lorsque nous nous sommes rencontrés. J'avais trouvé un vrai chez-moi à L'Arche. Fred était marié et heureux; sa femme et lui attendaient leur premier enfant et il était satisfait de son emploi. Il avait publié deux livres pour adolescents, un sur la guerre du Golfe et un autre sur la perte d'un parent. Il travaillait à la préparation d'un autre dans lequel des dirigeants et des experts dans des domaines aussi variés que la politique, les arts, la littérature et les sports recommandaient les meilleurs livres à lire. Il se levait même très tôt le matin pour travailler à un roman! Son rêve de devenir écrivain s'était effectivement réalisé, même si c'était de façon différente de ce qu'il avait d'abord imaginé.

Nous avions tous deux beaucoup grandi. Nous avions désormais plus d'assurance et étions bien ancrés dans la vie. Mais nous étions également plus conscients de la distance qui existait entre nous. Pendant nos longues conversations au sujet du livre, il est devenu de plus en plus évident que, même si Fred avait de belles choses à dire au sujet de mon texte, je n'avais pas réussi à faire ce qu'il espérait. Il avait montré le manuscrit à deux de ses amis et il était évident que ni l'un ni l'autre n'avait été profondément touché. À mesure que nous parlions, Fred a réussi à me convaincre que ce livre n'était pas aussi radicalement différent de mes autres livres que je l'avais supposé. Fred avait toujours aimé mes ouvrages, mais jamais en tant qu'écrits qui répondaient directement à ses propres besoins. Pour lui, c'étaient des livres pour « convertis » et pas vraiment pour des gens séculiers. Il estimait que celui-ci n'était pas très différent.

J'étais très déçu que le fossé entre nous, lorsqu'il était question de vie spirituelle, soit tellement plus grand que je ne l'avais pensé. J'avais tellement espéré qu'après tant d'années d'amitié intense j'aurais réussi à trouver les mots pour favoriser un rapprochement entre nous! J'avais tellement espéré réussir à parler à Fred et à ses amis de façon à faire naître en eux un vrai désir de vivre une vie dans l'Esprit!

Pourquoi n'avais-je pas été capable de répondre aux plus grandes préoccupations de Fred et de ses amis? Fred a été très délicat à ce sujet, très conscient de mes sensibilités, mais également très franc. Il m'a dit : « Même s'il est évident que tu essaies d'écrire pour moi et pour mes amis à partir de ton cœur, et même si tu nous communiques ce qui a le plus de valeur à tes yeux, tu ne réalises pas à quel point elle est grande, la distance qui nous sépare. Tu parles à partir d'un contexte et d'une tradition qui nous sont étrangers, et tes paroles se fondent sur bien des présupposés que nous ne partageons pas avec toi. Tu n'es pas conscient à quel point nous sommes vraiment "séculiers". Plusieurs de nos questions ont besoin d'une réponse avant que nous puissions être capables de comprendre ce que tu dis au sujet d'une vie de bien-aimés. »

Il ne m'était pas facile d'entendre une telle critique, mais je voulais l'écouter sans être sur la défensive, de façon à pouvoir découvrir en mon cœur le défi qui m'était lancé. J'avais essayé d'être un « témoin de l'amour de Dieu » dans un monde séculier, mais je ressemblais à une personne tellement enthousiasmée par la voile qu'elle oublie que ses auditeurs n'ont jamais vu de lac ni de mer, encore moins de voilier!

Fred a tenté d'expliquer le problème. « Bien avant que tu commences à parler d'être bien-aimé et de devenir le bienaimé, tu dois répondre à certaines questions très fondamentales comme : qui est Dieu? Qui suis-je? Pourquoi suis-je ici? Comment donner un sens à ma vie? Comment puis-je avoir la foi? Si tu ne nous aides pas à répondre à ces questions, tes belles méditations sur être et devenir le bien-aimé demeurent irréelles pour nous. »

Fred m'a dit bien d'autres choses, mais sa plus grande réaction à l'égard de ce que j'avais écrit était que je n'avais pas vraiment su entrer dans la mentalité séculière. Honnêtement, si je considère mes expériences avec mes neveux et nièces aux Pays-Bas, mes connaissances d'affaires au Canada et aux États-Unis, et mes nombreux correspondants à travers le monde, je dois confesser que plusieurs d'entre eux confirmeraient la critique de Fred. Le problème n'est plus comment exprimer le mystère de Dieu à des gens qui ne sont pas familiers avec le langage de l'Église ou de la synagogue. La question importante est celle-ci : y a-t-il dans notre monde des choses que nous pouvons qualifier de « sacrées »? Y a-t-il, parmi les choses que nous faisons, les personnes que nous rencontrons, les événements qui nous sont rapportés dans les journaux ou par la télévision, y a-t-il quelqu'un ou quelque chose qui transcende tout cela et qui possède la qualité intérieure d'être sacré, d'être saint, digne d'adoration et de culte?

Fred était tout à fait prêt à reconnaître qu'avec la disparition du sacré de notre monde l'imagination humaine a été appauvrie, et que plusieurs personnes vivent un sentiment de perte, de vide même. Mais où et comment pouvons-nous redécouvrir le sacré et lui redonner une place centrale dans notre vie? Je suis maintenant bien conscient que je n'ai pas répondu adéquatement à cette question dans ce livre.

Aurais-je pu y répondre? Aurais-je dû y répondre? Fred et moi avons passé quelques jours ensemble dans la communauté Daybreak. Alors que nous visitions les différentes résidences où des personnes avec un handicap intellectuel et leurs assistants partagent leur vie quotidienne, j'ai pris progressivement conscience que je ne peux parler et écrire que d'idées et de visions qui sont ancrées dans mes propres expériences quotidiennes. Et ces expériences sont entièrement imprégnées par la reconnaissance de la présence de Dieu. Serais-je en mesure de sortir de cette réalité centrée sur Dieu pour répondre aux personnes qui disent : « Ai-je vraiment besoin de Dieu pour vivre, pour être heureux, pour profiter de la vie, pour combler mes désirs les plus profonds? Ai-je besoin de la foi pour vivre une vie convenable et créatrice? »

Je sens bien ancrée en moi une résistance à vouloir prouver quoi que ce soit à qui que ce soit. Je ne veux pas dire : « Je vais vous montrer que vous avez besoin de Dieu pour vivre une vie bien remplie. » Je peux seulement affirmer : « Pour moi, Dieu est celui qui m'appelle son bien-aimé, et j'ai un grand désir d'exprimer aux autres de quelle façon j'essaie d'être plus pleinement ce que je suis déjà. » Mais au-delà de cela, je me sens très pauvre et impuissant.

Cependant, cela ne veut pas dire que la réaction de Fred devant ce livre ne renferme pas pour moi un énorme défi : celui d'explorer ma propre solidarité avec le monde séculier. Même si je vis dans une communauté chrétienne et que je me sens responsable de protéger et de nourrir le sacré à l'intérieur de notre vie commune, je suis entouré, à l'intérieur comme à l'extérieur des frontières de notre communauté, par un monde séculier. Encore davantage, je sais bien que, tout en centrant ma vie sur le sacré, je suis également une personne très séculière. Les questions soulevées par Fred ne me sont pas étrangères. De fait, plus j'entre en dialogue avec le monde séculier, plus je découvre ma propre sécularité et plus je prends conscience que la distance qui me sépare de Fred et de ses amis n'est pas aussi grande que je l'aurais cru.

Peut-être le grand défi est-il de faire tellement confiance à l'amour de Dieu que je n'aie pas peur d'entrer pleinement dans le monde séculier et d'y parler de foi, d'espérance et d'amour. Le fossé à combler est peut-être en moi. La différence entre séculier et sacré pourrait peut-être s'estomper si les deux étaient reconnus comme deux aspects de l'expérience que chaque personne fait de son humanité. Peut-être n'ai-je pas à me faire le défenseur de l'existence de Dieu et du sens religieux de la vie pour répondre aux critiques de Fred… Je ne peux en dire plus pour le moment.

Suite à la visite de Fred dans la communauté Daybreak, je me suis retrouvé avec une question : que faire de ce livre? l'oublier, le réécrire, le publier tel quel? Longtemps, j'ai été confus.

Puis quelque chose d'inattendu s'est produit. J'avais envoyé mon manuscrit à Gordon Cosby et Diana Chambers du Servant Leadership School of the Church of the Saviour, à Washington, D.C. Ceux-ci m'ont envoyé une réponse encourageante. Ils m'ont écrit que ce texte les avait aidés encore plus que les précédents et qu'il les avait inspirés à présenter un nouveau cours sur « Être bien-aimé ». Bart Gavigan, de la communauté South Park, en Angleterre, a également réagi de façon très enthousiaste au manuscrit. Gordon, Diana et Bart me pressaient tous de ne changer que peu de choses au texte et d'être confiant que ce qui s'y trouvait porterait du fruit. « Et Fred? » ai-je demandé. Ils m'ont répondu : « Eh bien! tu n'es peut-être pas arrivé à écrire tout ce que Fred a besoin d'entendre, mais Fred t'a certainement permis d'écrire ce dont nous, nous avons besoin! Ne peux-tu pas te contenter de cela? »

C'est là que j'ai été frappé par l'ironie du travail d'écriture. J'avais essayé si fort d'écrire quelque chose pour des gens séculiers, et les personnes qui étaient le plus rejointes par ce que j'avais écrit étaient des chrétiens et des chrétiennes en recherche, de Washington et de Londres. J'ai soudain pris conscience que, sans Fred, jamais je n'aurais trouvé les mots qui puissent être aussi utiles aux croyants. Pour moi, il y a là plus que de l'ironie. Il s'agit du mystère de Dieu qui se sert de ses amis séculiers pour instruire ses disciples.

C'est cette prise de conscience qui m'a finalement décidé à ne pas écrire un nouveau livre, mais à être confiant que ce qui se trouve ici doit être publié et à espérer que ce qui n'y est pas puisse un jour trouver une forme d'expression authentique.

Vivre sa foi
au quotidien

Vivre sa foi au quotidien
est la traduction de *Here and Now. Living in the Spirit*, publié par Crossroad, 1994.

Traduction : Marcel Pronovost.

Révision : Claude Auger, Josée Latulippe.

Remerciements

Trois amis m'ont grandement aidé dans la préparation de ce livre : Kathy Christie, qui a tapé et retapé le manuscrit de plusieurs façons et sous diverses formes, Conrad Wieczorek, qui a consacré beaucoup de temps à corriger mon texte, et Bob Heller, qui a choisi les thèmes et qui a donné à ce livre sa forme définitive. Je leur suis très reconnaissant de leur compétence, de leur gentillesse et de leur générosité.

Je dois également remercier particulièrent Peggy McDonnell, sa famille et ses amis qui, en mémoire de Murray McDonnell, m'ont offert l'appui dont j'avais besoin pour trouver l'endroit et le temps de rédiger ces méditations.

Je tiens finalement à exprimer toute ma gratitude à Bart et Patricia Gavigan et à Franz et Reny Johna, toujours prêts à m'offrir un second chez-moi.

Introduction

Un jour, je me suis assis à mon bureau et j'ai commencé à écrire mes pensées et mes sentiments à mesure qu'ils jaillissaient de mon esprit et de mon cœur. Si on fait abstraction de la Bible, je n'avais aucun livre à citer. Une fois attelé à la tâche, j'ai été surpris de constater avec quelle facilité j'écrivais. Il me semblait que chaque pensée en amenait une nouvelle et que chaque sentiment en faisait naître un autre. C'est devenu pour moi un long examen de conscience, une profession de foi prolongée et une série de regards portés en direction du royaume de Dieu. Je me suis rendu compte que j'écrivais sur moi, sur mes amis, sur les membres de ma famille et sur mon Dieu, et que toutes ces personnes étaient reliées entre elles par des liens complexes.

Plusieurs des choses que j'ai écrites ont toujours fait partie de ma vie; plusieurs autres ont fait l'objet d'une prise de conscience spirituelle depuis quelques années, et plusieurs encore se sont révélées comme des nouveautés et des surprises à mesure que j'écrivais ces méditations. Je n'ai pas essayé d'être original mais d'être authentique. Je n'ai pas tenté de dire des choses que je n'avais jamais dites auparavant, mais des choses importantes pour moi. Je n'ai pas essayé d'écrire un nouveau livre, mais de méditer sur la vie telle que j'essaie de la vivre. Certaines des réflexions de ce livre ont déjà été publiées; d'autres sont inédites. Mais elles sont toutes l'expression de mon état d'esprit actuel et de celui de mon cœur.

Les diverses méditations que l'on retrouve ici sont indépendantes les unes des autres. On peut les lire séparément. J'ai tout de même tenté de les rassembler autour de grands thèmes afin que se dégage d'une lecture suivie une vision cohérente de la vie spirituelle. C'est comme une mosaïque : chaque petite pierre a sa propre signification, mais ensemble, et vues d'une certaine distance, elles montrent quelque chose de nouveau qu'aucune d'entre elles ne peut montrer isolément.

J'espère, et je prie pour cela, que vous tous qui lirez ces méditations découvrirez plusieurs points communs avec votre propre cheminement spirituel, même si celui-ci est très différent du mien. J'espère que ces points communs vous feront découvrir que nous sommes tous du même voyage vers la Lumière, nous encourageant mutuellement à garder les yeux fixés sur Celui qui nous appelle à la maison.

Chapitre I

Vivre au présent

Un nouveau départ

Un nouveau départ! Nous devons apprendre à vivre chaque jour, chaque heure et même chaque minute comme un nouveau départ, comme une chance unique de tout renouveler. Imaginez si nous pouvions vivre chaque moment comme s'il était source d'une nouvelle vie. Imaginez si nous pouvions vivre chaque jour comme un moment plein de promesses. Imaginez si nous pouvions commencer une nouvelle année en écoutant toujours une voix qui nous dit : « J'ai un cadeau pour toi et j'ai bien hâte de te le donner! » Imaginez!

Est-il possible que notre imagination puisse nous conduire à la vérité de notre vie? Oui, c'est possible! Mais malheureusement, nous permettons à notre passé, qui s'allonge d'année en année, de nous dire : « Tu connais tout cela, tu as déjà vu tout cela, sois réaliste; l'avenir ne sera qu'une répétition du passé. Essaie de survivre du mieux que tu peux. » Il y a plusieurs fins renards qui nous montent sur l'épaule et nous chuchotent à l'oreille ce grand mensonge : « Il n'y a rien de nouveau sous le soleil… ne te laisse pas berner. »

Lorsque nous prêtons l'oreille à ces renards, ils finissent par avoir raison : la nouvelle année, la nouvelle journée, l'heure nouvelle perdent de leur intérêt, elles deviennent ennuyeuses, mornes, sans possibilité de renouveau.

Alors, que devons-nous faire? Il nous faut d'abord renvoyer ces renards d'où ils viennent, c'est-à-dire dans leur tanière. Nous devrons ensuite ouvrir notre esprit et notre cœur à la voix qui résonne dans notre vie : « Maintenant la demeure de Dieu est parmi les hommes! Il demeurera avec eux et ils seront son peuple. Dieu lui-même sera avec eux et il sera leur Dieu. Il essuiera toute larme de leurs yeux. Il n'y aura plus de mort, il n'y aura plus ni deuil, ni lamentations, ni douleur. Les choses anciennes auront disparu » (*Apocalypse* 21, 2-5).

Nous devons choisir d'écouter cette voix, et chaque choix que nous ferons nous permettra de découvrir davantage la vie nouvelle cachée dans chaque moment, attendant de naître avec impatience.

Sans « J'aurais dû » ni « Et si »

Il est difficile de vivre au présent. Le passé et l'avenir ne cessent de nous harceler. Le passé le fait avec son cortège de regrets et l'avenir, avec ses inquiétudes. Dans notre vie, tant de choses ont contribué à nous rendre hésitants, à nous remplir de regrets, de colère, de confusion ou, du moins, de sentiments ambivalents. Et tous ces sentiments sont souvent colorés de culpabilité. Culpabilité qui nous fait dire : « J'aurais dû faire autre chose, j'aurais dû dire autre chose. » Tous ces « j'aurais dû » entretiennent notre culpabilité à l'égard du passé et nous empêchent de vivre pleinement le moment présent.

Mais il y a pire que la culpabilité : il y a les inquiétudes. Nos inquiétudes remplissent nos vies de « et si » : « Et si je perdais mon emploi, et si mon père mourait, et si je manquais d'argent, et si l'économie s'effondrait, et si la guerre éclatait… » Tous ces « et si » peuvent meubler notre esprit à un point tel que nous devenons aveugles à la beauté des fleurs du jardin ou au sourire des enfants que nous rencontrons dans la rue, sourds à la voix reconnaissante d'un ami.

Les véritables ennemis de notre vie sont les « j'aurais dû » et les « et si ». Ils nous plongent dans un passé immuable et nous tirent vers un avenir imprévisible. Mais la vraie vie, c'est ici et maintenant qu'elle se vit. Dieu est un dieu du présent. Il est toujours dans le moment présent, que ce moment soit difficile ou facile, joyeux ou triste. Lorsque Jésus parlait de Dieu, il parlait toujours d'un Dieu présent là où nous sommes et dans ce que nous vivons. « Quand vous me regardez, vous voyez Dieu. Quand vous m'écoutez, vous entendez Dieu. » Dieu n'est pas un être qui a existé ou qui existera; il est « Celui qui est » et qui existe pour moi, en ce moment. C'est pourquoi Jésus est venu pour faire disparaître le fardeau du passé et les inquiétudes devant l'avenir. Il veut nous faire découvrir Dieu là où nous sommes, ici et maintenant.

Les anniversaires

Les anniversaires demandent à être célébrés. Je crois qu'il est plus important de souligner un anniversaire qu'un examen réussi, une promotion ou une victoire. Car le fait de célébrer l'anniversaire de quelqu'un, c'est lui dire : « Merci d'être toi. » Célébrer un anniversaire, c'est exalter la vie et en être heureux. À un anniversaire, nous ne disons pas : « Merci pour ce que tu as accompli, ou ce que tu as dit, ou ce que tu as fait », mais plutôt : « Merci d'être né et d'être présent parmi nous. »

Célébrer un anniversaire, c'est célébrer le présent. Nous ne déplorons pas ce qui s'est passé et nous ne spéculons pas sur ce qui va arriver; nous célébrons quelqu'un et permettons à tous de lui dire : « Nous t'aimons. »

Je connais un ami qui, à son anniversaire, se fait transporter par ses amis dans la salle de bain et se fait précipiter tout habillé dans la baignoire remplie d'eau. Tout le monde attend son anniversaire avec impatience, même lui. J'ignore d'où vient cette tradition, mais il me semble que se faire soulever de terre et re-baptiser est un très bon moyen de célébrer sa vie. Nous prenons ainsi conscience que, même s'il nous faut garder les pieds sur terre, nous avons été créés pour atteindre le ciel et que, bien que nous nous salissions facilement, nous pouvons toujours nous laver, nous pouvons toujours repartir à neuf.

Célébrer un anniversaire nous rappelle la bonté de la vie, et c'est dans cet esprit que nous devons célébrer l'anniversaire des gens jour après jour, en leur témoignant de la gratitude, de la bonté, du pardon, de la gentillesse et de l'affection. Ce sont là d'autres façons de dire : « Il est bon que tu sois vivant, que tu marches avec moi sur cette terre. Soyons heureux et réjouissons-nous. Voici le jour dont Dieu nous a fait don pour que nous existions, et pour que nous existions ensemble. »

Ici et maintenant

Pour vivre au présent, nous devons croire sincèrement que l'important est l'ici et le maintenant. Nous nous laissons sans cesse distraire par des événements du passé ou par ce qui pourrait arriver dans l'avenir. Il n'est pas facile de rester ancré dans le présent. Notre esprit est difficile à contrôler et il ne cesse de nous attirer loin du moment présent.

La prière, c'est la discipline du moment présent. Quand nous prions, nous entrons en présence de Dieu dont le nom est Dieu-avec-nous. Prier, c'est écouter attentivement celui qui nous parle ici et maintenant. Lorsque nous osons croire que nous ne sommes jamais seuls mais que Dieu est toujours avec nous, qu'il prend soin de nous et qu'il nous parle sans cesse, nous pouvons alors nous détacher progressivement des voix qui nous rendent coupables et inquiets et ainsi vivre le moment présent. C'est un défi difficile à relever, car il n'est pas évident de faire totalement confiance à Dieu. La plupart d'entre nous nous méfions de Dieu. La plupart d'entre nous imaginons Dieu comme une autorité effrayante et punitive, ou comme un néant vide et impuissant. Le message central de Jésus est que Dieu n'est ni une mauviette impuissante ni un patron tout-puissant, mais un amoureux, dont l'unique désir est de nous donner ce que notre cœur désire le plus.

Prier, c'est écouter cette voix de l'amour. Voilà en quoi consiste l'obéissance. Le mot obéir vient du latin *ob-audire*, qui signifie écouter très attentivement. Si nous n'écoutons pas, nous devenons sourds à la voix de l'amour. Le mot latin pour sourd est *surdus*. Être complètement sourd, c'est être *absurdus*, oui, absurde. Lorsque nous cessons de prier, nous cessons d'écouter la voix de l'amour qui nous parle au présent, notre vie devient absurde et nous nous laissons ballotter entre le passé et l'avenir.

Si nous pouvions, ne serait-ce que quelques minutes par jour, être entièrement là où nous nous trouvons, nous réaliserions que nous ne sommes pas seuls et que celui qui nous accompagne ne cherche qu'une chose : nous donner son amour.

« Retire-toi dans ta chambre »

Pour pouvoir écouter la voix de l'amour, nous devons concentrer notre cœur et notre esprit sur cette voix. Comment le faire? Selon moi, la meilleure manière est la suivante : prendre une prière simple, une phrase ou un mot, et le répéter lentement. Nous pouvons utiliser le Notre Père, la prière de Jésus, le nom de Jésus ou tout autre mot qui nous rappelle l'amour de Dieu, et le placer au centre de notre âme, comme une chandelle éclairant un coin obscur.

Il est clair que nous serons distraits. Nous nous mettrons à penser à ce qui est arrivé la veille ou à ce qui se passera le lendemain. Nous tiendrons de longues discussions imaginaires avec nos amis ou nos ennemis. Nous planifierons notre journée du lendemain, préparerons notre prochaine conférence ou organiserons notre prochaine réunion. Mais tant et aussi longtemps que nous tiendrons allumée la chandelle dans l'obscurité de notre âme, nous pourrons y retourner et reconnaître la présence de Celui qui nous offre ce que nous désirons le plus.

Cette expérience n'est pas toujours satisfaisante. Nous sommes parfois tellement agités et incapables de trouver la paix intérieure que nous avons hâte de retourner dans le feu de l'action, évitant ainsi de nous confronter au chaos qui règne dans notre esprit et dans notre cœur. Cependant, lorsque nous nous disciplinons à le faire, même pendant une dizaine de minutes par jour, nous parvenons à voir progressivement — à la lueur de notre prière — qu'il y a un endroit en nous où Dieu demeure et où il nous invite à demeurer avec lui. Une fois que nous avons découvert cet endroit intérieur, sacré, plus beau et plus précieux que tout endroit au monde, nous voulons nous y retrouver pour être nourris spirituellement.

Avec d'autres

En priant, nous découvrons entre autres que plus nous nous rapprochons de Dieu, plus nous nous rapprochons aussi de nos frères et sœurs humains. Notre Dieu ne nous est pas exclusif. Ce Dieu qui demeure au plus profond de notre sanctuaire est le même qui habite aussi dans le sanctuaire de chaque être humain. À mesure que nous reconnaissons la présence de Dieu dans notre propre cœur, nous pouvons également la découvrir dans le cœur des autres, parce que ce Dieu qui nous a choisis pour demeure nous donne des yeux pour le reconnaître dans les autres. Quand nous ne voyons que des démons en nous-mêmes, c'est tout ce que nous voyons dans les autres; mais lorsque c'est Dieu que nous voyons en nous, nous voyons aussi Dieu dans les autres.

Cela peut sembler plutôt théorique mais, quand nous prierons, nous sentirons de plus en plus que nous faisons partie de la famille humaine rassemblée par Dieu, qui nous a créés pour partager, avec chacun de nous, sa lumière divine.

Nous nous demandons souvent ce que nous pouvons faire pour les autres, surtout pour ceux et celles qui sont le plus dans le besoin. Ce n'est pas une marque d'impuissance que de dire : « Nous devons prier les uns pour les autres. » Prier les uns pour les autres, c'est d'abord et avant tout reconnaître devant Dieu que nous nous appartenons mutuellement en tant qu'enfants d'un même Dieu. Sans l'acceptation de cette solidarité humaine, rien de ce que nous faisons les uns pour les autres n'exprime l'être que nous sommes réellement. Nous sommes des frères et des sœurs, non des compétiteurs et des rivaux. Nous sommes les enfants d'un même Dieu, non des partisans de dieux différents.

Prier, c'est-à-dire écouter la voix de celui qui nous appelle ses bien-aimés, c'est accepter que cette voix n'exclue personne. Là où j'habite, Dieu habite avec moi; là où Dieu habite avec moi, je trouve tous mes frères et sœurs. C'est pourquoi l'intimité avec Dieu et la solidarité avec les autres sont deux aspects inséparables d'une vie au présent.

Le moyeu de la vie

Dans mon pays natal, les Pays-Bas, on peut encore voir plusieurs grandes roues de chariot, non pas attachées à des chariots, mais comme décoration à l'entrée de fermes ou sur les murs de restaurants. J'ai toujours été fasciné par ces roues de chariot : leurs larges jantes, leurs solides rayons de bois et leurs gros moyeux. Ces roues m'aident à mieux comprendre l'importance de vivre sa vie à partir du centre. Lorsque je déplace mon doigt le long de la jante, je ne peux toucher qu'un seul rayon à la fois, mais quand je demeure au centre, je suis en contact avec tous les rayons en même temps.

Prier, c'est se déplacer au centre de toute vie et de tout amour. Plus je me rapproche du moyeu de la vie, plus je me rapproche de tout ce qui en reçoit son énergie et sa puissance. J'ai tendance à me laisser tellement distraire par la diversité des rayons de la vie que je m'occupe de toutes sortes de choses, sans me concentrer sur aucune, au lieu d'y insuffler la vie. En portant mon attention au cœur de la vie, je m'associe à toute sa richesse tout en restant fixé sur le centre. Que représente le moyeu? Pour moi, il symbolise mon propre cœur, le cœur de Dieu et le cœur du monde. Lorsque je prie, j'entre au plus profond de mon cœur pour y trouver celui de Dieu qui me parle d'amour. Et je reconnais là l'endroit où mes frères et sœurs sont en communion entre eux. En effet, le grand paradoxe de la vie spirituelle, c'est que le plus personnel est le plus universel, le plus intime est le plus collectif, le plus contemplatif est le plus actif.

La roue de chariot nous montre que le moyeu est le centre de toute énergie et de tout mouvement, même si parfois rien ne semble bouger. C'est en Dieu que se trouvent réunis toute action et tout repos. Dans la prière aussi!

Chapitre II

La joie

La joie et le chagrin

La joie est essentielle à la vie spirituelle. Quoi que nous puissions penser ou dire de Dieu, nos pensées et nos paroles ne peuvent pas porter de fruit quand nous sommes sans joie. Jésus nous révèle l'amour de Dieu pour que sa joie devienne nôtre et pour que notre joie soit parfaite. La joie est l'expérience de se savoir aimé sans condition et de savoir que rien — ni la maladie, ni les échecs, ni la détresse émotive, ni l'oppression, ni la guerre, ni même la mort — ne peut nous l'enlever.

La joie est différente du bonheur. Il se peut que nous soyons malheureux à cause d'une foule de choses, mais nous pouvons quand même éprouver de la joie, car celle-ci vient du fait que nous nous savons aimés Dieu. Nous sommes portés à croire que lorsque nous sommes tristes nous ne pouvons pas être joyeux, mais dans la vie d'une personne centrée sur l'amour de Dieu, la tristesse et la joie peuvent coexister. Cela n'est pas facile à comprendre. Cependant, quand nous pensons à certaines de nos expériences humaines les plus profondes, être présent à la naissance d'un enfant ou à la mort d'un ami par exemple, nous prenons conscience qu'une grande tristesse et une joie intense semblent s'y rejoindre. Nous découvrons souvent de la joie au milieu de la peine. Je me souviens de mes expériences les plus douloureuses comme d'occasions de découvrir une réalité spirituelle beaucoup plus grande que moi, une réalité qui m'a permis de vivre cette peine dans l'espérance. J'ose même affirmer : « C'est dans mon chagrin que j'ai trouvé la joie. » Mais rien n'arrive automatiquement dans la vie spirituelle. La joie ne s'insinue pas dans notre vie. Nous devons la choisir et refaire ce choix jour après jour. Nous pouvons faire ce choix parce que nous savons que nous appartenons à Dieu, que nous avons trouvé en lui notre refuge et notre sécurité, et que rien, pas même la mort, ne peut nous séparer de lui.

Le choix

Il peut sembler étrange d'affirmer que la joie résulte de nos choix. Nous nous imaginons souvent que certaines personnes sont plus chanceuses que d'autres et que leur joie ou leur peine dépend des circonstances de leur vie, sur lesquelles elles n'exercent aucun contrôle.

Mais nous avons le choix, non pas des circonstances de notre vie, mais de la manière dont nous réagissons à ces circonstances. Deux personnes peuvent être victimes d'un même accident. L'une d'entre elles en éprouvera du ressentiment; l'autre y trouvera une occasion d'exprimer sa reconnaissance. Elles subissent les mêmes circonstances extérieures, mais leurs réactions sont complètement différentes. Des gens deviennent amers au fil des ans. D'autres vieillissent dans la joie. Cela ne veut pas dire que la vie des gens amers a été plus difficile que celle des gens joyeux. Cela signifie seulement que des choix différents ont été faits, des choix du cœur.

Il est important de prendre conscience qu'à chaque instant de notre vie nous avons l'occasion de choisir la joie. La vie possède plusieurs facettes. Chaque expérience comporte son côté joyeux et son côté triste. C'est pourquoi nous avons toujours le choix de vivre le moment présent comme une occasion de ressentiment ou de joie. C'est dans ce choix que repose notre véritable liberté, et cette liberté est, en définitive, la liberté d'aimer.

C'est peut-être une bonne idée de nous demander comment nous pouvons développer notre capacité de choisir la joie. Peut-être pouvons-nous consacrer un instant à la fin de chaque journée pour décider de nous souvenir de ce jour — peu importe ce qui s'est passé — comme d'un jour pour lequel nous sommes reconnaissants. Ce faisant, nous augmentons notre capacité de choisir la joie. À mesure que notre cœur devient plus joyeux, nous deviendrons, sans effort particulier, source de joie pour les autres. Tout comme la tristesse engendre la tristesse, la joie engendre la joie.

Parler du soleil

La peine est contagieuse; la joie l'est aussi. Un de mes amis rayonne de joie, non pas que sa vie soit particulièrement facile, mais parce qu'il reconnaît habituellement la présence de Dieu dans toute souffrance humaine, dans la sienne et dans celle des autres. Où qu'il aille, quelle que soit la personne qu'il rencontre, il est capable de voir et d'entendre quelque chose de beau, quelque chose pour lequel il peut être reconnaissant. Il ne nie pas les grandes souffrances qui l'entourent; il n'est ni aveugle au spectacle ni sourd aux cris déchirants de ses frères et sœurs humains, mais dans les ténèbres son esprit se tourne vers la lumière et au milieu des cris de désespoir, vers les prières. Ses yeux sont affectueux, sa voix est douce. Il n'y a chez lui rien de sentimental. Il est réaliste, mais sa foi profonde lui permet de voir que l'espérance est plus vraie que le désespoir, la foi plus vraie que la méfiance, et l'amour plus vrai que la peur. C'est ce réalisme spirituel qui le rend si joyeux.

Chaque fois que je le rencontre, je suis tenté d'attirer son attention sur les guerres entre les nations, sur les enfants qui meurent de faim, sur la corruption des politiciens et sur la supercherie de certaines personnes, tentant ainsi de le confronter avec l'état de brisure du genre humain. Mais chaque fois que j'essaie de le faire, il me regarde avec ses yeux doux remplis de compassion et me dit : « J'ai vu deux enfants qui partageaient un croûton de pain; j'ai entendu une femme qui disait "merci" en souriant lorsque quelqu'un a étendu une couverture sur son corps. Ces gens pauvres m'ont redonné du courage pour vivre ma vie. »

La joie de mon ami est contagieuse. Plus je suis en sa présence, plus j'entrevois le soleil à travers les nuages. Oui, je sais que le soleil existe, même si le ciel est couvert de nuages. Alors que mon ami me parlait toujours du soleil, je me concentrais plutôt sur les nuages, jusqu'au jour où je me suis rendu compte que c'est le soleil qui me permet de voir les nuages.

Ceux qui parlent sans arrêt du soleil tout en marchant sous un ciel nuageux sont des messagers d'espérance, les véritables saints de notre époque.

Surpris par la joie

Sommes-nous surpris par la joie ou par la peine? Le monde où nous vivons veut nous surprendre par la peine. Les journaux ne cessent de parler d'accidents de voiture, de meurtres, de conflits entre individus, groupes et nations, et la télévision nous remplit l'esprit d'images de haine, de violence et de destruction. Et nous nous disons les uns aux autres : « As-tu vu ça, as-tu entendu ça… n'est-ce pas terrible… qui l'aurait cru? » En effet, les puissances des ténèbres veulent continuer à nous surprendre avec la misère humaine. Mais ces surprises nous paralysent et elles nous convainquent de mener une existence où notre principale préoccupation est de survivre au beau milieu d'une vallée de larmes. En nous faisant croire que nous sommes les survivants d'un naufrage qui s'agrippent désespérément à un morceau de bois flottant, nous acceptons progressivement d'assumer notre rôle de victimes condamnées à subir les cruelles circonstances de notre vie.

Le grand défi de la foi consiste à nous laisser surprendre par la joie. Je me souviens d'un jour où j'étais attablé avec des amis; nous discutions de la crise économique du pays. Nous nous lancions des statistiques qui nous rendaient de plus en plus convaincus que les choses allaient de mal en pis. Alors, soudainement, le fils d'un de mes amis, âgé de quatre ans, a ouvert la porte de la salle à manger et s'est précipité vers son père en disant : « Regarde, papa! Je viens de trouver un petit chaton dans la cour… Regarde comme il est beau! » Tout en montrant le chaton à son père, il le caressait et le serrait contre son visage. Soudainement, tout a été transformé. Le petit garçon et son chat sont devenus le centre d'attraction. Des sourires, des caresses et des mots tendres ont été échangés. Nous venions d'être surpris par la joie!

Dieu est devenu petit enfant au milieu d'un monde de violence. Sommes-nous surpris par la joie ou nous contentons-nous de dire : « Comme c'est beau, comme c'est doux… mais la réalité est bien différente »? Se pourrait-il que l'enfant nous révèle ce qui compte réellement?

La joie et le rire

L'argent et le succès ne nous rendent pas joyeux. En fait, plusieurs personnes riches et qui ont réussi sont aussi angoissées, craintives, souvent plutôt moroses. En revanche, plusieurs personnes très pauvres ont le rire facile et font souvent preuve d'une grande joie.

La joie et le rire sont le fruit d'une vie vécue en présence de Dieu, dans l'assurance qu'il ne vaut pas la peine de s'en faire pour demain. Je suis toujours étonné de constater que les riches ont beaucoup d'argent, tandis que les pauvres ont beaucoup de temps. Et lorsqu'on a beaucoup de temps, on peut célébrer la vie. Il n'existe aucune raison d'idéaliser la pauvreté, mais lorsque je lis la crainte et les soucis sur le visage des personnes qui possèdent tous les biens du monde, je comprends mieux les paroles de Jésus : « Comme il est difficile pour un riche d'entrer dans le royaume de Dieu. » Ce n'est pas l'argent ni même le succès qui posent problème, c'est l'absence de temps libre qui permette de rencontrer Dieu dans le moment présent et d'admirer la vie pour sa simplicité faite de beauté et de bonté.

Des petits enfants qui jouent ensemble nous révèlent la vraie joie qui consiste à être ensemble, tout simplement. Un jour, alors que j'étais occupé à interviewer une artiste que j'admire beaucoup, sa petite fille de cinq ans m'a dit : « J'ai fait un gâteau de fête en sable. Viens avec moi et fais semblant que tu le manges et que tu le trouves bon. Ce sera amusant! » Sa mère me dit en souriant : « Tu devrais d'abord jouer avec elle avant de parler avec moi. Peut-être a-t-elle plus de choses à t'apprendre que moi. »

La joie simple et sans détour d'un petit enfant nous rappelle que Dieu est présent là où règnent les sourires et le rire. Ceux-ci nous ouvrent les portes du ciel. C'est pourquoi Jésus nous invite à être comme des petits enfants.

Pas de victimes

Être surpris par la joie, c'est bien différent d'afficher un optimisme naïf. L'optimisme est une attitude qui nous permet de croire que demain tout ira mieux. Un optimiste affirme : « La guerre prendra fin, tes blessures seront guéries, la crise économique va se terminer, l'épidémie va se résorber… Bientôt, tout ira mieux. » Il se peut que l'optimiste ait raison ou qu'il ait tort, mais dans un cas comme dans l'autre, il n'a aucun contrôle sur les événements.

La joie ne découle pas de prédictions positives sur l'état du monde. Elle ne dépend pas des hauts et des bas de notre vie. La joie repose sur une connaissance spirituelle : malgré les ténèbres qui enveloppent notre monde, Dieu a vaincu le monde. Jésus le clame haut et fort : « Vous éprouverez des difficultés dans le monde, mais réjouissez-vous, j'ai vaincu le monde. »

La surprise n'est pas que les choses se passent soudainement mieux que nous l'avions imaginé. Non, la vraie surprise, c'est que la lumière de Dieu est plus réelle que les ténèbres, que la vérité de Dieu est plus puissante que tous les mensonges humains, que l'amour de Dieu est plus fort que la mort.

Le monde est sous l'emprise du mal. En effet, le pouvoir des ténèbres mène le monde. Il ne faut donc pas nous surprendre de voir tant de souffrance et de douleur autour de nous. Mais nous devrions nous laisser surprendre par la joie chaque fois que nous voyons que c'est Dieu, et non le Malin, qui a le dernier mot. En venant au monde pour confronter le mal avec la plénitude de la bonté divine, Jésus nous a ouvert le chemin pour vivre dans le monde, non plus comme des victimes, mais comme des hommes et des femmes libres, guidés non pas par l'optimisme mais par l'espérance.

Le fruit de l'espérance

Il existe un lien étroit entre la joie et l'espérance. Alors que l'optimisme nous fait vivre comme si un jour, très bientôt, tout ira mieux, l'espérance nous libère du besoin de prévoir l'avenir et nous permet de vivre dans le présent, confiants que Dieu ne nous abandonnera jamais mais qu'il viendra satisfaire les désirs les plus chers de notre cœur.

Dans cette perspective, la joie est le fruit de l'espérance. Lorsque je crois profondément qu'aujourd'hui Dieu est vraiment avec moi, que son étreinte me protège et qu'il guide chacun de mes pas, je peux abandonner mon besoin pressant de savoir comment sera demain, ou ce qui se passera le mois prochain ou l'année prochaine. Je peux vivre pleinement l'instant présent et être attentif aux divers signes de l'amour de Dieu, en moi et autour de moi.

Nous parlons souvent du « bon vieux temps », mais si nous y réfléchissons bien et mettons de côté nos souvenirs idéalisés, nous découvrirons rapidement que, pendant cette période de notre vie, nous nous en faisions beaucoup à propos de l'avenir.

Lorsque nous sommes profondément confiants qu'aujourd'hui est le jour du Seigneur et que demain repose en sécurité dans l'amour de Dieu, nos visages peuvent se décontracter, et nous pouvons sourire à Celui qui nous sourit.

Je me souviens d'un jour où je marchais sur la plage avec un ami. Nous étions au beau milieu d'une intense discussion sur notre relation, essayant de nous révéler l'un à l'autre et tentant de comprendre nos sentiments mutuels. Nous étions tellement préoccupés par notre débat que nous n'avions pas remarqué le magnifique coucher de soleil jetant ses rayons multicolores sur les vagues écumeuses qui venaient se briser sur la plage déserte.

Soudain, mon ami s'est exclamé : « Regarde le soleil… regarde! » Il a mis son bras autour de mes épaules et nous nous sommes mis à admirer la boule de feu incandescente qui disparaissait lentement derrière la ligne d'horizon de l'immense océan.

À ce moment, nous savions tous deux ce qu'étaient l'espérance et la joie.

Au-delà des souhaits

La joie et l'espérance ne viennent jamais l'une sans l'autre. Je n'ai jamais rencontré une personne remplie d'espérance qui était déprimée ou une personne joyeuse n'ayant plus d'espérance. Mais l'espérance va au-delà des souhaits, et la joie est différente du bonheur. Les souhaits et le bonheur font généralement référence à des choses ou à des événements. On souhaite que la température s'améliore ou que la guerre prenne fin; on souhaite trouver un nouvel emploi, obtenir une augmentation de salaire ou une récompense et, lorsque ce souhait se réalise, on est heureux. Mais l'espérance et la joie sont des dons de l'Esprit, qui reposent sur une relation intime avec Celui qui nous aime d'un amour éternel et qui nous sera toujours fidèle. Nous espérons en Dieu et nous nous réjouissons de sa présence, même lorsque nos nombreux souhaits ne sont pas réalisés et que les événements de notre vie ne nous rendent pas très heureux.

Dans ma vie, certains moments remplis d'espérance et de joie ont également été des moments de grandes douleurs physiques et émotives. C'est précisément lorsque j'ai fait l'expérience du rejet ou de l'abandon que je me suis senti obligé de crier vers Dieu : « Tu es ma seule espérance! Tu es la source de ma joie! » Devenu incapable de m'accrocher à mes appuis habituels, j'ai découvert que le vrai soutien et la véritable sécurité résident bien loin des structures de notre monde.

Il nous faut souvent découvrir que ce que nous pensions être de l'espérance ou de la joie n'étaient rien de plus que des désirs égoïstes de succès et de récompenses. Même si cette découverte est pénible, elle peut nous projeter dans les bras de Celui qui est la véritable source de toute notre joie et de toute notre espérance.

Chapitre III

La souffrance

Accepter la douleur

Dans le monde qui nous entoure, une distinction radicale est faite entre la joie et la peine. Les gens ont tendance à dire : « Lorsqu'on est heureux, on ne peut pas être triste, et lorsqu'on est triste, on ne peut pas être heureux. » En fait, notre société contemporaine fait tout pour séparer la tristesse et la joie. Le chagrin et la douleur doivent à tout prix être tenus à distance car ils sont opposés à la gaieté et au bonheur auxquels nous aspirons.

La mort, la maladie, la brisure humaine… tout cela doit être caché, car cela nous empêche de profiter du bonheur auquel nous aspirons. Ce sont des obstacles sur la route qui mène au but de notre vie.

La vision offerte par Jésus contredit cette vision du monde. Par ses enseignements et par sa vie, Jésus nous montre que la véritable joie est souvent cachée au beau milieu de notre peine, et que la danse de la vie trouve ses origines dans la douleur. Il affirme : « Si le grain de blé ne meurt pas, il ne peut pas porter de fruit… Si nous ne perdons pas notre vie, nous ne pouvons pas la trouver; si le Fils de l'homme ne meurt pas, il ne peut pas envoyer l'Esprit » (cf. *Jean* 12, 24-25). Aux deux disciples découragés après ses souffrances et sa mort, il dit : « Hommes sans intelligence, comme vous êtes lents à croire tout ce qu'ont annoncé les prophètes! Ne fallait-il pas que le Messie souffre ainsi avant d'entrer dans sa gloire? » (*Luc* 24, 25-26).

Une toute nouvelle façon de vivre notre vie nous est révélée ici. Il s'agit de vivre en étant capables d'accepter la douleur, non pas par désir de souffrir, mais en sachant qu'il en naîtra quelque chose de neuf. Jésus compare nos douleurs aux douleurs de l'enfantement : « Quand une femme va mettre un enfant au monde, elle est triste parce que le moment de souffrir est arrivé pour elle; mais quand le bébé est né, elle oublie sa souffrance parce qu'elle est joyeuse de ce qu'un être humain soit venu au monde » (*Jean* 16, 21).

La croix est devenue le symbole le plus puissant de cette nouvelle mission. La croix est le symbole de la mort et de la vie, de la souffrance et de la joie, de la défaite et de la victoire. C'est la croix qui nous montre le chemin.

Pique-nique sur une pierre tombale

Il nous sera toujours difficile d'accepter notre souffrance tout en étant confiants qu'elle nous conduira à une vie nouvelle. Malgré tout, des expériences nous montrent à quel point il est vrai, ce chemin proposé par Jésus. En voici une.

Il y a quelques années, Robert, le mari d'une de mes amies, est décédé subitement d'une crise cardiaque. Mon amie a décidé de ne pas amener ses deux enfants aux funérailles. Elle se disait : « Ce sera trop difficile pour eux de voir leur père être enterré. »

Pendant plusieurs années après la mort de Robert, le cimetière est demeuré pour eux un endroit dangereux et terrifiant.

Puis un jour, mon amie m'a demandé de l'accompagner au cimetière, et elle a invité ses enfants à nous suivre. L'aînée avait trop peur de venir, mais le cadet a décidé de nous accompagner. Lorsque nous sommes arrivés à l'endroit où Robert était enterré, nous nous sommes assis tous les trois sur la pelouse, autour de la pierre où était inscrit : « Un homme bon et doux ». Nous nous sommes mis à évoquer nos souvenirs de Robert.

J'ai dit : « Un jour, nous devrions peut-être venir pique-niquer ici. Ce n'est pas seulement un endroit pour penser à la mort, mais aussi pour nous réjouir de la vie. Je crois que Robert sera honoré de nous voir trouver ici de nouvelles forces de vivre. » Au début, cette idée a semblé étrange : faire un pique-nique à côté d'une pierre tombale! Mais n'est-ce pas ce que Jésus a demandé à ses disciples lorsqu'il les a invités à partager le pain et le vin en mémoire de lui?

Quelques jours plus tard, mon amie a amené sa fille aînée au cimetière. Son frère l'avait convaincue qu'il n'y avait rien à craindre.

Depuis, ils se rendent souvent au cimetière et se racontent des souvenirs de Robert. Celui-ci n'est plus un étranger. Il est devenu leur nouvel ami, et pique-niquer sur sa tombe est devenu une activité qu'ils attendent avec impatience… du moins lorsqu'il n'y a personne aux alentours!

Pleurer de chagrin ou pleurer de joie ne devraient pas être trop différents. À mesure que nous apprivoisons notre chagrin — ou, pour employer les mots de Jésus, que nous « acceptons notre croix » —, nous découvrons que la résurrection est vraiment toute proche.

Une fraternité de faibles

L'un des meilleurs moyens d'apprivoiser notre souffrance est de la sortir de son isolement pour la partager avec quelqu'un qui est en mesure de la recevoir. Nous avons tellement de peines qui restent cachées — même de nos amis les plus proches. Quand nous nous sentons seuls, allons-nous voir une personne en qui nous avons confiance pour lui dire : « Je me sens seul, j'ai besoin de ton appui et de ta présence »? Lorsque nous nous sentons inquiets, insatisfaits sexuellement, en colère ou amers, osons-nous demander à un ami d'être avec nous pour partager notre peine?

Trop souvent, nous pensons ou disons : « Je ne veux pas ennuyer mes amis avec mes problèmes. Ils ont assez des leurs. » Mais, en réalité, nous leur faisons honneur en leur confiant nos luttes. Nous-mêmes, nous disons à nos amis qui nous ont caché leurs sentiments de crainte ou de honte : « Pourquoi ne me l'as-tu pas dit? Pourquoi avoir gardé ce secret si longtemps? » Évidemment, tout le monde ne peut pas accueillir nos souffrances cachées. Mais je crois sincèrement que si nous voulons atteindre la maturité spirituelle, Dieu nous enverra les amis dont nous avons besoin.

Tant de nos souffrances découlent non seulement d'une situation douloureuse, mais aussi d'un sentiment d'isolement au beau milieu de cette souffrance. Plusieurs personnes souffrant de dépendances — que ce soit envers l'alcool, la drogue, le sexe ou la nourriture — trouvent leur premier soulagement lorsqu'elles peuvent partager leur peine avec d'autres et découvrent qu'on les écoute vraiment. Les nombreux programmes en douze étapes témoignent bien que la guérison commence avec le partage de la douleur. Nous pouvons ici constater la proximité de la souffrance et de la joie. Quand je découvre que je ne suis pas seul dans ma lutte, lorsque je fais l'expérience d'une nouvelle fraternité dans la faiblesse, alors la joie peut éclater au milieu de ma peine.

Mais il n'est pas facile de sortir de son isolement. Pour une raison ou pour une autre, nous essayons toujours de régler nous-mêmes nos problèmes. Mais Dieu nous a donné les uns aux autres pour que nous construisions une communauté d'amour mutuel où nous pouvons découvrir ensemble que la joie n'est pas seulement pour les autres, mais pour nous tous.

Au-delà de l'individualisme

En général, c'est nous qui nous imposons notre isolement. Nous n'aimons pas dépendre des autres et, dans la plupart des cas, nous essayons de nous prouver à nous-mêmes que nous maîtrisons la situation et que nous pouvons prendre nos propres décisions. Cette autosuffisance est très attirante. Elle nous donne un sentiment de puissance, elle nous permet de réagir rapidement, elle nous donne la satisfaction d'être notre propre patron et elle nous promet bien des récompenses.

En contrepartie, la solitude, l'isolement et la crainte continuelle de ne pas réussir dans la vie nous guettent.

J'ai fait l'expérience tout aussi bien des récompenses que des punitions de l'individualisme. En tant que professeur d'université, j'étais productif et populaire, et j'ai gravi les échelons des promotions académiques; mais à la fin de tout cela, je me suis senti tout à fait seul. Malgré les éloges que je recevais lorsque je prononçais des conférences sur le thème de la communauté, je sentais que je n'appartenais réellement à personne. Alors que je démontrais de manière convaincante l'importance de la prière, je perdais la capacité de faire silence en moi pour prier. Alors que j'encourageais les gens à se montrer vulnérables pour pouvoir grandir dans l'Esprit, j'étais moi-même prudent et même méfiant lorsque ma réputation était en jeu. Ce qui importe dans le monde académique, c'est la concurrence — même chez ceux qui prêchent la compassion —, du moins lorsqu'ils ne veulent pas perdre leur emploi!

Placer la compassion au cœur de notre vie, être ouverts et vulnérables devant les autres, considérer la vie communautaire comme centrale et permettre à la prière d'être le souffle de notre vie… tout cela exige d'abattre tous les murs que nous avons construits entre nous et les autres pour maintenir notre confortable isolement. Cette difficile lutte spirituelle dure toute la vie; en effet, à mesure que nous démolissons des murs, nous en construisons d'autres. Après avoir quitté l'université et choisi de vivre en communauté, je me suis rendu compte que, même là, il existe plusieurs manières de jouer le jeu contrôlant de l'individualisme. En fait, la véritable conversion requiert beaucoup plus que de changer d'endroit. Il faut aussi changer notre cœur.

Notre désir de communion

Que désirons-nous vraiment? Au fur et à mesure que j'essaie d'être à l'écoute de mes désirs les plus profonds et de ceux des autres, le mot qui semble le mieux décrire ces désirs du cœur humain est le mot « communion ». Communion signifie « union avec ». Dieu nous a donné un cœur qui ne trouvera pas de repos tant et aussi longtemps qu'il n'aura pas trouvé la véritable communion. Nous la cherchons dans l'amitié, le mariage, la communauté. Nous la cherchons dans l'intimité sexuelle, les moments d'extase, la reconnaissance de nos dons. Nous la cherchons dans le succès, l'admiration, les récompenses. Mais où que nous cherchions, c'est la communion que nous désirons.

Comme je regardais le visage des médaillés d'or aux Jeux olympiques, entourés de soixante mille spectateurs qui les ovationnaient et de millions d'autres qui les regardaient à la télévision, pour un moment, j'ai entrevu cette expérience de communion. C'était comme si ces athlètes avaient finalement reçu l'amour pour lequel ils avaient tant travaillé. Et pourtant, ils seront bien vite oubliés! Quatre, huit ou douze ans plus tard, d'autres les remplaceront sur le podium du succès, et peu de gens se souviendront de leur bref moment de gloire.

Malgré tout, notre désir de communion demeure. C'est un désir qui vient de Dieu, qui nous occasionne à la fois de nombreuses souffrances et d'immenses joies. Jésus est venu proclamer que notre désir de communion n'est pas vain, mais qu'il sera satisfait par Celui qui l'a mis en nous. Nos moments furtifs de communion ne sont que de faibles aperçus de la communion promise par Dieu. Le véritable danger est de nous méfier de ce désir de communion. Ce désir nous vient de Dieu, sans qui notre vie perd sa vitalité, sans qui notre cœur se refroidit. Nous vivrons de façon vraiment spirituelle seulement lorsque nous aurons trouvé le repos dans l'étreinte de Celui qui est à la fois le Père et la Mère de tous les désirs.

Aller au-delà de nos blessures

Nous, les êtres humains, souffrons beaucoup. Plusieurs, sinon toutes nos profondes souffrances viennent de nos relations avec ceux et celles qui nous aiment. Je suis toujours conscient que mes angoisses les plus intenses sont causées non pas par les événements terribles rapportés dans les journaux ou à la télévision, mais par mes relations avec ceux et celles qui partagent ma vie quotidienne. Les hommes et les femmes qui m'aiment et qui sont très proches de moi sont aussi ceux qui me blessent. À mesure que nous vieillissons, nous découvrons souvent que l'amour qu'on nous porte n'est pas toujours parfait. Ceux qui nous ont aimés se sont souvent servis de nous. Ceux qui ont pris soin de nous nous ont aussi enviés. Ceux qui nous ont beaucoup donné attendaient parfois beaucoup en retour. Ceux qui nous ont protégés ont aussi voulu nous posséder à des moments cruciaux. Nous éprouvons souvent l'envie de démêler le pourquoi et le comment de nos blessures, et nous en arrivons trop souvent à la terrible conclusion que l'amour que nous avons reçu n'était pas aussi pur et simple que nous le croyions.

Il est important de nous arrêter pour réfléchir à tout cela, surtout quand nous sommes paralysés par la peur, les inquiétudes et les sombres désirs que nous ne comprenons pas.

Mais il ne suffit pas de comprendre nos blessures. En bout de ligne, nous devons trouver la liberté d'aller au-delà de nos blessures et le courage de pardonner à ceux et celles qui nous ont fait du mal. Le danger qui nous guette est de nous embourber dans la colère et la rancune. Nous nous mettons alors à vivre en « victimes » qui se plaignent continuellement des injustices de la vie.

Jésus est venu nous délivrer de ces plaintes autodestructrices. Il dit : « Cessez de vous plaindre, pardonnez à ceux qui vous ont mal aimés, allez au-delà de vos sentiments de rejet, ayez le courage de croire que vous ne tomberez pas dans un abîme de néant mais dans les bras protecteurs de Dieu dont l'amour guérira toutes vos blessures. »

Fidèles à notre vocation

Je vois à la télévision les visages émaciés des enfants affamés de Somalie, et je veux les aider. Je lis des articles rapportant le sort terrible des populations musulmanes de Bosnie, qui cherchent désespérément à survivre aux attaques redoublées des Serbes, et je veux faire quelque chose. Nelson Mandela conduit de grands rassemblements en Afrique du Sud pour forcer le gouvernement à accepter la véritable démocratie, et je voudrais l'appuyer dans ses efforts.

En Irlande du Nord, les catholiques et les protestants continuent à s'entre-tuer, et je me demande comment réagir devant cette situation honteuse. Mon ami prêtre John Vesey, vicaire général du diocèse de Sololá, au Guatemala, m'apprend que le génocide des Indiens se poursuit, et je ressens un profond désir d'aller le rejoindre, de l'appuyer dans sa lutte contre ces injustices sans fin. Mes amis qui vivent dans le quartier

Adam Morgan à Washington, D.C., me parlent sans cesse de l'augmentation du nombre de sans-abri, de la recrudescence du trafic de drogue et des meurtres, des conditions de désespoir régnant dans ce quartier, et je m'inquiète de ma part de responsabilité dans ces situations. À Toronto, près de chez moi, de plus en plus de gens, des adultes aussi bien que des enfants, meurent du sida, et je me demande continuellement comment les rejoindre.

Plus je pense aux souffrances humaines de ce monde et à mon désir de les soulager, plus je prends conscience à quel point il est important de ne pas me laisser paralyser par des sentiments d'impuissance et de culpabilité. Il me faut plus que jamais être fidèle à ma vocation : je suis appelé à bien faire les petites choses qui me sont confiées et à goûter la joie et la paix qu'elles m'apportent. Je dois résister à la tentation de laisser les forces des ténèbres m'entraîner vers le désespoir et faire de moi une autre de leurs nombreuses victimes. Je dois garder mon regard fixé sur Jésus et sur ceux qui l'ont suivi, confiant que je saurai vivre pleinement ma mission : être dans notre monde un signe d'espérance.

La voie du Dalaï-Lama

Je connais peu de gens qui ont vu autant de souffrances que le Dalaï-Lama. En tant que chef spirituel et politique du Tibet, il a été chassé de son pays et a été témoin des meurtres, de la torture, de l'oppression et de l'expulsion sans relâche de son peuple.

Malgré tout, je connais peu de gens qui rayonnent autant de paix et de joie. Son rire désarmant et généreux est dépourvu de haine et d'amertume à l'égard des Chinois qui ont ravagé son pays et exterminé son peuple. Il affirme : « Eux aussi sont des êtres humains qui luttent pour trouver le bonheur et méritent notre compassion. »

Comment est-il possible qu'un homme si persécuté ne soit pas rempli de colère et de désir de vengeance? Lorsqu'on lui pose cette question, le Dalaï-Lama explique comment, dans sa méditation, il permet à toutes les souffrances de son peuple et de ses oppresseurs d'entrer au fond de son cœur pour y être transformées en compassion.

Quel défi spirituel! Alors que je me demande anxieusement comment venir en aide aux peuples de Bosnie, d'Afrique du Sud, du Guatemala, du Tibet… le Dalaï-Lama m'appelle à réunir toutes les souffrances du genre humain dans mon cœur pour qu'elles deviennent la matière première de mon amour compatissant.

N'est-ce pas également le chemin tracé par Jésus? Peu de temps avant sa mort et sa résurrection, Jésus a dit : « Lorsque je monterai au ciel, j'attirerai à moi tous les humains. » Jésus a pris sur lui toutes les souffrances du monde pour les transformer en compassion et les offrir à son Père. Vraiment, voilà le chemin que nous devons suivre.

Les souffrances de l'amour

On nous donne souvent des animaux pour nous apprendre ce que sont l'amour et la compassion. En vérité, je m'intéresse très peu aux animaux domestiques, chiens, chats ou perroquets. Même si je me fâche souvent lorsque les animaux deviennent le principal sujet de conversation entre amis, je dois admettre que l'un des souvenirs les plus vifs de mon enfance est lié à une petite chèvre. Au cours de la dernière année de la Seconde Guerre mondiale, mon père me l'avait confiée pour que je m'en occupe. Elle s'appelait Walter. J'avais alors treize ans, et nous vivions dans une partie de la Hollande isolée des armées alliées par de grandes rivières. Les gens mouraient de faim.

J'aimais ma petite chèvre. Je passais des heures à ramasser des glands pour la nourrir, je l'amenais prendre de longues marches et je m'amusais à lutter avec elle en la poussant là où ses cornes commençaient à pousser. Je la prenais dans mes bras. J'avais construit un enclos pour elle dans le garage et je lui avais donné une petite charrette à tirer. Le matin, dès que je me levais, j'allais la nourrir et j'y retournais dès que je rentrais de l'école, nettoyant son enclos et lui parlant d'une foule de choses. Walter et moi étions vraiment des amis inséparables.

Un jour, tôt le matin, lorsque je suis entré dans le garage, l'enclos était vide. On avait volé Walter. Je ne me souviens pas d'avoir pleuré si fort et si longtemps. J'ai éclaté en sanglots et j'ai hurlé de douleur. Mon père et ma mère ne savaient plus quoi faire pour me consoler. C'était la première fois que je découvrais l'amour et la perte d'un être cher.

Plusieurs années plus tard, après la fin de la guerre, alors que nous avions à nouveau suffisamment de nourriture, mon père m'a révélé que notre jardinier avait pris Walter pour le donner à manger à sa famille qui n'avait plus rien à se mettre sous la dent. Mon père savait que c'était le jardinier, mais il ne lui en a jamais parlé — même s'il voyait la peine que j'éprouvais. Je me rends compte maintenant que mon père et Walter m'ont appris quelque chose de la compassion.

Chapitre IV

La conversion

L'Esprit d'amour

Même si je me rends bien compte qu'il y a dix ans je n'avais pas la moindre idée que j'aboutirais ici, je tiens tout de même à conserver l'illusion que je suis aux commandes de ma vie. J'aime décider moi-même ce dont j'ai le plus besoin, ce que je ferai plus tard, ce que je désire accomplir et ce que les autres penseront de moi. Je suis si occupé à organiser ma vie que je ne suis pas conscient des subtils mouvements de l'Esprit de Dieu en moi, Esprit qui m'oriente vers des chemins bien différents des miens.

Il faut beaucoup de solitude et de silence intérieurs pour devenir conscients de ces mouvements divins. Dieu ne crie pas, il n'élève pas la voix et il ne bouscule pas. L'Esprit de Dieu est doux et discret, comme une petite voix ou une brise légère. C'est un esprit d'amour. Peut-être ne sommes-nous pas encore convaincus que l'Esprit de Dieu est réellement l'Esprit d'amour qui nous conduit toujours plus profondément vers l'amour. Peut-être nous méfions-nous encore de l'Esprit, craignant d'être menés en des endroits où notre liberté nous sera enlevée. Peut-être voyons-nous encore l'Esprit de Dieu comme un ennemi qui exige de nous des choses qui ne sont pas bonnes pour nous.

Mais Dieu est amour, uniquement amour, et l'Esprit de Dieu est l'Esprit d'amour, qui veut nous conduire là où nos souhaits les plus chers seront comblés. Parfois, nous ignorons nous-mêmes nos désirs les plus chers. Nous nous laissons facilement troubler par nos passions et nos haines en croyant à tort qu'elles sont l'expression de nos aspirations les plus profondes.

L'Esprit d'amour nous dit : « N'ayez pas peur de laisser tomber ce désir de contrôler votre vie. Laissez-moi réaliser le vrai désir de votre cœur. »

Se retourner

Jésus nous dit : « Préoccupez-vous d'abord du royaume de Dieu [...], et Dieu vous accordera aussi tout le reste » (*Matthieu* 6, 33). Ces paroles résument bien la façon dont nous sommes invités à vivre notre vie : le cœur tourné vers le royaume de Dieu. Ce Royaume n'est ni une contrée lointaine que nous espérons atteindre, ni la vie après la mort, ni même un bien-être idéal. Non, le royaume de Dieu est avant tout la présence active en nous de l'Esprit divin qui nous offre la liberté à laquelle nous aspirons.

La question principale devient alors : comment tourner notre cœur d'abord vers le royaume de Dieu, alors qu'il est préoccupé par tant de choses? En fait, nous devons vivre une radicale conversion du cœur, un changement qui nous permettra de saisir la réalité de notre existence du point de vue de Dieu.

Un jour, j'ai vu un mime imitant un homme qui faisait de gros efforts pour ouvrir l'une des trois portes de la pièce où il se trouvait. Il poussait et tirait sur les poignées de porte, mais aucune d'elles ne s'ouvrait. Il s'est alors mis à frapper du pied sur les panneaux de bois de la porte, mais sans arriver à les défoncer. Finalement, il donna de tout son poids contre chacune des portes, mais nulle d'entre elles ne céda.

C'était ridicule, bien que très drôle, parce que cet homme était tellement concentré sur les trois portes verrouillées qu'il ne s'était même pas rendu compte que la pièce n'avait pas de mur arrière et qu'il aurait pu sortir bien simplement si seulement il s'était retourné pour regarder!

Voilà une bonne définition de la conversion. C'est un revirement complet qui nous permet de découvrir que nous ne sommes pas les prisonniers que nous pensons être. Du point de vue de Dieu, nous ressemblons souvent à cet homme qui essaie d'ouvrir les portes verrouillées de sa chambre. Nous nous inquiétons pour beaucoup de choses, nous nous faisons même du mal à force de nous inquiéter. Dieu dit : « Retournez-vous, tournez votre cœur vers mon Royaume. Je vous donne toute la liberté que vous désirez. »

Une réponse « d'en haut »

Dans les évangiles, on remarque que Jésus ne répond que rarement aux questions qui lui sont posées. Lorsque la mère de Jacques et de Jean lui demande de réserver à ses fils une place de choix à sa droite et à sa gauche, dans son Royaume, il dit : « Pouvez-vous boire la coupe de douleur que je vais boire? » (*Matthieu* 20, 22). Lorsque le saducéen parle à Jésus d'une femme qui avait sept maris et lui demande de qui elle sera la femme à la résurrection, Jésus lui répond : « Quand les morts reviendront à la vie, les hommes et les femmes ne se marieront pas, mais ils vivront comme les anges dans le ciel » (*Matthieu* 22, 30). Lorsque les Apôtres lui demandent : « Seigneur, est-ce en ce temps que tu rétabliras le royaume d'Israël? », Jésus leur répond : « Il ne vous appartient pas de savoir quand viendront les temps et les moments, car le Père les a fixés de sa seule autorité. Mais vous recevrez une force quand le Saint-Esprit descendra sur vous. Vous serez alors mes témoins » (*Actes* 1, 6-8).

Qu'est-ce qui se passe? Jésus répond « d'en haut » à des questions bien terre à terre, qui viennent « d'en bas ». La mère de Jacques et de Jean se préoccupe de pouvoir et d'influence. Le saducéen désire que Jésus résolve un problème théologique. Les Apôtres veulent que Jésus les libère de l'occupation romaine. Mais toutes ces préoccupations viennent « d'en bas ». Elles émanent des difficultés causées par les puissances du monde. Jésus ne répond pas « d'en bas ». Il répond d'un lieu bien supérieur à toutes les puissances du monde. Ses réponses viennent de sa communion intime avec le Père.

Pour que nous puissions véritablement entendre les réponses de Jésus, nous devons naître d'en haut. Jésus dit à Nicodème : « Je te le déclare, c'est la vérité : personne ne peut voir le royaume de Dieu s'il ne naît pas d'en haut » (*Jean* 3, 3).

La vie spirituelle est la vie de ceux et celles qui sont nés d'en haut — qui ont reçu l'Esprit de Dieu. Cette vie nous permet de briser les liens de nos confusions humaines et elle nous libère pour vivre en Dieu. Jésus l'affirme clairement : « Ce qui naît d'un père humain est humain; ce qui naît de l'Esprit Saint est esprit » (*Jean* 3, 6).

Une invitation à la conversion

Dans notre recherche continuelle de sens, nous devons lire journaux et livres d'une manière spirituelle. Nous devrions toujours nous demander : « Pourquoi vivons-nous? » Nous devons interpréter tous les événements de notre courte vie. Les livres et les journaux sont là pour nous aider à lire les signes des temps, donnant ainsi un sens à notre vie. Jésus a dit : « Quand vous voyez un nuage se lever à l'ouest, vous dites aussitôt : "Il va pleuvoir", et c'est ce qui arrive. Et quand vous sentez souffler le vent du sud, vous dites : "Il va faire chaud", et c'est ce qui arrive. Hypocrites! Vous êtes capables de comprendre ce que signifient les aspects de la terre et du ciel; alors, pourquoi ne comprenez-vous pas le sens du temps présent? » (*Luc* 12, 54-56).

Voilà le vrai défi. Jésus ne considère pas les événements de notre temps comme une série d'incidents ou d'accidents qui nous touchent très peu. Jésus voit les événements sociaux, politiques et économiques de notre existence comme des signes qui exigent une interprétation spirituelle. Nous devons les lire spirituellement, mais de quelle façon?

Jésus lui-même nous montre comment. Un jour, on lui annonça que le gouverneur Pilate avait fait exécuter des rebelles de Galilée et qu'il avait fait mêler leur sang avec celui des sacrifices romains. Lorsqu'il entendit cela, Jésus répondit : « Pensez-vous que si ces Galiléens ont été ainsi massacrés, cela signifie qu'ils étaient de plus grands pécheurs que tous les autres Galiléens? Non, vous dis-je; mais si vous ne changez pas de comportement, vous mourrez tous comme eux » (*Luc* 13, 2-3).

Jésus donne à cet événement une interprétation non pas politique mais spirituelle. Il affirme : « Ce qui est arrivé vous invite à la conversion! » C'est le sens le plus profond de l'histoire : une invitation permanente à tourner notre cœur vers Dieu pour ainsi découvrir le vrai sens de la vie.

Pourquoi le sida?

Dès que nous nous mettons à lire les événements de notre vie comme des appels à la conversion, notre conception de l'histoire change radicalement. Depuis que certains de mes amis sont morts du sida et que j'ai découvert le vaste réseau des gens qui en souffrent et des personnes qui travaillent avec eux et pour eux, je me suis interrogé sur le sens de tout cela. Pourquoi cette épidémie cause-t-elle la mort de milliers de personnes, jeunes et vieux, hommes et femmes?

Lorsque John, le fils homosexuel de l'un de mes grands amis de San Francisco, a été frappé du sida, cette maladie a cessé d'être pour moi une réalité lointaine. J'ai visité John pendant sa maladie. Il m'a présenté ses amis homosexuels et m'a fait prendre conscience de la terrible souffrance physique et émotionnelle d'un grand nombre de jeunes adultes.

Jésus me demande : « Est-ce que tu crois que ces gens sont de plus grands pécheurs que toi pour que cela leur arrive? » Et je prends brutalement conscience que la seule réponse possible est : « Non, ils ne le sont pas — mais à moins de me repentir, je périrai comme eux. » Cette réponse tourne tout sens dessus dessous. La mort de ces personnes homosexuelles m'appelle à me convertir!

Le sida a montré la relation dramatique qui existe entre l'amour et la mort. Ces homosexuels qui cherchaient désespérément quelqu'un à aimer se sont retrouvés dévorés par les puissances destructrices de la mort. Mais Dieu est le Dieu des vivants, non celui des morts! L'amour de Dieu donne la vie, non la mort. Mes frères homosexuels meurent pour que je puisse me tourner plus radicalement vers Dieu et trouver en lui la réponse aux aspirations de mon corps, de mon esprit et de mon cœur. Je dois apprendre à voir le sida comme un signe des temps qui m'appelle à la conversion. Je prie pour avoir le courage de le faire.

La mission inversée

Pendant un séjour de quelques mois dans une des « villes nouvelles » qui entourent Lima, au Pérou, j'ai entendu pour la première fois l'expression « mission inversée ». J'étais venu du nord au sud pour aider les pauvres, mais plus je vivais avec les pauvres, plus je prenais conscience qu'il existait une autre mission, celle du sud vers le nord. Lorsque je suis revenu chez moi, j'étais convaincu que ma tâche principale serait d'aider les pauvres d'Amérique latine à venir convertir leurs sœurs et frères plus favorisés des États-Unis et du Canada.

Depuis ce jour, j'ai pris conscience que partout où l'Esprit de Dieu est présent, il existe une mission inversée.

Déjà, pendant l'été 1965, lorsque j'ai marché avec des milliers de Noirs et de Blancs américains entre Selma et Montgomery pour soutenir les Noirs dans leur lutte pour acquérir les mêmes droits que les Blancs, Martin Luther King avait dit que le sens spirituel le plus profond du mouvement des droits civiques était que les Noirs appelaient les Blancs à la conversion.

Plusieurs années plus tard, lorsque je me suis joint à l'Arche pour vivre et travailler en compagnie de personnes avec un handicap intellectuel, j'ai vite pris conscience que ma véritable tâche consisterait à laisser ceux et celles que je voulais aider m'apporter — et à travers moi apporter à beaucoup d'autres — leurs dons spirituels exceptionnels.

Ce « renversement » est un signe de l'Esprit de Dieu. Les pauvres ont une mission auprès des riches, les Noirs ont une mission auprès des Blancs, les handicapés ont une mission auprès des gens dits « normaux », les homosexuels ont une mission auprès des hétérosexuels, les mourants ont une mission auprès des bien-portants. Ceux dont le monde a fait des victimes, Dieu les a choisis comme messagers de la Bonne Nouvelle.

Lorsque Jésus a entendu dire que dix-huit personnes avaient trouvé la mort dans l'effondrement de la tour de Siloam, on lui a demandé si ces hommes et ces femmes étaient de plus grands pécheurs que les autres : « Non, a-t-il répondu. Mais si vous ne changez pas de comportement, vous mourrez tous comme eux. » Jésus nous montre que les victimes deviennent nos évangélisateurs, nous appelant à la conversion. Voilà la mission inversée qui ne cesse de nous surprendre.

Les questions de Dieu

Est-ce que les Juifs qui ont été exécutés dans les chambres à gaz des camps de concentration nazis étaient plus coupables que nous? Que dire des Mayas du Guatemala kidnappés, torturés et exécutés par les militaires, et de ces millions d'Africains morts de faim? Et que dire de ceux qui ont commis ces crimes?

Ce sont des questions « d'en bas », celles que nous posons quand nous voulons savoir qui se trouve dans une situation meilleure ou pire que la nôtre. Mais ce ne sont pas des questions qui viennent « d'en haut ». Ce ne sont pas les questions de Dieu. Dieu ne nous demande pas de définir la petite place que nous occupons dans l'humanité par rapport à celle des autres. La question de Dieu est la suivante : « Lisez-vous les signes des temps comme autant d'invitations à la conversion et au repentir? » L'important est notre désir de laisser les grandes souffrances de nos frères et de nos sœurs nous libérer de l'arrogance, du jugement et de la condamnation, et nous donner un cœur doux et humble comme celui de Jésus.

Nous passons de nombreuses heures à évaluer les autres. Nous échangeons sans cesse nos opinions sur les gens qui nous sont plus ou moins proches. Cela nous distrait et nous permet d'ignorer que nous-mêmes avons besoin d'une conversion du cœur, et que notre cœur est sans doute le seul que nous pouvons changer.

Nous répétons sans cesse : « Et lui? Et elle? » Jésus nous dit, comme il l'a dit à Pierre qui voulait savoir ce qui arriverait à Jean : « […] que t'importe? Toi, suis-moi » (*Jean* 21, 22).

Le fardeau du jugement

Imaginez ne pas avoir besoin de juger qui que ce soit. Imaginez n'avoir aucune envie de décider si une personne est bonne ou mauvaise. Imaginez être complètement libre du sentiment d'avoir à prendre une décision sur la moralité du comportement d'une autre personne. Imaginez pouvoir dire : « Je ne juge personne! »

Imaginez! Ne serait-ce pas la véritable liberté intérieure? Les pères du désert du IVe siècle affirmaient : « Juger les autres est un lourd fardeau. » J'ai connu de courtes périodes dans ma vie où je me suis senti libéré de tous jugements sur les autres. C'était comme si j'étais déchargé d'un lourd fardeau. À ces moments-là, j'ai ressenti un immense amour pour tous ceux et celles que je rencontrais, dont j'entendais parler ou à propos de qui je lisais. Une grande solidarité avec toutes les personnes et un vif désir de les aimer ont fait tomber tous mes murs intérieurs et ont rendu mon cœur aussi grand que l'univers.

C'est ce qui s'est produit à la fin d'un séjour de sept mois dans un monastère de trappistes. J'étais tellement rempli de la bonté de Dieu que je la voyais partout où j'allais, même sous les masques de la violence, de la destruction et du crime. Je devais me retenir pour ne pas sauter au cou des femmes et des hommes qui me servaient dans les épiceries, qui me vendaient des fleurs ou un nouvel habit. Ils m'apparaissaient tous comme des saints!

Nous connaissons tous de tels moments si nous sommes attentifs aux mouvements en nous de l'Esprit de Dieu. Ce sont comme des avant-goûts du ciel, de sa beauté et de sa paix. Il est facile de les rejeter comme des produits de nos rêves ou de notre imagination poétique. Mais lorsque nous choisissons de les accepter comme un moyen pour Dieu de nous encourager et de nous révéler la vérité profonde de notre existence, nous pouvons progressivement aller au-delà de notre besoin de juger les autres et de notre penchant à évaluer toute personne et toute chose. Nous pouvons alors grandir vers la véritable liberté intérieure et la vraie sainteté.

Mais nous pouvons laisser tomber le lourd fardeau de juger les autres seulement si nous acceptons d'en porter un autre, beaucoup plus léger : nous laisser juger!

Affirmer l'amour de Dieu

Pouvons-nous nous libérer de notre besoin de juger les autres? Oui... en prenant véritablement conscience de notre identité profonde : nous sommes les fils et les filles bien-aimés de Dieu. Tant que nous continuons à vivre comme si notre identité était déterminée par notre agir, notre avoir et ce que les autres pensent de nous, nous restons remplis de jugements, d'opinions, d'évaluations et de condamnations. Nous continuons à sentir le besoin de mettre les gens et les choses à la « bonne » place. Ce besoin de juger s'effacera dans la mesure où nous accepterons que notre identité ne repose pas sur notre succès, notre pouvoir ou notre popularité, mais bien sur l'amour infini de Dieu.

« Ne jugez pas les autres, afin que Dieu ne vous juge pas. Car Dieu vous jugera de la façon dont vous jugez et il utilisera pour vous la mesure que vous employez pour les autres » (*Matthieu* 7, 1-2). À la lecture de ce texte et du reste de l'Évangile, il est clair que le jugement de Dieu n'est pas le résultat d'un calcul divin indépendant de nous, mais bien un reflet direct de notre manque de confiance en l'amour de Dieu. Si nous croyons que notre identité profonde est la somme de notre succès, de notre popularité et de notre pouvoir, nous dépendons de la façon dont nous jugeons et sommes jugés, et nous devenons des victimes manipulées par les autres. C'est pourquoi nous nous jugeons nous-mêmes. Notre mort marquera non seulement la fin de ces jugements mutuels, mais aussi notre propre fin, puisque nous ne sommes que le produit de ce que nous pensons des autres et de ce que les autres pensent de nous.

Ce n'est qu'en affirmant l'amour de Dieu, l'amour qui transcende tous les jugements, que nous pouvons dépasser notre peur du jugement. Lorsque nous serons complètement libérés du besoin de juger les autres, nous perdrons du même coup notre peur d'être jugés.

L'expérience de ne pas juger ne peut pas coexister avec la peur d'être jugé, et l'expérience de l'amour inconditionnel de Dieu ne peut pas non plus coexister avec le besoin de juger les autres. C'est ce que Jésus veut dire lorsqu'il affirme : « Ne vous posez pas en juge, afin de n'être pas jugés. » Le lien entre les deux membres de cette phrase est le même que celui qui existe entre l'amour du Dieu et celui du prochain. On ne peut pas les séparer. Mais ce lien n'est pas simplement un lien logique que l'on peut comprendre et analyser. C'est d'abord et avant tout un lien du cœur qui s'établit dans la prière.

Chapitre V

Une vie disciplinée

Vivre pour la médaille d'or

En lisant la conclusion du chapitre 9 de la première lettre de saint Paul aux Corinthiens, je peux facilement m'imaginer qu'il était en train de regarder les Jeux olympiques. Il écrit : « Vous savez sûrement que ceux qui participent à une course courent tous mais qu'un seul remporte le prix. Courez donc de manière à remporter le prix. Tous les athlètes à l'entraînement s'imposent une discipline sévère. Ils le font pour gagner une couronne qui ne dure pas; mais nous, nous le faisons pour gagner une couronne qui durera toujours. C'est pourquoi je cours les yeux fixés sur le but; c'est pourquoi je suis comme un boxeur qui ne frappe pas au hasard. Je traite durement mon corps et je le maîtrise sévèrement, afin de ne pas être moi-même rejeté après avoir prêché aux autres. »

Plus de deux mille ans plus tard, ces paroles semblent encore plus à propos qu'au moment où elles ont été écrites. En regardant à la télévision les Jeux olympiques de Barcelone, en 1992, j'ai été impressionné, dépassé même, par le dévouement énergique et la discipline sévère des athlètes s'entraînant pour gagner la médaille d'or. Des centaines de coureurs, de sauteurs, de plongeurs, de gymnastes et d'autres athlètes ont consacré chaque instant de leur vie à cet ultime but : prendre place sur ce petit podium, symbole de la réussite suprême.

J'ai regardé avec une attention toute particulière le Français Gatier et le Suédois Waldner lors de leur match final de tennis de table. Une question suscitait une tension presque insupportable entre les opposants et chez les centaines de spectateurs qui les regardaient, y compris le roi Charles-Gustave de Suède et son épouse : « Lequel de ces deux hommes va décrocher la médaille d'or et lequel devra se contenter de la médaille d'argent? »

Avec une virtuosité incroyable, les deux rivaux évoluaient autour de la table, se renvoyant la petite balle jaune tantôt de près, tantôt de loin, chacun usant de sa stratégie pour se montrer plus malin que l'autre, surprenant constamment leurs admirateurs en délire. La puissance, la vitesse, l'agilité et la précision avec lesquelles Gatier et Waldner marquaient leurs points ont tenu les spectateurs en haleine jusqu'à la toute dernière seconde : qui serait le vainqueur?

Lorsque finalement le Suédois a réussi à briser la troisième égalité et à remporter la partie 25 à 23, son visage jusqu'alors tendu et sérieux s'est soudainement illuminé d'un large sourire quand il s'est jeté dans les bras de son entraîneur. C'était la première médaille d'or remportée par la Suède aux Jeux olympiques de Barcelone. La clameur assourdissante qui a retenti dans l'enceinte sportive et l'enthousiasme des Suédois laissaient soupçonner que quelque chose d'une grande importance venait de se produire.

Lorsque saint Paul regardait une partie semblable, il se demandait à quel moment nous serions prêts à mettre autant de dévouement et de discipline pour obtenir la récompense éternelle que les athlètes le faisaient pour remporter une médaille. Il serait peut-être efficace d'imaginer le chœur des saints, des anges et des archanges comme des spectateurs enthousiastes, et de prendre conscience que le Roi lui-même nous regarde en espérant pouvoir nous donner l'or de son amour éternel.

Un but précis

Avons-nous un but précis dans la vie? Les athlètes qui ont pour but ultime d'obtenir la médaille d'or aux Jeux olympiques sont prêts à renoncer à tout pour y arriver. Leur façon de manger, de dormir, d'étudier et de s'entraîner est organisée en fonction de ce but précis.

Ce qui est vrai des compétitions sportives l'est aussi de la vie spirituelle. Sans but précis, nous nous laisserons toujours distraire et nous gaspillerons nos énergies dans des tâches secondaires : « Tenez vos yeux fixés sur la récompense », disait Martin Luther King à ses compatriotes. Quelle est notre récompense? C'est la vie divine, la vie éternelle, la vie avec et en Dieu. Jésus nous a annoncé ce but, cette récompense éternelle. Il a dit à Nicodème : « Dieu a tellement aimé le monde qu'il a donné son Fils unique, afin que tout homme qui croit en lui ne meure pas mais qu'il ait la vie éternelle » (*Jean* 3, 16).

Il n'est pas facile de garder les yeux fixés sur la vie éternelle, surtout dans un monde qui ne cesse de nous répéter qu'il y a des choses beaucoup plus urgentes et immédiates, qui exigent toute notre attention. Presque aucun jour ne passe sans que nous ne soyons distraits de notre but qui nous apparaît alors vague et nébuleux. Mais, malgré tout, l'expérience nous a montré que, privée d'un but précis, notre existence s'éparpille dans diverses tâches et obligations qui nous vident de nos énergies et nous plongent dans un sentiment d'épuisement et d'incompétence. Comment alors conserver notre but précis et clair, comment tenir nos yeux fixés sur la récompense? C'est par la discipline de la prière : une discipline qui nous aide à sans cesse ramener Dieu au cœur de notre vie. Nous demeurerons toujours distraits, toujours accaparés par des tâches urgentes à accomplir. Mais lorsque nous réservons un temps et un endroit pour revenir à Dieu qui nous offre sa vie éternelle, nous prenons progressivement conscience que tout ce que nous avons à accomplir, à dire ou à penser ne nous éloigne plus de notre but, mais au contraire nous en rapproche. Il faut cependant que notre but demeure clair. La prière nous permet de conserver un but bien précis, et de le repréciser lorsque nous le perdons de vue.

La vie éternelle

Qu'est-ce que la vie éternelle? Où est-elle? Quand commence-t-elle? J'ai longtemps imaginé la vie éternelle en termes de vie après la fin de mes jours. Pendant la majeure partie de mon existence, j'ai parlé de la vie éternelle comme de la vie « après la vie », après la mort. Mais, plus je vieillis, moins la vie après la mort m'intéresse. Se soucier non seulement du lendemain, de la prochaine année ou de la prochaine décennie, mais aussi de la prochaine vie me semble une fausse préoccupation. Me demander ce qui m'arrivera après ma mort me semble être une distraction. Alors que le but précis que je me suis fixé est la vie éternelle, celle-ci doit être à portée de main dès maintenant, à l'endroit où je me trouve, car la vie éternelle est une vie en Dieu et avec Dieu, et Dieu est avec moi ici et maintenant.

Le grand mystère de la vie spirituelle — la vie en Dieu — réside dans le fait qu'il n'est pas nécessaire de l'attendre comme une chose qui arrivera plus tard. Jésus dit : « Demeurez en moi comme moi, je demeure en vous. » La vie éternelle, c'est cette demeure de Dieu en nous et notre demeure en Dieu. C'est la présence active de Dieu au cœur de ma vie — le mouvement de l'Esprit de Dieu en moi — qui nous donne la vie éternelle.

Tout de même, que penser de la vie après la mort? Lorsque nous vivons en communion avec Dieu, lorsque nous vivons dans la maison de Dieu, il n'y a plus ni « avant » ni « après ». La mort n'est plus une ligne de démarcation. La mort a perdu son emprise sur ceux et celles qui appartiennent à Dieu, car Dieu est le Dieu des vivants et non celui des morts. Lorsque nous avons goûté à la joie et à la paix qui découlent de l'emprise de l'amour de Dieu sur nous, nous savons que tout va bien et que tout ira bien : « N'ayez pas peur, nous dit Jésus. J'ai vaincu les puissances de la mort… venez et demeurez chez moi et sachez que là où je suis, là aussi est Dieu. »

Lorsque nous faisons de la vie éternelle notre but précis, celui-ci n'est plus éloigné. C'est un but à atteindre dans le moment présent. Lorsque notre cœur comprend cette vérité divine, nous vivons une vie spirituelle.

La lecture spirituelle

La lecture spirituelle constitue une discipline importante de la vie dans l'Esprit. Elle nous permet d'avoir notre mot à dire sur ce qui pénètre en notre esprit. Chaque jour, la société nous bombarde de milliers d'images et de sons. Lorsqu'on circule sur la rue Yonge, au centre-ville de Toronto, on a l'impression de traverser un dictionnaire : tous ces mots, petits et grands, aux couleurs variées, qui réclament notre attention en s'agitant bruyamment. Ils nous crient au visage : « Mange-moi, bois-moi, achète-moi, loue-moi, regarde-moi, parle-moi, couche avec moi! » Nous n'avons pas le choix, nous subissons ce harcèlement malgré nous; nous ne pouvons tout simplement pas aller très loin sans que des mots ou des images ne pénètrent de force dans notre esprit.

Mais voulons-nous vraiment que notre esprit devienne la poubelle du monde? Voulons-nous voir notre esprit rempli de choses qui nous troublent, nous excitent, nous dépriment, nous stimulent, nous répugnent ou nous attirent, que nous considérions ces choses bonnes ou non? Voulons-nous laisser les autres décider de ce qui entrera dans notre esprit et déterminera nos pensées et nos sentiments?

Non, bien sûr, nous ne voulons pas ça; mais une grande discipline s'impose pour laisser Dieu et non le monde prendre le contrôle de notre esprit. Cela exige de nous d'être à la fois doux comme des colombes et rusés comme des serpents! Voilà pourquoi la lecture spirituelle est une discipline si utile. Sommes-nous en train de lire un tel livre, choisi parce qu'il nourrit notre esprit et nous rapproche de Dieu? Nos réflexions et nos sentiments seraient grandement influencés si nous apportions toujours avec nous un livre qui nous ramenait sans cesse vers notre but. Il existe tellement de bons livres sur la vie d'hommes et de femmes qui ont vécu saintement, sur des exemples remarquables d'artisans de paix, sur des communautés qui donnent la vie aux pauvres et aux opprimés, et bien d'autres ouvrages sur la vie spirituelle elle-même. Même si nous ne consacrions qu'une quinzaine de minutes par jour à l'un de ces livres, nous sentirions que notre esprit, au lieu de devenir une poubelle, se transformerait en un réservoir de bonnes pensées.

Lire spirituellement

Faire une lecture spirituelle, ce n'est pas seulement lire à propos de choses ou de gens spirituels. C'est également lire spirituellement, c'est-à-dire de manière spirituelle! Lire spirituellement, c'est lire avec le désir de laisser Dieu se rapprocher de nous.

La plupart d'entre nous lisons pour acquérir des connaissances ou pour satisfaire notre curiosité. Quand nous voulons savoir comment réparer une voiture, préparer un repas, construire une maison, aider une personne avec un handicap, donner une conférence, etc., nous consultons des manuels spécialisés. Lorsque nous voulons nous tenir au courant des nouvelles mondiales, du sport, des spectacles et de la société, nous nous informons par l'intermédiaire de divers journaux et magazines. Le but de la lecture spirituelle n'est pas d'acquérir de l'information ou des connaissances, mais de laisser l'Esprit de Dieu nous envahir. Aussi étrange que cela puisse paraître, la lecture spirituelle consiste à nous laisser lire par Dieu! Nous pouvons lire le récit de la naissance de Jésus avec curiosité en nous demandant : « Est-ce que c'est réellement arrivé? Qui a écrit cette histoire et comment l'a-t-il fait? » Mais nous pouvons lire le même récit avec une attention toute spirituelle et nous demander : « Qu'est-ce que Dieu veut me dire par là et comment m'appelle-t-il à un amour plus désintéressé? » Nous pouvons lire les informations quotidiennes uniquement pour avoir un sujet de conversation au bureau. Mais nous pouvons aussi les lire pour devenir davantage conscients de la réalité de notre monde qui a besoin des paroles et des actes de salut de Dieu.

Le problème n'est pas seulement ce que nous lisons, mais comment nous le lisons. Faire une lecture spirituelle, c'est lire en étant intérieurement attentifs aux mouvements de l'Esprit de Dieu dans notre vie physique et spirituelle. En portant cette attention, nous permettrons à Dieu de nous lire et de nous révéler notre identité profonde.

À la recherche du sens

La grande valeur de la lecture spirituelle réside dans le fait qu'elle nous aide à donner un sens à notre vie. Privée de sens, la vie humaine dégénère rapidement. L'être humain ne veut pas seulement vivre, mais il veut également savoir pourquoi il vit. Le psychiatre Viktor Frankl, qui a écrit sur ses expériences dans un camp de concentration nazi pendant la Seconde Guerre mondiale, nous démontre de manière convaincante que si notre vie n'a pas de sens, nous ne pouvons survivre bien longtemps. Il est possible de surmonter de nombreuses difficultés quand on sait qu'il y a encore quelqu'un ou quelque chose qui donne un sens à notre vie. La nourriture, la boisson, un abri, le repos, l'amitié et bien d'autres choses sont essentielles à la vie. Mais un sens l'est aussi!

Il est remarquable de constater que nous vivons une grande partie de notre vie sans nous arrêter sur son sens. Il n'est donc pas étonnant que tant de gens soient très occupés mais s'ennuient à mourir! Ils ont des tas de choses à faire et ils se précipitent sans cesse pour les accomplir, mais au-delà de cette frénésie ils se demandent souvent s'il se passe réellement quelque chose. Lorsqu'on ne réfléchit pas sur sa vie, celle-ci perd vite son sens et devient ennuyante.

La lecture spirituelle est une discipline qui nous permet de réfléchir sur notre vie au fil des jours. Lorsqu'un enfant naît, qu'un ami se marie, qu'un parent meurt, que des gens se révoltent ou qu'une nation est affamée, il ne suffit pas de savoir ce qui se passe et de célébrer, d'être en deuil ou de réagir du mieux que nous pouvons. Il faut continuellement nous demander : « Qu'est-ce que tout cela signifie? Qu'est-ce que Dieu cherche à nous dire? Comment pouvons-nous vivre au beau milieu de tout cela? » Sans de telles questions, notre vie devient engourdie et terne.

Mais existe-t-il des réponses à ces questions? Oui, mais nous ne pourrons jamais les trouver à moins d'accepter tout d'abord de les vivre, confiants que, comme l'affirme Rilke, la réponse s'imposera à nous bien naturellement, sans que nous en ayons conscience. La Bible et nos lectures spirituelles d'une main, le journal de l'autre, nous découvrirons toujours de nouvelles questions, mais nous trouverons également le moyen de les vivre dans la foi, confiants que la réponse nous sera progressivement révélée.

Chapitre VI

La vie spirituelle

La petite voix tranquille

Je suis toujours étonné de mon empressement à réaliser un projet, à rencontrer quelqu'un, à finir un travail, bien que je sache parfaitement que d'ici un mois ou même une semaine, j'aurai complètement oublié ce qui me paraissait alors si urgent. Il semble que je partage cette impatience avec plusieurs personnes.

Je me trouvais récemment à l'intersection des rues Bloor et Yonge, au centre-ville de Toronto. Un jeune homme a traversé la rue alors que le feu passait au rouge. Il a failli être heurté par une automobile. Au même moment, des centaines de personnes allaient et venaient dans tous les sens. Leurs visages étaient pour la plupart tendus et sérieux, personne ne saluait personne. Ils étaient tous absorbés dans leurs pensées, cherchant à atteindre un but connu d'eux seuls. De longues files de voitures et de camions traversaient l'intersection ou tournaient au milieu d'une foule de piétons.

Je me suis demandé : « Qu'est-ce qui se passe dans l'esprit de tous ces gens? Que cherchent-ils à faire, qu'espèrent-ils, qu'est-ce qui les motive? » Et comme je me tenais debout à l'intersection, j'aurais aimé entendre les conversations intérieures de chacun. Mais je me suis vite rendu compte que je n'avais pas à être aussi curieux. Ma propre agitation n'était probablement pas si différente de celle des personnes qui m'entouraient!

Pourquoi ai-je tant de mal à rester calme et tranquille, et à laisser Dieu me parler du sens de ma vie? Est-ce parce que je n'ai pas confiance en Dieu? Est-ce parce que je ne le connais pas? Est-ce parce que je me demande si Dieu est là pour moi? Est-ce parce que j'ai peur de lui? Est-ce parce que tout ce qui m'entoure me semble plus réel que Dieu? Est-ce parce qu'en définitive je ne crois pas que Dieu se préoccupe de ce qui se passe au coin des rues Bloor et Yonge?

Mais il y a tout de même une voix, là, au centre-ville de Toronto, qui dit : « Venez à moi, vous tous qui êtes fatigués de porter un lourd fardeau, et je vous donnerai le repos. Prenez sur vous mon joug et laissez-moi vous instruire, car je suis doux et humble de cœur, et vous trouverez le repos pour vous-mêmes. Le joug que je vous donnerai est facile à porter et le fardeau que je mettrai sur vous est léger » (*Matthieu* 11, 28-30).

Puis-je faire confiance à cette voix et la suivre? Elle n'est pas très forte, et elle se perd parfois dans les clameurs de la ville. Malgré tout, si j'écoute attentivement, je l'entendrai sans arrêt et j'en viendrai à comprendre qu'elle est la voix qui s'adresse à moi du plus profond de mon cœur.

M'aimes-tu?

L'affirmation « Dieu est amour » a pour nous des implications profondes dès que nous nous mettons à vivre en accord avec elle. Le Dieu qui m'a créé est amour et uniquement amour; avant même qu'un être humain me donne son amour, je suis aimé.

Lorsque j'étais petit, je demandais sans cesse à mon père et à ma mère : « Est-ce que tu m'aimes? » Je posais cette question tellement souvent et avec tant d'insistance qu'elle est devenue une source d'irritation pour mes parents. Même s'ils m'ont assuré des centaines de fois qu'ils m'aimaient, je ne paraissais jamais satisfait de leur réponse et je reposais toujours ma question. Maintenant, plusieurs années plus tard, je prends conscience que je leur posais une question à laquelle ils ne pouvaient pas répondre. Je voulais qu'ils m'aiment d'un amour éternel. J'ai saisi cela car ma question : « Est-ce que tu m'aimes? » s'accompagnait toujours d'une autre : « Est-ce que je dois mourir? » Je devais savoir inconsciemment que si mes parents m'aimaient d'un amour total, illimité et inconditionnel, je ne mourrais jamais. C'est pourquoi je continuais à les ennuyer en gardant l'espoir étrange que je serais l'exception à la règle qui veut que nous mourrons tous un jour.

Nous consacrons beaucoup d'énergie à cette question : « Est-ce que tu m'aimes? » À mesure que nous vieillissons, nous adoptons des manières beaucoup plus subtiles et raffinées de la poser. Nous disons : « As-tu confiance en moi, te préoccupes-tu de moi, m'apprécies-tu, m'es-tu fidèle, vas-tu m'appuyer, diras-tu du bien à mon sujet, et ainsi de suite? » La plus grande partie de nos souffrances résulte de nos expériences d'avoir été mal aimés.

Le grand défi spirituel est de découvrir, avec le temps, que l'amour limité, conditionnel et temporel que nous recevons de nos parents, de notre époux, de notre épouse, de nos enfants, de nos professeurs, de nos collègues et de nos amis est le reflet de l'amour de Dieu qui est illimité, inconditionnel et éternel. Chaque fois que nous réussissons à faire ce grand saut dans la foi, nous savons que la mort n'a plus le dernier mot mais qu'elle est la voie vers la plénitude de l'amour de Dieu.

Du fatalisme à la foi

Nous sommes toujours tentés par le fatalisme. Lorsque nous disons : « J'ai toujours été impatient; je dois me résigner à l'accepter », nous sommes fatalistes. Lorsque nous disons : « Cette personne n'a jamais eu un père ou une mère qui l'a aimée, il ne faut donc pas se surprendre de la voir aboutir en prison », nous parlons en fatalistes. Lorsque nous disons : « Enfant, elle a subi des agressions sexuelles; comment pouvons-nous nous attendre à ce qu'elle ait une saine relation avec un homme », nous permettons au fatalisme de nous obscurcir l'esprit. Quand nous disons : « Les guerres entre les nations, la famine qui fait périr des millions de gens, l'épidémie de sida et la crise économique qui sévit dans le monde entier sont autant de preuves qu'il n'y a aucune raison d'espérer », nous sommes devenus les victimes du fatalisme.

Le fatalisme est une attitude qui nous fait vivre comme des victimes passives de circonstances extérieures échappant à notre contrôle.

À l'opposé du fatalisme se trouve la foi. Avoir la foi, c'est croire fermement que l'amour de Dieu est plus fort que toutes les puissances anonymes du monde et qu'il peut nous transformer de victimes des ténèbres en serviteurs de la lumière.

Après que Jésus ait chassé les démons d'un garçon lunatique, ses disciples lui ont demandé : « Pourquoi n'avons-nous pas pu faire sortir cet esprit? » Jésus leur répondit : « Parce que vous avez trop peu de foi. Je vous le déclare, c'est la vérité : si vous aviez de la foi gros comme un grain de moutarde, vous diriez à cette colline : "Déplace-toi d'ici à là-bas", et elle se déplacerait. Rien ne vous serait impossible » (*Matthieu* 17, 19-20).

Il est important d'identifier nos nombreuses façons de penser, de parler ou d'agir avec fatalisme et, petit à petit, de les transformer en des moments de foi. Ce mouvement du fatalisme à la foi fera disparaître les ténèbres de notre cœur et nous transformera en témoins confiants que le pouvoir de l'amour peut réellement transporter des montagnes.

Sous la croix

Il est si difficile de voir la vie d'en haut, de la perspective de Dieu! Récemment, mon bon ami Jonas m'a téléphoné. D'une voix brisée par les larmes, il m'a annoncé que sa fille Rebecca était décédée quatre heures après sa naissance. Jonas, sa femme Margaret et leur jeune fils Samuel avaient attendu sa naissance avec tellement d'impatience! Elle était née prématurément mais ses chances de survie étaient bonnes. Cependant, il était vite devenu évident qu'elle ne vivrait pas longtemps. Jonas baptisa Rebecca; lui et sa femme la tinrent dans leurs bras pendant quelque temps, puis ce fut la fin.

Jonas m'a dit : « En quittant l'hôpital, dans ma voiture, je ne cessais de dire à Dieu : "Mon Dieu, tu m'as donné Rebecca; maintenant je te la rends." Mais ça fait tellement mal, c'est la perte d'un si bel avenir, je me sens tellement vide! »

« Rebecca est ta fille, lui ai-je répondu, et elle demeurera toujours ta fille et celle de Margaret. Elle ne vous a été donnée que pour quelques heures, mais ces quelques heures n'ont pas été en vain. Aie confiance, Samuel a une sœur, et toi et ta femme avez une fille qui repose entre les bras de Dieu. Tu l'as marquée du signe de la croix de Jésus, dont vous avez aussi été marqués, Margaret, Samuel et toi. Sous ce signe, votre amour grandira et s'approfondira, même si votre cœur est transpercé. »

Nous avons parlé longuement au téléphone. Nous aurions tellement voulu nous jeter dans les bras l'un de l'autre et pleurer ensemble; nous aurions tellement voulu être tout simplement ensemble et trouver une certaine consolation dans notre amitié.

Pourquoi une telle chose se produit-elle? Pour que la gloire de Dieu soit révélée? Il est si difficile de répondre oui lorsque notre cœur est rempli de ténèbres!

Je contemple Marie qui tient sur ses genoux le corps de Jésus. Je pense à Margaret et à Jonas tenant dans leurs bras la petite Rebecca. Et je prie.

La vie d'action de grâce

Comment pouvons-nous vraiment vivre dans l'action de grâce? Quand nous passons en revue tout ce qui nous est arrivé, nous pouvons facilement séparer notre vie en deux parties : les bonnes choses, pour lesquelles nous pouvons être reconnaissants, et les mauvaises, à oublier. Mais avec un passé ainsi divisé, nous ne pouvons pas avancer librement vers l'avenir. Avec autant de choses à oublier, nous ne pouvons qu'avancer en boitant.

La véritable reconnaissance spirituelle englobe tout notre passé, les événements positifs de même que les négatifs, les moments joyeux tout autant que les malheureux. Tout ce que nous avons vécu jusqu'à maintenant a contribué à nous conduire ici. Nous voulons nous souvenir de tous les moments comme autant d'étapes de notre marche avec Dieu. Cela ne veut pas dire que tout ce qui nous est arrivé était bon, mais que même nos mauvaises expériences ne se sont pas produites sans la présence aimante de Dieu.

Les souffrances de Jésus lui ont été imposées par les forces des ténèbres. Mais il parle tout de même de ses souffrances et de sa mort comme de moyens pour entrer dans sa gloire.

Il est très difficile de regarder constamment notre passé à la lumière de l'action de grâce. Il y a tant de choses pour lesquelles nous ressentons de la culpabilité et de la honte; tellement d'événements que nous aimerions n'avoir jamais vécus. Mais chaque fois que nous avons le courage de regarder notre passé dans son entier, avec le regard de Dieu, notre culpabilité devient heureuse et notre honte aussi, parce qu'elles nous ont amenés à une plus grande reconnaissance de la miséricorde de Dieu, à une conviction plus profonde d'être conduits par Dieu et à un engagement plus radical à une vie au service de Dieu.

Une fois notre passé rappelé dans l'action de grâce, nous devenons libres pour être envoyés dans le monde proclamer la Bonne Nouvelle. Tout comme les reniements de saint Pierre ne l'ont pas paralysé mais, une fois pardonnés, se sont transformés en une nouvelle source de fidélité, de même tous nos échecs et trahisons peuvent être transformés en action de grâce pour nous permettre de devenir des messagers d'espérance.

La bénédiction des pauvres

Jean Vanier, le fondateur canadien des communautés de l'Arche à l'intention des personnes avec un handicap intellectuel, a remarqué plus d'une fois que Jésus n'a pas dit : « Bienheureux ceux qui prennent soin des pauvres », mais bien : « Bienheureux les pauvres ». Cette phrase, si simple soit-elle, offre la clé du royaume de Dieu.

Je veux me rendre utile. Je veux faire quelque chose pour les gens dans le besoin. Je veux offrir du réconfort à ceux qui ont de la peine et soulager les douleurs de ceux qui souffrent. Il n'y a bien sûr rien de mal à cela. C'est un désir noble et rempli de grâce. Mais si je ne prends pas conscience que la bénédiction de Dieu me parvient par l'intermédiaire de ceux et de celles que je veux aider, mon secours sera de courte durée et je serai rapidement épuisé.

Comment continuer à prendre soin des pauvres quand les pauvres ne font que s'appauvrir? Comment continuer à soigner les malades quand leur état ne s'améliore pas? Comment continuer à consoler les mourants quand leur mort ne fait que me plonger plus profondément dans la douleur? La réponse : parce qu'ils me portent une bénédiction que j'ai besoin de recevoir. Exercer un ministère, c'est d'abord recevoir la bénédiction de Dieu transmise par les personnes que je sers. Quelle est cette bénédiction? C'est un reflet du visage de Dieu. Voir Dieu, voilà en quoi consiste le ciel! Nous pouvons voir Dieu dans le visage de Jésus, et nous pouvons voir le visage de Jésus dans tous ceux et celles qui ont besoin de notre aide.

J'ai demandé un jour à Jean Vanier : « Comment fais-tu pour trouver la force de rencontrer chaque jour autant de gens et de les écouter parler de leurs problèmes et de leurs souffrances? » Il m'a souri gentiment et a répondu : « Ils me font voir Jésus et me donnent la vie. » Voilà le grand mystère du service chrétien. Ceux et celles qui servent Jésus dans les pauvres seront nourris par Celui qu'ils servent : « Il attachera sa ceinture, les fera asseoir pour le repas et viendra les servir » (*Luc* 12, 37).

Nous avons tellement besoin de bénédiction. Les pauvres attendent pour nous la donner.

Le cadeau d'Adam

Nous ne découvrons que progressivement la bénédiction que les pauvres ont à offrir à ceux et celles qui leur viennent en aide. J'ai compris cela à l'occasion du séjour du père Bruno, ancien abbé d'un monastère contemplatif, venu vivre quelques mois avec nous dans la communauté de l'Arche Daybreak. La communauté lui a demandé de s'installer dans la maison appelée « New House » et de s'occuper d'Adam.

Adam est un homme lourdement handicapé. Il ne parle pas et ne peut pas marcher tout seul. Il ne peut ni reconnaître une personne ni communiquer par signes. Il a besoin d'aide pour tout ce qu'il fait : se lever, prendre son bain, s'habiller, se brosser les dents, se raser et se peigner. Manger est la seule chose qu'il puisse faire tout seul! Il adore manger; avec une cuillère qu'il empoigne fermement, il peut porter la nourriture de son assiette à sa bouche. Il peut également tenir un verre ou une tasse pour boire son lait ou son jus.

Bruno s'est mis à aimer Adam. Il lui a donné tout son temps et toute son attention. Pendant trois mois, Bruno et Adam ont été inséparables.

Avant de partir, Bruno est venu me voir et m'a dit : « En tant qu'abbé, j'ai donné plusieurs conférences sur la vie spirituelle et j'ai essayé de mettre en pratique ce que j'enseignais. J'ai étudié *Le nuage d'inconnaissance* et d'autres écrits mystiques; j'ai toujours su que je devais faire le vide en moi pour accueillir Dieu, abandonner progressivement les pensées, les émotions, les sentiments et les passions qui empêchaient cette profonde communion à laquelle j'aspirais. Lorsque j'ai rencontré Adam, j'ai rencontré un homme qui, bien que considéré comme lourdement handicapé par tout le monde, était choisi par Dieu pour m'apporter la grâce de sa présence. Au fur et à mesure que je passais du temps avec Adam, je me suis senti envahi par une profonde paix intérieure. Dans le "vide" d'Adam se trouvait un cadeau pour moi — et pour d'autres avant moi : la plénitude de l'amour divin, une puissante attirance pour la vie mystique, c'est-à-dire une vie de communion avec Dieu. » Ces paroles m'ont profondément touché et m'ont fait comprendre que Dieu avait placé Adam sur la route de Bruno pour qu'il soit son guide spirituel.

Deux par deux

Voyager est rarement une bonne chose pour la vie spirituelle. Surtout voyager seul. Les avions, les aéroports, les autobus et les terminus, les trains et les gares remplis de gens circulant ici et là, embarrassés de magazines, de livres et d'objets inutiles — c'en est trop, c'est trop sensuel et distrayant pour nous permettre de garder notre cœur et notre esprit fixés sur Dieu. Lorsque je voyage seul, je mange trop, je bois trop et je regarde trop ce qui se passe autour de moi. Pendant ce temps, je permets à mon esprit de voguer vers des lieux dangereux et imaginaires et je permets à mon cœur de dériver, rempli d'émotions et de sentiments confus.

Jésus ne veut pas que nous voyagions seul. Il nous a envoyés deux par deux en nous disant : « Allez! Voici que je vous envoie comme des agneaux au milieu des loups, soyez donc rusés comme les serpents, mais aussi doux que les colombes » (cf. *Luc* 10, 3).

Depuis que je vis dans la communauté Daybreak, comprenant des personnes avec un handicap mental, je voyage rarement seul. La communauté m'envoie avec Bill, Francis, David, Peter et plusieurs autres membres avec un handicap, pas seulement parce qu'ils aiment voyager, mais aussi parce que j'ai besoin de leur appui. Et quelle différence!

Le fait de voyager ensemble a radicalement transformé le sens de mes voyages. De tournées de conférences qu'ils étaient, ils sont devenus des missions; d'occasions de tentations, ils sont devenus des aventures spirituelles; de moments de solitude, ils sont devenus des occasions de faire communauté.

Les paroles de Jésus : « Lorsque deux ou trois sont réunis en mon nom, je suis là au milieu d'eux » sont devenues très réelles pour moi. Ensemble, nous sommes mieux armés pour lutter contre les séductions qui nous entourent; ensemble, nous pouvons révéler un aspect de Dieu que nous sommes incapables de révéler individuellement. En effet, ensemble, nous pouvons être à la fois rusés comme des serpents et doux comme des colombes.

Chapitre VII

La prière

La réponse de mère Teresa

J'ai eu un jour l'occasion, il y a plusieurs années, de rencontrer mère Teresa de Calcutta. J'étais alors aux prises avec de nombreux problèmes et j'ai profité de l'occasion pour lui demander conseil. Aussitôt assis, je me suis mis à lui faire part de tous mes problèmes et difficultés — en essayant de la convaincre que c'était vraiment très compliqué. Enfin, au bout de dix minutes d'explications détaillées, je me suis tu. Mère Teresa m'a alors regardé tranquillement et m'a dit : « Eh bien! lorsque tu consacreras une heure de ta journée à adorer ton Seigneur et que tu ne feras rien que tu saches mal… tout ira bien! »

À ces mots, j'ai soudain pris conscience qu'elle venait de crever la grosse bulle de mes apitoiements sur mon sort et m'invitait à sortir de moi-même pour me diriger vers le lieu de la vraie guérison. En fait, j'étais tellement surpris de sa réponse que je n'ai senti ni le désir ni le besoin de poursuivre notre conversation. Tous les gens qui l'attendaient à l'extérieur pourraient sûrement bénéficier de ses conseils beaucoup plus que moi. Je me suis donc levé en la remerciant. Jusqu'à ce jour, les quelques mots de mère Teresa sont restés gravés dans mon esprit et dans mon cœur. Je ne m'attendais pas à de telles paroles mais, par leur simplicité et par leur franchise, elles sont entrées au plus profond de mon être. Je savais qu'elle avait dit la vérité et que je disposais du reste de ma vie pour la mettre en pratique.

En réfléchissant à cette rencontre brève mais déterminante, je me rends compte que j'avais posé une question « d'en bas » et que sa réponse venait « d'en haut ». Au début, ses paroles m'ont semblé ne pas répondre à ma question, puis j'ai réalisé qu'elles venaient de Dieu et non de l'origine de mes plaintes. Nous répondons la plupart du temps à des questions « d'en bas » par des réponses « d'en bas ». Il en résulte de nouvelles questions et souvent une plus grande confusion.

La réponse de mère Teresa fut comme une grande lumière éclairant mes ténèbres. Tout à coup, j'avais fait la vérité sur ma vie.

De l'inquiétude à la prière

L'un des moyens les moins efficaces pour cesser de nous faire du souci est de tenter de ne plus penser aux choses qui nous inquiètent. Nous ne pouvons pas faire disparaître nos soucis de notre esprit. Lorsque, étendu sur mon lit, je me soucie d'une prochaine réunion, je ne peux pas m'en sortir en me disant : « Cesse de penser à cela, endors-toi. Demain tout ira mieux. » Mon esprit me répond simplement : « Comment peux-tu en être sûr? » Et je recommence à m'inquiéter.

Le conseil de Jésus de garder notre cœur fixé sur le royaume de Dieu semble quelque peu paradoxal. Nous pouvons être portés à lui donner la signification suivante : « Si tu tiens à t'inquiéter, que ce soit pour quelque chose qui en vaut la peine. Fais-toi du souci pour des choses plus fondamentales que ta famille, tes amis ou la réunion de demain. Soucie-toi des choses de Dieu : la vérité, la vie et la lumière! »

Cependant, dès que nous gardons notre cœur fixé sur ces choses, notre esprit cesse de tourner dans le vide car nous entrons en communion avec Celui qui nous est présent ici et maintenant pour nous donner ce dont nous avons le plus besoin. L'inquiétude se change alors en prière, et nos sentiments d'impuissance se transforment en certitude d'être fortifiés par l'Esprit de Dieu.

Nous ne pouvons prolonger notre vie en nous inquiétant, mais nous pouvons dépasser les frontières de notre courte vie mortelle pour prétendre à la vie éternelle en tant qu'enfants bien-aimés de Dieu.

Cela suffit-il à mettre fin à notre inquiétude? Probablement pas. Tant et aussi longtemps que nous vivrons dans un monde chargé de tensions et de pressions, notre esprit ne sera jamais libre de tout souci; mais lorsque nous retournons, de cœur et d'esprit, dans les bras amoureux de Dieu, nous sommes en mesure de continuer à sourire devant nos petites inquiétudes, en gardant nos yeux et nos oreilles ouverts aux signes du royaume de Dieu.

De l'esprit au cœur

Comment réussissons-nous concrètement à centrer notre cœur et notre esprit sur le royaume de Dieu? Lorsque je suis couché, incapable de m'endormir à cause de mes nombreux soucis, lorsque je travaille, préoccupé par tout ce qui pourrait aller mal, lorsque je n'arrive pas à cesser de penser à un ami mourant — que dois-je faire? Centrer mon cœur sur le Royaume? C'est facile à dire, mais comment y arriver?

Il existe autant de réponses à cette question qu'il y a de personnes aux styles de vie, personnalités et environnements différents. Il n'existe pas de manière universelle de répondre aux besoins de chacun. Mais certaines réponses peuvent fournir des indications utiles.

L'une d'elles consiste à passer de l'esprit au cœur en répétant lentement une prière de façon aussi attentive que possible. Cela peut avoir l'air d'offrir une béquille à quelqu'un qui vous demande de guérir sa jambe fracturée. Mais en réalité, la prière, celle qui vient du cœur, guérit. Savoir par cœur les mots du « Notre Père », du « Je crois en Dieu » et du « Gloire soit au Père » est un bon point de départ. Peut-être aimerez-vous connaître par cœur le psaume 22 : « Le Seigneur est mon berger… », les paroles de saint Paul sur l'amour dans la première lettre aux Corinthiens ou la prière de saint François : « Mon Dieu, fais de moi un instrument de ta paix… » Couché dans votre lit, au volant de votre voiture, en attendant l'autobus ou en promenant votre chien, vous pouvez lentement laisser ces mots traverser votre esprit, en essayant simplement de les écouter avec tout votre être. Vous serez sans cesse distraits par vos inquiétudes, mais si vous persistez à retourner aux mots de la prière, vous découvrirez progressivement que vos soucis perdent de leur intensité et que vous prenez réellement plaisir à prier. À mesure que la prière passe de votre esprit au centre de votre être, vous en découvrirez le pouvoir de guérison.

Rien à désirer

Pourquoi la répétition attentive d'une prière connue est-elle si utile pour centrer notre cœur sur le Royaume? Parce que les mots d'une telle prière ont le pouvoir de transformer notre inquiétude intérieure en paix intérieure.

Longtemps j'ai prié avec les paroles du psaume 22 : « Le Seigneur est mon berger : je ne manque de rien. Sur des prés d'herbe fraîche, il me fait reposer. Il me mène vers les eaux tranquilles et me fait revivre. » Je répétais ces mots chaque matin pendant une demi-heure, calmement assis sur une chaise, en essayant d'être attentif aux paroles que je répétais. Je les reprenais dans la journée pendant mes déplacements et je priais même au cours de mes activités routinières. Ces mots contrastent violemment avec la réalité de ma vie. Je désire plusieurs choses; je vois surtout des routes encombrées et des centres commerciaux assez laids; et si je marche sur les rives d'un cours d'eau, il est souvent pollué. Mais au fur et à mesure que je continue de répéter : « Le Seigneur est mon berger… » et que je permets à l'amour de Dieu qui me conduit d'entrer plus profondément en mon cœur, je deviens de plus en plus conscient que les routes encombrées, les affreux centres commerciaux et les cours d'eau pollués ne révèlent pas qui je suis vraiment. Je n'appartiens pas aux puissances et aux principautés qui gouvernent le monde, mais au Bon Pasteur qui connaît ses brebis et que ses brebis connaissent. En présence de mon Seigneur et Berger, rien ne saurait me manquer. Il me donnera vraiment le repos que mon cœur désire et il me tirera des profondeurs de ma déprime.

Il est bon de savoir que des millions d'autres personnes ont répété ces paroles au cours des siècles et y ont puisé réconfort et consolation. Je ne suis pas seul lorsque je prie avec ces mots. Je suis entouré d'innombrables hommes et femmes, proches et loin, vivants ou morts, récemment ou il y a très longtemps. Je sais aussi que, longtemps après ma mort, on continuera à répéter ces paroles jusqu'à la fin des temps.

Plus ces mots pénètrent profondément au cœur de mon être, plus je suis en communion avec le peuple de Dieu et mieux je comprends ce que veut dire être dans le monde sans être du monde.

Contempler l'Évangile

Quel que soit le moyen que nous utilisons pour fixer notre cœur et notre esprit sur le Royaume, son importance réside uniquement dans sa capacité à nous rapprocher de Dieu. La répétition attentive d'une prière s'est avérée utile pour y arriver. Une autre façon consiste à méditer quotidiennement l'Évangile. Chaque jour de l'année, la liturgie propose un passage de l'Évangile. Chacun de ces textes renferme pour nous un trésor. Lire chaque matin le récit de la vie de Jésus choisi pour ce jour, le regarder et l'écouter avec les yeux et les oreilles du cœur a été pour moi d'une grande valeur spirituelle. J'ai découvert que, lorsque je le fais sur une longue période, la vie de Jésus devient de plus en plus vivante en moi et elle commence à me guider dans mes activités quotidiennes.

Je me suis souvent surpris à dire : « Le passage de l'Évangile que j'ai lu ce matin était exactement ce dont j'avais besoin aujourd'hui! » C'était beaucoup plus qu'une heureuse coïncidence. En fait, ce n'était pas qu'un passage biblique m'aidait à résoudre un problème concret, mais bien que les nombreux textes que j'avais médités me donnaient progressivement des yeux nouveaux et des oreilles nouvelles pour voir et entendre ce qui se passe dans le monde. L'Évangile ne m'était pas utile pour soulager mes inquiétudes, mais me montrait plutôt leur inutilité et, par le fait même, réorientait toute mon attention.

Il y a quelque temps, j'essayais très fort d'aider deux amis à résoudre leurs problèmes de couple. Les nombreux passages de l'Évangile que je lisais jour après jour m'ont fait prendre conscience que j'essayais davantage d'être un bon conseiller que d'aider mes amis à être vraiment ouverts à la volonté de Dieu, quelles que soient les implications pour leur vie future. Je suis devenu moins centré sur mes efforts pour résoudre leurs problèmes et plus libre pour devenir un instrument de guérison divine.

La méditation quotidienne de l'Évangile est l'un des moyens les plus efficaces de centrer notre esprit et notre cœur sur le Royaume.

Les images de nos murs intérieurs

La méditation quotidienne de l'Évangile et la répétition attentive d'une prière peuvent toutes deux transformer profondément notre vie intérieure. Cette vie intérieure est comme un lieu sacré qu'il nous faut garder en bon ordre et bien décoré. La prière, peu importe sa forme, est un moyen pour faire de cette demeure intérieure un endroit où nous pouvons accueillir les personnes qui cherchent Dieu.

Après avoir lentement répété pendant quelques semaines les paroles de saint Paul : « L'amour prend patience; l'amour rend service; l'amour ne jalouse pas… il ne cherche pas son intérêt », ces mots en sont venus à occuper une place sur les murs de ma demeure intérieure, comme un diplôme dans le cabinet d'un médecin. Ce n'était évidemment pas une apparition, mais plutôt l'émergence d'une image. Cette image d'un tableau renfermant des mots sacrés, accroché sur le mur de ma demeure intérieure, m'a donné une nouvelle compréhension de la relation entre la prière et le ministère.

Chaque fois que je rencontre quelqu'un, je le reçois dans ma demeure intérieure, confiant que les tableaux qui ornent mes murs guideront notre rencontre.

Au cours des années, j'ai accroché beaucoup d'autres tableaux sur mes murs intérieurs. Sur certains on voit des mots, sur d'autres, des gestes de bénédiction, de pardon, de réconciliation et de guérison. Sur plusieurs, on voit des personnes : le visage de Jésus et de Marie, celui de sainte Thérèse de Lisieux et de Charles de Foucauld, celui de Ramakrishna et du Dalaï Lama.

Il est très important que les murs de notre demeure intérieure soient ornés de tableaux, qui permettent aux personnes qui entrent dans notre vie d'y découvrir où elles se trouvent et où elles sont invitées à aller. Sans prière et sans méditation, les murs de notre demeure intérieure resteront nus et inspireront peu de gens.

Un environnement spirituel

Impossible de vivre une vie spirituelle tout seul. La vie de l'Esprit est comme une graine qui a besoin d'une terre fertile pour se développer. Cette terre comprend non seulement de bonnes dispositions intérieures, mais aussi un environnement favorable.

Il est très difficile de mener une vie de prière dans un environnement où personne ne prie ni ne parle amoureusement de la prière. Il est presque impossible d'approfondir notre communion avec Dieu lorsque ceux et celles avec qui nous vivons et travaillons rejettent ou même tournent en ridicule l'idée qu'il existe un Dieu d'amour. C'est une tâche surhumaine de garder notre cœur fixé sur le Royaume quand tous ceux et celles que nous connaissons et avec qui nous parlons ont le cœur fixé sur tout, sauf sur le Royaume.

Il n'est pas étonnant de constater que les personnes qui vivent en milieu séculier — où le nom de Dieu n'est jamais mentionné, où la prière est inconnue, où la Bible n'est jamais lue et où on ne parle jamais de l'Esprit — ne peuvent maintenir bien longtemps leur communion avec Dieu. J'ai découvert à quel point je suis sensible à mon milieu. Dans ma communauté, nous parlons spontanément et avec aisance de la présence de Dieu dans notre vie. Mais lorsque je participe à une réunion d'affaires au centre-ville de Toronto ou que je tiens compagnie aux personnes qui travaillent avec des patients souffrant du sida, un échange sur Dieu cause souvent de l'embarras et même de la colère, et finit la plupart du temps par un débat sur le pour et le contre de la religion, débat qui laisse tout le monde insatisfait.

Lorsque nous vivons sérieusement notre vie spirituelle, nous devenons alors responsables de trouver un milieu où elle pourra grandir et mûrir. Même si nous sommes incapables de créer le contexte idéal pour une vie dans l'Esprit, nous avons beaucoup plus de choix que nous le croyons. Nous avons le choix dans des domaines variés : les amis, les livres, les églises, l'art, la musique, les endroits que nous visitons et les gens que nous fréquentons; tout cela offre un environnement permettant au grain de moutarde semé en nous par Dieu de devenir un arbre imposant.

Chapitre VIII

La compassion

De la compétition à la compassion

Toutes les grandes religions reposent sur un concept central : la compassion. Les écrits sacrés des hindous, des bouddhistes, des musulmans, des juifs et des chrétiens parlent tous de Dieu comme du Dieu de la compassion. Dans un monde où la compétition continue à régler les rapports entre les humains, tant dans les domaines politique, sportif ou économique, tous les véritables croyants proclament que le chemin vers Dieu est un chemin de compassion, non de compétition.

Comment est-il possible de placer la compassion au centre de notre vie? En tant qu'êtres humains inquiets, anxieux, vulnérables et mortels — toujours en lutte pour notre survie, d'une façon ou d'une autre —, la compétition semble nous offrir beaucoup de satisfaction. Aux Jeux olympiques comme dans les campagnes présidentielles américaines, il est clair que ce qui est le plus recherché et admiré, ce sont les gagnants.

Mais Jésus nous dit : « Soyez compatissants, comme votre Père du ciel est compatissant. » Au cours des âges, tous les grands guides spirituels ont fait écho à ces paroles. La compassion, qui signifie littéralement « souffrir avec », est le chemin vers la vérité qui veut que nous soyons davantage nous-mêmes non pas lorsque nous sommes différents des autres, mais lorsque nous sommes semblables à eux. En effet, la principale question spirituelle n'est pas : « Comment es-tu différent? » mais bien : « Qu'avons-nous en commun? » Ce qui nous rend pleinement humains n'est pas l'excellence mais le service. Le chemin vers la guérison et la réconciliation ne consiste pas à prouver aux autres notre supériorité, mais à reconnaître que nous sommes tout simplement semblables à eux.

La compassion, être avec les autres dans leurs souffrances et entrer volontairement en relation avec les plus petits, c'est la manière que Dieu a choisie pour assurer la justice et la paix parmi les humains. Cela est-il possible? Oui, mais uniquement lorsque nous osons vivre avec la conviction que nous n'avons pas à entrer en compétition pour aimer, mais que l'amour est un don gratuit de Celui qui nous appelle à la compassion.

Être le bien-aimé

Jésus nous montre la voie vers la compassion, non seulement par ses paroles mais aussi par ses gestes. Jésus parle et agit en tant que Fils bien-aimé de Dieu. L'un des moments les plus marquants de sa vie nous est raconté par saint Matthieu : « Dès que Jésus fut baptisé, il sortit de l'eau. Au même moment les cieux s'ouvrirent pour lui : il vit l'Esprit de Dieu descendre comme une colombe et venir sur lui. Et une voix venant des cieux déclara : "Celui-ci est mon Fils bien-aimé : je mets en lui toute ma joie" » (*Matthieu* 3, 16-17).

Cet événement révèle la véritable identité de Jésus. Il est le Fils bien-aimé de Dieu. Cette vérité spirituelle guidera ses pensées, ses paroles et ses actions tout au long de sa vie. C'est le rocher sur lequel reposera son ministère de compassion. Cela devient très évident lorsque nous apprenons que l'Esprit, descendu sur lui lorsqu'il sortit des eaux du Jourdain, l'a aussi envoyé au désert pour être tenté. Là, le « Tentateur » est venu lui demander de prouver qu'il méritait d'être aimé. Il lui a dit : « Fais quelque chose d'utile : change les pierres en pain. Fais quelque chose de sensationnel : jette-toi du haut du Temple. Fais quelque chose qui te donnera du pouvoir : adore-moi. » Ces trois tentations étaient trois moyens de persuader Jésus de devenir un concurrent dans la course pour l'amour. Le monde du Tentateur est précisément celui où les gens entrent en compétition pour être aimés en faisant des choses utiles, sensationnelles et puissantes, pour gagner des médailles qui leur obtiennent affection et admiration.

Mais la réponse de Jésus est sans équivoque : « Je n'ai pas à prouver que je suis digne d'être aimé. Je suis le Fils bien-aimé de Dieu, celui en qui il met toute sa joie. » C'est précisément cette victoire sur le Tentateur qui a donné à Jésus la liberté de choisir la compassion.

Le mouvement descendant

Vivre la compassion, c'est entrer dans un mouvement descendant! Dans une société où le mouvement ascendant est de rigueur, le mouvement descendant est non seulement découragé mais considéré comme imprudent, malsain ou carrément stupide. Qui préférera librement un emploi mal rémunéré, lorsqu'il a la chance d'en accepter un qui paye bien? Qui préférera la pauvreté à la richesse, quand celle-ci est à la portée de la main? Qui choisira de se cacher, lorsqu'il a la chance d'être bien en vue? Qui choisira de demeurer avec une seule personne dans le besoin, quand plusieurs autres pourraient être aidées en même temps? Qui préférera se réfugier dans la solitude et dans la prière, alors que tant de besoins urgents sont exprimés de toutes parts?

Toute ma vie, j'ai été entouré de gens bien intentionnés qui m'encourageaient à aller « encore plus haut ». L'argument le plus utilisé était : « Tu peux faire là tellement de bien à tant de gens. »

Mais toutes ces voix qui m'encourageaient à un mouvement ascendant sont entièrement absentes de l'Évangile. Jésus dit : « Celui qui aime sa vie la perdra, mais celui qui refuse de s'y attacher dans ce monde la gardera pour la vie éternelle » (*Jean* 12, 25). Il affirme aussi : « Si vous ne changez pas pour devenir comme les enfants, vous n'entrerez pas dans le royaume des cieux » (*Matthieu* 18, 3). Il dit enfin : « Vous savez que les chefs des peuples les commandent en maîtres et que les grands personnages leur font sentir leur pouvoir. Mais cela ne doit pas se passer ainsi parmi vous. Au contraire, si l'un de vous veut être grand, il doit être votre serviteur, et si l'un de vous veut être le premier, il doit être votre esclave : c'est ainsi que le Fils de l'homme n'est pas venu pour se faire servir, mais il est venu pour servir, et donner sa vie comme rançon pour libérer beaucoup d'hommes » (*Matthieu* 20, 25-28).

Voilà le mouvement descendant, la voie que Jésus a choisie. C'est le chemin qui conduit aux pauvres, à ceux et celles qui souffrent, aux marginaux, aux prisonniers, aux réfugiés, aux personnes seules, aux affamés, aux mourants, aux victimes de la torture, aux sans-abri, à tous ceux et celles qui réclament notre compassion. Qu'ont-ils à nous offrir? Pas le succès, ni la popularité ni le pouvoir, mais la joie et la paix des enfants de Dieu.

Le cadeau secret de la compassion

Le mouvement descendant, c'est-à-dire le mouvement vers ceux et celles qui souffrent pour partager leurs souffrances, semble pouvoir être qualifié de masochiste ou même de morbide. Quelle joie peut bien nous procurer la solidarité avec les pauvres, les malades et les mourants? Quelle joie peut bien renfermer la compassion?

Des gens comme saint François d'Assise, Charles de Foucault, le mahatma Gandhi, Albert Schweizter et Dorothy Day et tant d'autres étaient loin d'être masochistes ou morbides. Ils resplendissaient de joie. Il est évident que cette joie n'est pas tellement répandue dans le monde. Si on voit ce qu'en disent les médias, la joie devrait découler du succès, de la popularité et du pouvoir, même si ceux et celles qui les possèdent ont souvent le cœur lourd et sont même déprimés.

La joie apportée par la compassion est l'un des secrets les mieux gardés de l'humanité. C'est un secret qui n'est connu que de quelques personnes, un secret qu'il faut sans cesse redécouvrir.

J'en ai eu quelques aperçus. Lorsque je suis arrivé à Daybreak, une communauté formée autour de personnes ayant un handicap intellectuel, on m'a demandé de passer quelques heures chaque jour en compagnie d'Adam, l'un des membres handicapés de cette communauté. Chaque matin, je devais l'aider à se lever, lui donner son bain, le raser, lui brosser les dents, le coiffer, l'habiller, le conduire dans la cuisine, lui donner à déjeuner et l'amener à l'endroit où il passait la journée. Pendant les premières semaines, j'étais surtout craintif, j'avais toujours peur de mal faire quelque chose, peur qu'Adam fasse une crise d'épilepsie. Mais petit à petit, je me suis détendu et je me suis mis à aimer notre routine quotidienne. Au fil des semaines, j'ai découvert à quel point j'avais hâte de passer ces deux heures en compagnie d'Adam. Chaque fois que je pensais à lui pendant la journée, j'étais reconnaissant de l'avoir comme ami. Même s'il était incapable de parler ou de me donner un signe de reconnaissance, il existait entre nous un amour véritable. Le temps que je passais avec Adam était le moment le plus important de ma journée. Un ami de passage m'a un jour demandé : « Ne pourrais-tu pas mieux employer ton temps qu'à t'occuper de cet homme handicapé? Est-ce pour ce type de travail que tu as fait tant d'années d'étude? » J'ai alors pris conscience que je ne pouvais pas lui faire comprendre avec des mots toute la joie qu'Adam m'apportait. Il devait le découvrir lui-même.

La joie est le cadeau secret de la compassion. Nous l'oublions sans cesse et, sans réfléchir, nous cherchons ailleurs. Mais chaque fois que nous retournons là où quelqu'un souffre, nous obtenons un nouvel aperçu de cette joie qui n'est pas de ce monde.

Là où nous sommes

Il serait triste de penser qu'une vie de compassion est faite d'oubli de soi héroïque. En tant que mouvement descendant vers la solidarité, au lieu d'un mouvement ascendant vers la popularité, la compassion ne nécessite pas de gestes héroïques ou de revirement sensationnel. En fait, la vie de compassion est le plus souvent cachée dans la banalité du quotidien. Même la vie des personnes qui sont pour nous des exemples de compassion montre que ce mouvement descendant vers les pauvres était avant tout pratiqué dans la vie quotidienne, par des gestes simples.

La question importante n'est pas de savoir si nous imitons mère Teresa, mais si nous sommes ouverts aux nombreuses petites souffrances de ceux et celles qui partagent notre quotidien. Acceptons-nous de passer du temps avec des gens qui ne stimulent pas notre curiosité? Écoutons-nous les personnes qui spontanément ne nous attirent pas? Pouvons-nous éprouver de la compassion pour ceux dont les souffrances restent cachées aux yeux de tous? Il existe beaucoup de souffrances cachées : la souffrance de l'adolescent sans sécurité; la souffrance des époux qui sentent que leur amour a disparu; la souffrance du riche chef d'entreprise qui pense que les gens s'intéressent beaucoup plus à son argent qu'à lui-même; la souffrance de l'homosexuel, homme ou femme, qui se sent isolé de sa famille et de ses amis; la souffrance de tous ces gens qui n'ont ni amis compréhensifs, ni travail satisfaisant, ni foyer paisible, ni quartier sécuritaire; la souffrance des millions de gens qui se sentent seuls et qui se demandent si la vie vaut la peine d'être vécue.

Dès que nous regardons vers le bas sur l'échelle de la vie, et non vers le haut, où que nous allions nous voyons la souffrance, et où que nous soyons nous entendons l'appel à la compassion.

La véritable compassion commence là où nous sommes.

Souffrir avec les autres

La compassion n'est pas synonyme de pitié. La pitié évoque la distance, voire la condescendance. J'agis souvent par pitié. Je donne de l'argent à un mendiant dans une rue de Montréal ou de New York, mais je ne le regarde pas dans les yeux, je ne m'assois pas avec lui, je ne lui parle pas. Je suis trop occupé pour être vraiment attentif à la personne qui réclame mon aide. Mon argent remplace l'attention que je devrais lui porter et me donne une excuse pour poursuivre mon chemin.

Être compatissant, c'est se faire proche de la personne qui souffre. Mais nous ne pouvons réellement nous faire proches de l'autre que si nous acceptons de devenir nous-mêmes vulnérables. Une personne compatissante dit : « Je suis ton frère; je suis ta sœur; je suis un être humain, fragile et mortel, tout comme toi. Je ne me scandalise pas de tes larmes et je n'ai pas peur de ta souffrance. Moi aussi j'ai pleuré. Moi aussi j'ai souffert. » Nous pouvons être avec l'autre seulement lorsqu'il cesse d'être « autre » et devient semblable à nous.

Voilà peut-être pourquoi il est parfois plus facile de faire preuve de pitié que de compassion. La personne qui souffre me renvoie à ma propre souffrance. Comment puis-je aider une personne seule si je n'ai pas assumé ma propre solitude? Comment puis-je me faire proche d'une personne handicapée si je refuse de reconnaître mes propres handicaps? Comment puis-je être avec un pauvre si je n'accepte pas d'avouer ma propre pauvreté?

Lorsque je réfléchis sur ma vie, je me rends compte que les moments de plus grand réconfort, de plus grande consolation, ont été ceux où quelqu'un m'a dit : « Je ne peux pas faire disparaître ta souffrance, je ne peux pas t'offrir de solution à ton problème, mais je te promets de ne pas te laisser seul et de te soutenir aussi longtemps et du mieux que je le peux. » Notre vie contient beaucoup de peines et de souffrances, mais quelle bénédiction quand nous n'avons pas à les vivre seuls! Voilà le cadeau de la compassion.

Ensemble en silence

Les moments de compassion véritable resteront gravés dans notre cœur pour la vie. Ce sont souvent des moments sans parole, des moments de silence profond.

Je me souviens d'une expérience bouleversante, où je me suis senti totalement abandonné; mon cœur était angoissé, mon esprit, fou de désespoir, mon corps tremblait violemment. J'ai pleuré, crié et frappé les murs et le plancher. Deux amis étaient avec moi. Ils ne disaient rien. Ils étaient là, tout simplement. Au bout de quelques heures, lorsque je me suis un peu calmé, ils étaient toujours là. Ils m'ont serré dans leurs bras et m'ont bercé comme un petit enfant. Puis nous nous sommes simplement assis par terre. Ils m'ont donné quelque chose à boire; je ne pouvais pas parler. Le silence régnait, un silence où je me sentais en sécurité.

Aujourd'hui, je considère cette expérience comme un point tournant dans ma vie. Je ne sais pas comment je m'en serais sorti sans mes amis.

Je me souviens également du jour où un ami est venu me voir pour me dire que sa femme venait de le quitter. Il s'est assis en face de moi, en larmes. Je ne savais pas quoi lui dire. Il n'y avait tout simplement rien à dire. Mon ami n'avait pas besoin de paroles. Ce dont il avait réellement besoin, c'était d'être avec un ami… J'ai pris ses mains dans les miennes et nous sommes restés ainsi en silence. L'espace d'un instant, j'ai eu envie de lui demander pourquoi et comment cela s'était passé, mais j'ai senti que ce n'était pas le moment de lui poser des questions. C'était le temps de simplement rester ensemble, comme des amis qui n'ont rien à se dire mais qui n'ont pas peur de garder le silence ensemble.

Aujourd'hui, lorsque je repense à ce jour, je suis profondément reconnaissant que cet ami m'ait confié sa peine.

Ces moments de compassion continuent de porter fruit.

Donner et recevoir

L'une des plus belles caractéristiques d'une vie de compassion est qu'il y a toujours une réciprocité entre donner et recevoir. Quiconque vit réellement la compassion dira : « J'ai reçu autant que j'ai donné. » Ceux qui ont travaillé avec les mourants à Calcutta, ceux qui ont vécu avec les pauvres des bidonvilles de Lima ou des favelas de São Paulo, ceux qui se sont dévoués aux victimes du sida ou aux personnes avec un handicap intellectuel, tous sont profondément reconnaissants pour les cadeaux qu'ils ont reçus de ceux et celles qu'ils venaient aider. Il n'existe sûrement pas de signe plus évident de la véritable compassion que cette réciprocité entre donner et recevoir.

L'une des périodes les plus mémorables de ma vie a été ce séjour dans la famille Osco Moreno à Pamplona Alta, près de Lima, au Pérou. Pablo, sa femme Sophia et leurs trois enfants, Johnny, Maria et Pablito, m'ont généreusement offert leur hospitalité, malgré leur grande pauvreté. Jamais je n'oublierai leur sourire, leur affection, leur joie de vivre, tout cela au milieu d'une vie remplie par l'inquiétude de ceux qui chaque jour se demandent comment ils subsisteront. Je m'étais rendu au Pérou avec le désir ardent d'aider les pauvres. Je suis rentré chez moi profondément reconnaissant de ce que j'avais reçu en retour. Plus tard, alors que j'enseignais à la faculté de théologie de l'Université Harvard, je m'ennuyais souvent de « ma famille ». Ils me manquaient, ces enfants pendus à mon cou, s'accrochant à mes jambes et riant aux éclats, qui partageaient leurs biscuits et leurs boissons avec moi. Je m'ennuyais de la spontanéité, de l'intimité et de la générosité dont les gens de Pamplona Alta m'entouraient. Ils m'inondaient littéralement de cadeaux d'amour. Nul doute qu'ils étaient heureux d'accueillir ce grand « Gringo Padre », mais ce que je leur ai donné n'est rien en comparaison de ce que j'ai reçu.

Nous n'avons pas à attendre les récompenses de la compassion. Elles se cachent dans la compassion elle-même. J'en suis convaincu.

Renvoyé à soi-même

Parfois, une vie de compassion offre quelque chose que nous ne sommes pas si pressés de recevoir : le cadeau de nous renvoyer à nous-mêmes. Les pauvres au Pérou m'ont renvoyé à mon impatience et à mon profond besoin d'efficacité et de contrôle. Les personnes avec un handicap de Daybreak me renvoient continuellement à ma peur du rejet, à mon grand besoin d'affirmation et à ma recherche continuelle d'affection.

Je me souviens très bien de l'un de ces moments de vérité. Pendant une tournée de conférences au Texas, j'avais acheté un grand chapeau de cow-boy pour Raymond, l'une des personnes avec un handicap vivant dans la même maison que moi. J'avais hâte de rentrer pour lui remettre son cadeau.

Mais lorsque Raymond, dont les besoins d'attention et d'affirmation étaient tout aussi grands que les miens, a vu mon cadeau, il s'est mis à crier : « Je n'ai pas besoin de ton cadeau stupide. J'ai assez de cadeaux. Je n'ai plus de place dans ma chambre. Mes murs sont pleins. Tu ferais mieux de garder ton cadeau, je n'en ai pas besoin. » Ses paroles m'ont profondément blessé. Il m'a fait prendre conscience que je voulais être son ami mais que, au lieu de passer du temps avec lui et de lui offrir mon attention, je lui avais donné un cadeau dispendieux. La réaction colérique de Raymond à l'égard du chapeau texan m'a placé devant mon incapacité à établir une relation personnelle avec lui et à développer une véritable amitié. Le chapeau, au lieu d'être une expression d'amitié, avait été perçu comme un substitut.

Il est clair que tout cela ne s'est pas produit consciemment, ni de mon côté ni du côté de Raymond. Mais lorsque la crise de Raymond m'a conduit au bord des larmes, j'ai pris conscience que je pleurais, plus que tout, sur ma propre blessure intérieure.

Cette autoconfrontation est aussi un cadeau de la vie de compassion. C'est un cadeau très difficile à recevoir, mais qui peut nous apprendre beaucoup et nous aider dans notre propre recherche d'intégrité et de sainteté.

Le cœur de Dieu

Que signifie vivre dans le monde avec un cœur réellement compatissant, un cœur qui reste ouvert à tous, en tout temps? Nous devons être conscients que la compassion est beaucoup plus que la sympathie ou l'empathie. Lorsqu'on nous demande d'écouter les souffrances des gens et d'être sensibles à leur peine, nous atteignons rapidement nos limites émotives. Nous pouvons écouter seulement pendant une courte période et un nombre limité de personnes. Notre société nous bombarde de tellement de « nouvelles » sur la misère humaine que notre cœur devient vite engourdi par tant d'informations.

Mais le cœur compatissant de Dieu est sans limite. Le cœur de Dieu est plus grand, infiniment plus grand, que le cœur humain. Dieu désire nous donner ce cœur divin pour que nous puissions aimer toute personne, sans nous épuiser ou devenir insensibles.

Nous prions pour obtenir ce cœur compatissant quand nous disons : « Crée en moi un cœur pur, ô mon Dieu, renouvelle et raffermis au fond de moi mon esprit. Ne me chasse pas loin de ta face, ne me reprends pas ton Esprit Saint » (*Psaume* 50).

L'Esprit Saint nous est donné pour que nous puissions devenir participants de la compassion de Dieu et aider toute personne, en tout temps, avec le cœur de Dieu.

Chapitre IX

La famille

Quitter son père et sa mère

Pendant une bonne partie de ma vie, j'ai donné une interprétation assez littérale à ces paroles de Jésus : « Quitte ton père, ta mère, tes frères et tes sœurs et viens, suis-moi. » Je considérais ces paroles comme une invitation à quitter sa famille pour se marier, entrer dans un monastère ou dans un couvent, ou partir au loin pour être missionnaire. Même si je me sens encore stimulé et inspiré par ceux et celles qui prennent une telle décision au nom de Jésus, à mesure que je vieillis, je découvre que ce « départ » a une signification encore plus profonde.

Dernièrement, j'ai pris conscience de l'énorme influence qu'exercent sur notre vie émotive nos relations avec nos parents, avec nos frères et sœurs. Souvent, cette influence est tellement forte que, même si nous avons quitté nos parents depuis longtemps, nous demeurons des adultes qui leur sont attachés émotivement. Il y a quelque temps à peine, j'ai réalisé que je voulais toujours transformer mon père pour que ce dernier m'accorde l'attention que je désirais. Récemment, je me suis aussi aperçu que la vie intérieure d'un grand nombre de mes amis est encore dominée par des sentiments de colère, de rancune ou de désillusion provenant de leurs relations familiales. Même s'il n'ont pas vu leurs parents depuis longtemps, même lorsque leurs parents sont déjà morts, ils n'ont pas encore quitté la maison.

Tout cela est encore plus vrai des personnes qui prennent conscience qu'elles ont été victimes d'abus sexuels. Cette découverte peut brusquement ramener des souvenirs d'enfance dans leur cœur et dans leur esprit de manière extrêmement douloureuse.

Dans ce contexte, l'appel de Jésus à quitter nos père, mère, frères et sœurs revêt une signification toute nouvelle. Sommes-nous capables de nous libérer des liens émotifs qui nous entravent et qui nous empêchent de suivre notre vocation fondamentale? Cette question renferme des implications très sérieuses pour notre bien-être émotif et spirituel.

Libres pour suivre Jésus

Quitter son père, sa mère, ses frères et sœurs pour suivre Jésus est la tâche de toute une vie. Progressivement, nous prenons conscience à quel point nous nous cramponnons aux expériences tant négatives que positives de notre jeunesse, et à quel point il est difficile de les laisser tomber et de vivre notre vie. Quitter son foyer, qu'il ait été bon ou mauvais, est l'un des plus grands défis spirituels de notre existence.

J'avais quitté ma famille et mon pays depuis plus de vingt ans lorsque je suis devenu pleinement conscient que j'essayais encore de répondre aux attentes de mes parents. En fait, ce fut pour moi un choc de découvrir que plusieurs habitudes de travail, décisions de carrière et choix de vie étaient encore motivés par le désir de plaire à ma famille. Je voulais toujours être le fils ou le frère dont ils pourraient être fiers. Lorsque j'ai identifié cela en moi, j'ai reconnu la même chose chez plusieurs de mes amis. Certains d'entre eux, qui avaient déjà de grands enfants, souffraient encore d'avoir été rejetés par leurs parents. D'autres, qui menaient des carrières impressionnantes et avaient reçu de nombreux prix et récompenses, espéraient encore qu'un jour leurs parents reconnaîtraient leurs talents. D'autres enfin, ayant souffert de nombreuses déceptions dans leurs relations personnelles ou professionnelles, continuaient de blâmer leurs parents pour leurs malheurs.

Plus nous vieillissons, plus nous découvrons la profondeur des racines qui nous lient à ceux qui ont été nos guides pendant nos années de formation.

Jésus veut nous libérer de tout ce qui nous empêche de vivre pleinement notre vocation; il nous veut libres de l'influence de quiconque essaierait de nous empêcher de connaître pleinement l'amour inconditionnel de Dieu. Pour atteindre cette liberté, il nous faut continuellement quitter nos mère, père, frères et sœurs pour oser le suivre… même là où nous aimerions mieux ne pas aller.

Le pardon et la reconnaissance

Le pardon et la reconnaissance sont deux des principales façons de quitter son père, sa mère, son frère et sa sœur. Pouvons-nous pardonner à notre famille de ne pas nous avoir aimés aussi bien que nous aurions voulu l'être? Pouvons-nous pardonner à notre père d'avoir été autoritaire, exigeant, indifférent, pas suffisamment affectueux, absent ou tout simplement de s'être intéressé davantage aux autres ou à d'autres choses qu'à nous? Pouvons-nous pardonner à notre mère de s'être montrée possessive, scrupuleuse, manipulatrice, préoccupée, dépendante de la nourriture, de l'alcool ou de la drogue, d'avoir été trop occupée, ou tout simplement plus préoccupée par sa carrière que par nous? Pouvons-nous pardonner à nos frères et sœurs d'avoir refusé de jouer avec nous, de ne pas avoir partagé leurs amis avec nous, de nous avoir parlé avec condescendance ou de nous avoir fait nous sentir stupides et inutiles?

Nous avons beaucoup à pardonner, non seulement parce que notre famille était moins affectueuse que d'autres, mais aussi parce que l'amour que nous avons reçu a été imparfait et très limité. Nos parents sont eux aussi les enfants de parents qui ne les ont pas aimés de manière parfaite, et même nos grands-parents ont eu des parents qui n'étaient pas parfaits!

Nous avons tellement à pardonner. Mais si nous acceptions de voir nos propres parents, grands-parents et arrière-grands-parents comme des gens ordinaires, désireux d'être aimés, mais possédant eux aussi de nombreux besoins insatisfaits, nous pourrions alors dépasser notre colère, notre ressentiment et même notre haine, et découvrir que leur amour limité est tout de même un amour réel, un amour pour lequel nous pouvons être reconnaissants.

Une fois que nous aurons réussi à pardonner, nous pourrons être reconnaissants de ce que nous avons reçu. Et nous avons tant reçu! Nous pouvons marcher, parler, sourire, bouger, rire, pleurer, manger, boire, danser, jouer, travailler, chanter, donner la vie, donner de la joie, donner de l'espérance, donner de l'amour. Nous sommes vivants! Notre père et notre mère nous ont donné la vie, et nos frères et sœurs nous ont aidés à vivre. Une fois que nous ne serons plus aveuglés par leurs faiblesses « évidentes », nous pourrons alors voir clairement tout ce pourquoi nous pouvons être reconnaissants.

Plusieurs pères et mères

Dans la pièce de théâtre *Conversations avec mon père*, un auteur célèbre vit sa vie en espérant qu'un jour son père, qui possède un petit bar à New York, lira ses livres et sera fier de lui. Mais cela ne se produit pas. Son père lui dit plutôt : « Je suis seulement Ed, je ne lis pas de livres, laisse-moi être moi-même. » Le fils finit par prendre conscience que c'est lui qui doit changer et qu'il doit aimer son père tel qu'il est. Alors ils peuvent devenir des frères.

L'une des choses les plus merveilleuses qui peuvent survenir dans toute vie humaine est que les parents deviennent des frères et des sœurs pour leurs enfants, que les enfants deviennent des pères et mères pour leurs parents, que les frères et sœurs deviennent des amis, et que la paternité, la maternité et la fraternité soient partagées entre tous les membres de la famille à différents moments et dans des occasions diverses.

Mais cela ne peut arriver sans départ. C'est seulement lorsque nous aurons brisé les liens qui nous gardent captifs d'un amour imparfait que nous pourrons être libres d'aimer ceux que nous avons quittés, père, mère, frère ou sœur, et de recevoir leur amour de la même manière. C'est ce que Jésus veut dire lorsqu'il affirme : « Je vous le déclare, c'est la vérité : si quelqu'un quitte, pour moi et pour la Bonne Nouvelle, sa maison, ou ses frères, ses sœurs, sa mère, son père, ses enfants, ses champs, il recevra cent fois plus dans le temps où nous vivons maintenant : des maisons, des frères, des sœurs, des mères, des enfants et des champs, avec des persécutions aussi; et dans le temps qui viendra ensuite, il recevra la vie éternelle » (*Marc* 10, 29-30).

Quitter son père et sa mère est un phénomène mystérieux : en effet, leur amour limité se multipliera et se manifestera où que nous allions, parce que c'est seulement dans la mesure où nous les quitterons que l'amour auquel nous nous cramponnons pourra révéler sa véritable source.

Être pardonné

Plusieurs d'entre nous non seulement *avons* des parents, mais *sommes* nous-mêmes des parents. Cette simple vérité nous amène à réfléchir parce qu'il est fort possible que nos propres enfants passent beaucoup de temps à parler de nous avec leurs amis, conseillers, psychiatres ou curés. Et nous qui avons tellement essayé de ne pas répéter les erreurs de nos parents! Pourtant, si nous sommes plus tolérants que nos parents, il est fort probable que nos enfants nous reprochent de n'avoir pas été suffisamment sévères avec eux. Et il n'est pas impensable que si nous nous sommes assurés de laisser nos enfants libres de choisir leur propre mode de vie, religion ou carrière ils nous considèrent comme des personnes faibles ayant peur de donner des orientations claires!

La tragédie de notre vie est que, même si nous souffrons des blessures infligées par ceux qui nous aiment, nous ne pouvons éviter de blesser les personnes que nous voulons aimer. Nous voulons tellement aimer de la bonne façon, bien nous occuper des autres, bien comprendre! Mais avant que nous ne devenions vieux, quelqu'un nous dira : « Tu n'étais pas là quand j'avais le plus besoin de toi; tu ne te souciais pas de ce que je faisais ou de ce que je pensais; tu ne me comprenais pas et tu n'essayais même pas de me comprendre. » En entendant ces remarques ou en recevant ces critiques des personnes que nous aimons, nous en venons à la triste prise de conscience que, tout comme il nous a fallu quitter nos parents, nos frères et sœurs, il faut qu'eux aussi nous quittent pour trouver leur propre liberté. Il est très pénible de voir ceux et celles à qui nous avons consacré notre vie nous quitter, souvent pour prendre des chemins qui nous remplissent de crainte.

C'est à ce moment que nous sommes appelés à croire sincèrement que toute paternité et toute maternité viennent de Dieu. Dieu est le seul parent capable de nous aimer comme nous le désirons et comme nous en avons besoin. Cette certitude ancrée en nous peut nous libérer, non seulement pour pardonner à nos parents, mais pour permettre à nos enfants de nous pardonner.

Les enfants sont des cadeaux

Être parent, c'est comme être l'hôte d'un étranger! Nous pouvons croire que nos enfants nous ressemblent, mais nous sommes sans cesse surpris de constater à quel point ils sont différents de nous. Nous pouvons nous réjouir de leur intelligence, de leurs talents artistiques, de leurs prouesses athlétiques, ou être attristés par leur lenteur à l'apprentissage, leur manque de coordination ou leurs goûts étranges. Sous plusieurs aspects, nous ne connaissons pas nos enfants.

Nous ne les avons pas créés et ils ne nous appartiennent pas. Voilà une bonne nouvelle. Nous n'avons pas à nous en vouloir pour tous leurs problèmes, et nous ne devrions pas non plus nous attribuer leurs succès.

Les enfants sont un cadeau de Dieu. Ils nous sont donnés pour que nous leur offrions un espace de sécurité et d'amour où ils pourront grandir jusqu'à la liberté intérieure et extérieure. Ils sont comme des étrangers qui nous demandent l'hospitalité, qui deviennent de bons amis et qui nous quittent pour poursuivre leur chemin. Ils nous apportent d'immenses joies et de grandes peines, précisément parce qu'ils sont des cadeaux. Et un beau cadeau, comme le dit le proverbe, est « donné deux fois ». Le cadeau que nous recevons, il faut que nous le donnions à notre tour. Lorsque notre enfant nous quitte pour poursuivre ses études, pour chercher un emploi, pour se marier, pour entrer en communauté ou tout simplement pour devenir indépendant, la souffrance et la joie se rejoignent. C'est à ce moment-là, en effet, que nous ressentons au plus profond de nous-mêmes que « notre » enfant n'est pas nécessairement

« à nous », mais nous a été donné pour devenir à son tour un véritable cadeau pour les autres.

Il est tellement difficile de rendre leur liberté à nos enfants, particulièrement dans ce monde de violence et d'exploitation. Nous voulons tellement les protéger de tout danger possible. Mais cela est impossible; ils ne nous appartiennent pas. Nos enfants appartiennent à Dieu, et l'un des plus grands gestes de confiance en Dieu que nous puissions poser consiste à laisser nos enfants faire leurs propres choix et trouver leur propre chemin.

La douleur de l'amour

Notre plus grande peine vient souvent de notre incapacité à aider les autres, surtout ceux et celles que nous aimons le plus. Un de mes grands amis avait hâte d'envoyer son fils à l'université après sa graduation de l'école secondaire. Il l'avait aidé à comparer les différentes universités et attendait son choix avec impatience.

Mais peu après la remise des diplômes, son fils est arrivé à la maison avec une fille à l'allure étrange qui conduisait une décapotable rouge. Il a annoncé à son père qu'il partait dans l'ouest avec son amie; ils dormiraient sur le bord de la route et trouveraient du travail quand ils n'auraient plus d'argent.

Mon ami ne pouvait s'empêcher de penser à la drogue, au sexe et à la folie, et il craignait pour la vie même de son fils. Et avec raison. Mais toutes ses supplications et ses mises en garde n'ont eu pour effet que de renforcer la détermination de son garçon à s'échapper de son milieu « bourgeois » pour explorer le « vrai monde ».

La situation était très angoissante et les craintes de mon ami étaient beaucoup plus qu'imaginaires. Mais la question finale n'était pas : « Comment faire pour aider cet adolescent rebelle? » mais plutôt « Comment empêcher le père de se laisser détruire par son fils? » Je ne cessais de lui répéter : « Quoi qu'il arrive à ton fils, tu ne peux pas lui permettre de t'empêcher de dormir, de t'enlever l'appétit et de te priver de ta joie. Tu dois affirmer tes propres dons et talents en tant qu'homme et, plus que jamais, vivre ta propre vie. » Ce n'était pas facile pour moi de lui dire ces choses parce que je partageais ses craintes. Mais même si le départ de son fils était douloureux pour lui, il devait le laisser partir, non seulement physiquement mais aussi émotivement. De cette façon, si son fils décidait de rentrer chez lui, il retrouverait chez lui un père en bonne santé.

Nos esprits soucieux

Les gens disent souvent : « Ne t'en fais pas, les choses vont s'arranger. » Mais nous nous inquiétons malgré tout et nous ne pouvons nous arrêter de le faire simplement sur commande. L'un des aspects les plus pénibles de la vie, c'est que nous nous en faisons beaucoup au sujet de nos enfants, de nos amis, de notre conjoint, de notre emploi, de notre avenir, de notre famille, de notre pays, du monde entier et de bien d'autres choses. Nous connaissons la réponse à la question de Jésus : « Qui d'entre nous parvient à prolonger un peu la durée de sa vie par le souci qu'il se fait? » (*Matthieu* 6, 27). Nous savons que le fait de nous inquiéter ne nous aide pas et ne règle aucun de nos problèmes. Malgré tout, nous continuons à nous faire du souci et, par conséquent, à souffrir beaucoup. Nous aimerions pouvoir cesser de nous inquiéter, mais nous ne savons pas comment. Même si nous sommes conscients que demain nous aurons sans doute oublié la raison de nos inquiétudes, il nous est impossible d'apaiser notre esprit angoissé.

Ma mère était une personne très aimante et qui priait beaucoup; elle s'en faisait beaucoup, surtout à mon sujet et au sujet de mes frères et sœurs. Lorsque je passais du temps à la maison, elle n'arrivait jamais à s'endormir avant d'être sûre que j'étais rentré sans incident. C'était le cas non seulement pendant mon adolescence, quand j'aimais sortir tard le soir avec mes amis, mais même après que j'aie voyagé au loin en avion, en train ou en autobus et me sois retrouvé dans des situations dangereuses. Chaque fois que je rentrais à la maison, que j'aie dix-huit ou quarante ans, ma mère restait éveillée, inquiète pour son enfant jusqu'à ce qu'elle sache que j'étais en sécurité dans mon lit!

La plupart d'entre nous sommes un peu comme cela. La vraie question est donc la suivante : pouvons-nous faire quelque chose pour réduire notre inquiétude et être davantage en paix? S'il est vrai que s'en faire pour quelque chose ne change rien à la réalité, comment alors pouvons-nous entraîner notre cœur et notre esprit à ne plus perdre de temps et d'énergie à ruminer des inquiétudes qui ne font que gaspiller nos forces? Jésus répond à cela : « Gardez votre cœur fixé d'abord sur le royaume de Dieu. » Voilà une indication de la direction à emprunter.

Chapitre X

Les relations

La complexité de l'intimité

Il est difficile d'aimer! Dans notre société, on chante l'amour, on écrit à son sujet et on en parle comme du bel idéal auquel nous aspirons tous. Mais alors que Madonna chante ses chansons d'amour et que de nombreux films nous permettent d'assister à des ébats amoureux des plus intimes, dans la réalité de tous les jours, l'amitié dure rarement très longtemps, plusieurs amants sont incapables d'être fidèles à leur partenaire, un très grand nombre de mariages vont mal ou se déchirent et de nombreuses communautés naviguent de crise en crise. Les relations humaines sont très fragmentées. Bien que le désir d'aimer n'ait jamais été exprimé aussi ouvertement, l'amour dans la vie quotidienne n'a jamais paru aussi brisé. Alors que dans notre société fortement compétitive la faim et la soif d'amitié, d'intimité, d'union et de communion sont énormes, il n'a jamais été aussi difficile d'apaiser cette faim et d'étancher cette soif.

Le mot clé est « relation ». Nous voulons sortir de notre isolement et de notre solitude, et établir une relation qui nous procure un réconfort, un sentiment d'appartenance, de sécurité et de bien-être avec l'autre. Mais chaque fois que nous entamons ce genre de relations, nous découvrons rapidement la difficulté de nous faire proches d'une autre personne et la complexité de l'intimité entre deux êtres.

Lorsque nous nous sentons seuls et cherchons quelqu'un qui ferait disparaître notre solitude, nous perdons vite nos illusions. L'autre personne, qui peut nous avoir procuré pour un temps un sentiment de plénitude et de paix intérieure, se montre vite incapable de nous apporter un bonheur durable. Au lieu de nous libérer de notre solitude, elle ne parvient qu'à nous en révéler la profondeur. Plus nous nous attendons à ce qu'un autre être humain réalise nos désirs les plus profonds, plus elle est douloureuse, la prise de conscience des limites des relations humaines! Et notre besoin d'intimité se transforme facilement en exigence. Mais dès que nous commençons à exiger l'amour d'une autre personne, l'amour se transforme en violence, les caresses deviennent des coups, les baisers sont des morsures, un regard tendre se transforme en coup d'œil méfiant, l'écoute devient de l'indiscrétion et les relations sexuelles, des viols.

Quand on voit le lien étroit qui existe, dans notre société, entre le grand besoin d'amour et la terrible explosion de violence, nous nous retrouvons devant cette question essentielle : qu'est-ce qui rend l'amour si difficile?

Être appelés ensemble

Que signifie aimer une autre personne? Une affection mutuelle, une compatibilité intellectuelle, un attrait sexuel, des idéaux communs, un arrière-plan économique, culturel et religieux commun, tous ces éléments peuvent être des facteurs importants pour assurer une bonne relation, mais ils ne conduisent pas nécessairement à l'amour.

Un jour, j'ai rencontré des jeunes gens qui voulaient se marier. Ils étaient tous deux très beaux, très intelligents, ils provenaient de familles similaires et s'aimaient beaucoup. Ils avaient passé plusieurs heures avec des psychologues qualifiés pour explorer leurs antécédents psychologiques et pour confronter leurs forces et leurs faiblesses émotives. À tous les égards, ils semblaient bien préparés au mariage et à une vie commune heureuse.

Mais une question demeure : est-ce que ces deux personnes seront capables de bien s'aimer, non pas pour un moment ou pour quelques années, mais pour toute la vie? Pour moi, à qui on avait demandé de les accompagner, ce n'était pas aussi évident que ça l'était pour eux. Ils se connaissaient depuis longtemps, ils étaient sûrs de l'amour qu'ils éprouvaient l'un envers l'autre, mais seraient-ils capables ensemble de faire face à un monde qui offre si peu de soutien à une relation durable? Où trouveraient-ils la force de rester fidèles l'un à l'autre en temps de conflits, de pressions économiques, de grande souffrance, de maladie ou de séparation nécessaire? Que signifierait pour cet homme et pour cette femme de s'aimer comme mari et femme jusqu'à la mort?

Plus je réfléchissais à cela, plus je prenais conscience que le mariage est d'abord et avant tout une vocation. Deux personnes sont appelées ensemble à remplir la mission que Dieu leur a confiée. Le mariage est une réalité spirituelle, c'est-à-dire qu'un homme et une femme s'unissent pour la vie, non seulement parce qu'ils éprouvent beaucoup d'amour l'un pour l'autre, mais parce qu'ils croient que Dieu les aime tous deux de son amour infini et qu'il les a appelés à être l'un pour l'autre des témoins vivants de cet amour. Aimer, c'est rendre présent l'amour infini de Dieu dans une communion fidèle avec un autre être humain.

Témoins vivants de l'amour de Dieu

Toutes les relations humaines, qu'elles soient entre parents et enfants, entre mari et femme, entre amoureux, entre amis ou entre les membres d'une même communauté, sont destinées à être le reflet de l'amour de Dieu pour l'humanité tout entière et pour chaque individu. C'est un point de vue assez rare, mais c'est celui de Jésus : « Aimez-vous les uns les autres comme je vous ai aimés. Si vous vous aimez les uns les autres, alors tous sauront que vous êtes mes disciples » (*Jean* 13, 34-35). Et comment Jésus nous aime-t-il? Il nous dit : « Je vous aime comme le Père m'aime » (*Jean* 15, 9). L'amour que Jésus nous porte est l'expression totale de l'amour de Dieu pour nous, puisque Jésus et le Père ne sont qu'un. « Les paroles que je vous dis à tous ne viennent pas de moi. Le Père qui demeure en moi accomplit ses propres œuvres. Croyez-moi quand je dis : je suis dans le Père et le Père est en moi » (*Jean* 14, 10-11).

Ces paroles peuvent sembler, de prime abord, irréelles et intrigantes, mais elles ont une implication radicale et directe sur notre façon de vivre nos relations dans le quotidien.

Jésus nous révèle que Dieu nous appelle à être des témoins vivants de son amour. Et nous le devenons en suivant Jésus et en nous aimant mutuellement comme il nous aime. Qu'est-ce que cela signifie pour le mariage, l'amitié et la communauté? Cela signifie que les partenaires eux-mêmes ne sont pas la source d'amour qui alimente ces relations. Dieu lui-même, qui les a appelés, en est la source. S'aimer, ce n'est pas s'accrocher l'un à l'autre pour se sentir en sécurité dans un monde hostile, mais vivre ensemble de manière à ce que tout le monde nous reconnaisse comme des témoins de l'amour de Dieu. Non seulement la paternité et la maternité viennent de Dieu, mais c'est aussi le cas de toute amitié, du partenariat dans le mariage, de la véritable intimité et de la communauté. Lorsque nous vivons comme si les relations humaines étaient créées par l'être humain, donc sujettes à des changements de règles et de coutumes, nous ne pouvons rien espérer sinon la fragmentation et l'aliénation qui caractérisent notre société. Mais lorsque nous affirmons et proclamons sans cesse que Dieu est la source de tout amour, nous découvrons alors l'amour comme don de Dieu à son peuple.

La révélation de la fidélité de Dieu

Pour être authentiques, toutes les relations humaines doivent trouver leur source en Dieu et témoigner de l'amour de Dieu. Une des qualités les plus importantes de l'amour de Dieu, c'est sa fidélité. Dieu est un Dieu fidèle, qui remplit ses promesses et qui jamais ne nous abandonnera. Dieu a montré sa fidélité à Abraham et à Sarah, à Isaac et à Rébecca, à Jacob et à Rachel. Dieu a montré sa fidélité à Moïse, à Aaron et à tout le peuple en les conduisant d'Égypte jusqu'en Terre promise. Mais la fidélité de Dieu va plus loin. Dieu ne se contente pas de vouloir être un Dieu *pour* nous, mais il est aussi un Dieu *avec* nous. On le voit en Jésus, l'Emmanuel qui marche avec nous, parle avec nous, meurt avec nous. En nous envoyant son Fils, Dieu veut nous convaincre de la fidélité inébranlable de son amour. Mais il y a plus. Lorsque Jésus nous quitte, il nous dit : « Je ne vous laisserai pas seuls, mais je vais vous envoyer l'Esprit Saint. » L'Esprit de Jésus, c'est Dieu *en* nous. La fidélité de Dieu nous est ici révélée dans toute sa plénitude. Par Jésus, Dieu nous donne l'Esprit pour nous aider à vivre de la vie divine. L'Esprit est le souffle de Dieu, c'est l'intimité qui existe entre Jésus et son Père. C'est la communion divine. C'est l'amour de Dieu qui agit en nous.

Cette fidélité de Dieu est au cœur de notre témoignage. Par nos paroles, mais surtout par notre vie, nous devons révéler au monde la fidélité de Dieu. Le monde ne s'intéresse pas à la fidélité, car celle-ci n'est d'aucune utilité dans la course au succès, à la popularité et au pouvoir. Mais lorsque Jésus nous appelle à nous aimer les uns les autres comme il nous a aimés, il nous appelle à des relations fidèles basées non pas sur les préoccupations terre à terre du monde, mais sur la connaissance de l'amour infini de Dieu.

Il est clair qu'être fidèle ne signifie pas tenir bon ensemble coûte que coûte. Cela n'est pas un reflet de l'amour de Dieu. La fidélité signifie que chacune des décisions que nous prenons, au cours de notre vie commune, est guidée par la conviction profonde que nous sommes appelés à devenir des signes vivants de la présence fidèle de Dieu au milieu de nous. Cela exige une attention à l'autre qui va bien au-delà de toute obligation.

Être disciples ensemble

Le mariage est l'un des moyens de témoigner de l'amour fidèle de Dieu. Lorsqu'un homme et une femme décident de vivre leur vie de couple de cette manière, leurs relations prennent une toute nouvelle signification. L'amour qu'ils éprouvent l'un pour l'autre, sans égard à son contenu émotif, devient l'expression de leur engagement comme disciples de Jésus; c'est pourquoi leur principale préoccupation est de vivre cet engagement comme couple.

Pour bien des gens, être disciple est une affaire personnelle ou même privée. Ils affirment : « La religion, ça me regarde. Je ne veux pas que les autres viennent m'embêter dans la pratique de ma religion et je ne les dérange pas dans la leur. » Cette attitude apparaît même dans l'intimité du mariage. Un homme dit : « La religion de ma femme, c'est son affaire. » Une épouse affirme : « Mon mari est entièrement libre pour ce qui est de sa religion. » Cette attitude ne reflète pas l'engagement à vivre ensemble comme des disciples. Le mariage, lorsqu'on le regarde « d'en haut », est une nouvelle communion créée par Dieu entre deux personnes pour que, par cette communion concrète et visible, un nouveau signe rende l'amour de Dieu présent dans le monde.

Lorsque deux êtres s'engagent à vivre leur vie ensemble, une nouvelle réalité apparaît : « Ils deviennent une seule chair », dit Jésus, c'est-à-dire que leur union crée un nouveau lieu sacré. Plusieurs relations ressemblent à des doigts entrelacés : deux personnes s'accrochent l'une à l'autre comme deux mains saisies par la peur. Elles s'assemblent parce qu'elles ne peuvent pas survivre individuellement. Mais comme elles s'accrochent l'une à l'autre, elles réalisent aussi qu'elles ne peuvent pas faire disparaître la solitude de l'autre. C'est là que des frictions surviennent et que la tension augmente, aboutissant parfois à une rupture.

Mais Dieu appelle l'homme et la femme à une tout autre relation. Cette relation ressemble à deux mains jointes, en prière. Les bouts des doigts se touchent, mais les mains peuvent créer un espace, comme une petite tente. Un tel espace est créé par l'amour et non par la peur. Le mariage, c'est la création d'un espace nouveau et ouvert où l'amour de Dieu peut être révélé à l'« étranger » : l'enfant, l'ami, le visiteur.

Ce mariage devient un témoignage du désir de Dieu d'être présent au milieu de nous comme un ami fidèle.

Choisir nos amis

La vie spirituelle suppose constamment des choix. L'un des plus importants est le choix des gens avec qui nous développons une relation intime. Nous ne disposons que d'un temps limité ici-bas. Avec qui et comment allons-nous le vivre? C'est sans doute la question la plus importante de notre vie. Ce n'est pas sans raison que les parents se préoccupent des personnes que leurs enfants amènent à la maison comme compagnons de jeu, comme amis ou comme amoureux. Ils savent qu'une grande partie du bonheur de leurs enfants dépendra de ceux et celles qu'ils auront choisis comme proches.

À qui demander conseil? Avec qui passer nos soirées libres? Avec qui partir en vacances? Parfois, nous parlons et agissons comme si nous n'avions que très peu de choix en la matière. Parfois, nous agissons comme si nous pouvions nous compter chanceux que quelqu'un veuille bien être notre ami. Mais c'est là une attitude passive et même fataliste. Si nous croyons vraiment que Dieu nous aime d'un amour infini et inconditionnel, nous pouvons être confiants qu'il existe en ce monde des hommes et des femmes désireux de nous montrer cet amour. Mais nous ne devons pas nous contenter d'attendre passivement que quelqu'un se présente pour nous offrir son amitié. Confiants en l'amour de Dieu, nous devons avoir le courage et la confiance de dire à une personne par qui l'amour de Dieu est révélé : « J'aimerais apprendre à te connaître, j'aimerais passer du temps avec toi. Je voudrais devenir ton ami. Et toi? »

Nous essuierons des refus, nous vivrons la douleur du rejet. Mais si nous décidons d'éviter tout refus et tout rejet, nous ne réussirons jamais à créer un milieu où nous pourrons grandir et devenir plus forts dans l'amour. Dieu s'est fait homme pour que son amour soit révélé bien concrètement. Voilà la signification de l'incarnation. Cette incarnation n'a pas eu lieu seulement il y a très longtemps, mais elle continue à se produire pour ceux et celles qui croient que Dieu nous donne les amis dont nous avons besoin. Mais le choix nous appartient!

Chapitre XI

Qui sommes-nous?

Nous sommes les enfants bien-aimés de Dieu

Pendant notre courte vie, la question qui influence le plus notre comportement est : « Qui sommes-nous? » Bien que nous nous posions rarement cette question de manière directe, nous la vivons bien concrètement dans nos décisions quotidiennes.

Les trois réponses que nous donnons généralement par notre vie — nous ne les formulons pas toujours — sont : « Nous sommes ce que nous faisons. Nous sommes ce que les autres disent de nous. Nous sommes ce que nous possédons. » Autrement dit : « Nous sommes notre réussite, notre popularité et notre pouvoir. »

Il est important de prendre conscience de la fragilité d'une vie basée sur la réussite, la popularité et le pouvoir. Cette fragilité vient du fait que chacune de ces trois composantes est un facteur externe sur lequel nous ne possédons guère de contrôle. La perte de notre emploi, de notre réputation ou de nos biens est souvent causée par des événements qui échappent complètement à notre contrôle. Mais lorsque nous en dépendons, nous sommes à la remorque du monde! Car alors, nous sommes ce que le monde nous donne. La mort nous enlève tout cela. Le mot de la fin devient alors : « Lorsque nous sommes morts, nous sommes morts! » Parce que quand survient la mort, nous ne pouvons plus rien, les gens ne parlent plus de nous et nous ne possédons plus rien. Quand nous sommes ce que le monde fait de nous, nous ne pouvons plus être après avoir quitté ce monde.

Jésus est venu nous annoncer qu'une identité qui repose sur la réussite, sur la popularité et sur le pouvoir est une fausse identité… une illusion! Il nous dit haut et fort : « Vous n'êtes pas ce que le monde fait de vous; vous êtes les enfants de Dieu. »

Affirmer notre état de bien-aimé

La vie spirituelle requiert que nous nous rappelions sans cesse notre identité véritable : celle d'enfants de Dieu, de fils et de filles bien-aimés de notre Père du ciel. Par sa vie, Jésus nous révèle cette vérité mystérieuse. Après son baptême par Jean Baptiste dans les eaux du Jourdain, comme il remontait de l'eau, il vit les cieux se déchirer et l'Esprit, tel une colombe, descendre sur lui. Et une voix vint du ciel : « Tu es mon Fils bien-aimé, je mets en toi toute ma joie » (*Marc* 1, 11). C'est le moment décisif de la vie de Jésus. Sa véritable identité lui est annoncée. Il est le Bien-Aimé de Dieu. À ce titre, il est envoyé dans le monde pour que, par lui, tous les humains découvrent et affirment qu'ils sont des bien-aimés.

Mais le même Esprit, qui est descendu sur Jésus et qui a proclamé son identité de Fils bien-aimé de Dieu, l'a également envoyé au désert pour être tenté par Satan. Satan a demandé à Jésus de prouver qu'il était le bien-aimé de Dieu en changeant des pierres en pains, en se jetant du haut de la tour du Temple pour être transporté par les anges et en acceptant les royaumes du monde. Mais Jésus a résisté à ces tentations de réussite, de popularité et de pouvoir, en se rappelant sa véritable identité. Jésus n'avait pas à prouver au monde qu'il était digne d'amour. Il était déjà le Bien-Aimé et cela le rendait libre à l'égard des jeux manipulateurs du monde, en restant toujours fidèle à la voix qui lui avait parlé au Jourdain. Toute la vie de Jésus a été marquée par l'obéissance, l'écoute attentive de celui qui l'a appelé le Bien-Aimé. Tout ce que Jésus a fait découlait de cette communion spirituelle intime. Jésus nous a révélé que nous, êtres humains pécheurs et blessés, sommes invités à cette même communion qu'il a lui-même vécue, que nous sommes les fils et les filles bien-aimés de Dieu tout comme lui est le Bien-Aimé, que nous sommes envoyés dans le monde pour proclamer à tous les humains qu'ils sont bien-aimés et que, comme lui, nous échapperons aux puissances destructrices de la mort.

La discipline de la prière

L'une des tragédies de notre vie est que nous oublions continuellement qui nous sommes et que nous perdons beaucoup de temps et d'énergie à prouver ce qui n'a pas à l'être. Nous sommes les fils et les filles bien-aimés de Dieu, non pas parce que nous nous sommes montrés dignes de l'amour de Dieu, mais parce que Dieu nous a choisis librement. Il est très difficile de rester fidèles à notre véritable identité parce que ceux qui veulent notre argent, notre temps et nos énergies profitent davantage de notre insécurité et de nos craintes que de notre liberté intérieure.

Nous devons donc nous discipliner pour vivre dans la vérité et ne pas succomber aux séductions perpétuelles de notre société. Où que nous soyons, des voix nous disent : « Viens ici, va là, achète ceci, achète cela, apprends à le connaître, apprends à la connaître, ne manque pas ceci, ne manque pas cela, etc. » Ces voix ne cessent de nous éloigner de la douce voix qui retentit au cœur de notre être : « Tu es mon bien-aimé, je mets en toi toute ma joie. »

Prier, c'est se discipliner à écouter cette voix de l'amour. Jésus a consacré plusieurs nuits à prier pour entendre la voix qui lui avait parlé au Jourdain. Nous devons prier, nous aussi. Sans la prière, nous devenons sourds à l'appel de l'amour et nous confondons les diverses voix qui réclament notre attention. Comme cela est difficile à faire! Lorsque nous demeurons assis pendant une demi-heure — sans parler à personne, sans écouter de la musique, ni regarder la télévision, ni lire un livre — et essayons de demeurer immobiles, souvent, nous nous sentons tellement envahis par les voix bruyantes de notre âme que nous avons hâte de nous remettre à faire quelque chose et de nous distraire de nouveau. Notre vie intérieure ressemble parfois à un arbre rempli de singes sautant de branche en branche! Mais lorsque nous décidons de ne pas nous enfuir et de nous mettre à l'écoute, ces singes en viennent alors à disparaître, faute d'attention, et la voix tendre et douce qui nous appelle ses bien-aimés pourra progressivement se faire entendre. Jésus priait surtout la nuit. La nuit, c'est beaucoup plus que l'absence de soleil. Elle signifie également l'absence de sentiments satisfaisants et d'intuitions lumineuses. C'est pourquoi il est si difficile d'être fidèles. Mais Dieu est plus grand que notre cœur et que notre esprit, et il continue de nous appeler ses bien-aimés… bien au-delà de tout sentiment et de toute pensée.

Sans être victimes du temps

Chaque fois que nous nous rappelons que nous sommes des bien-aimés, notre vie s'en trouve élargie et approfondie. En tant que bien-aimés, notre vie s'étend bien au-delà des frontières de la vie et de la mort. Nous ne devenons pas des bien-aimés tout d'un coup, lors de notre naissance, et nous ne cessons pas de l'être à l'heure de notre mort. Nous le sommes pour l'éternité. Dieu nous dit : « Je t'aime d'un amour éternel. » Cet amour était là avant l'amour de nos parents et il sera présent bien longtemps après que nos amis auront cessé de se préoccuper de nous. C'est un amour divin, un amour infini et éternel.

C'est précisément parce que notre véritable identité est ancrée dans cet amour inconditionnel, illimité et infini, que nous pouvons cesser d'être les victimes du temps chronologique en vigueur dans notre monde. Celui-ci se mesure en secondes, en minutes, en heures, en jours, en semaines, en mois et en années. Notre temps, *chronos* en grec, peut devenir pour nous une obsession, surtout quand tout ce que nous sommes est centré sur l'horloge qui continue à avancer, que nous soyons éveillés ou endormis.

J'ai toujours été très conscient du temps. Je me suis souvent demandé si je pouvais encore doubler le nombre de mes années. Quand j'avais trente ans, je me disais que je pourrais facilement en vivre trente autres. Quand j'ai eu quarante ans, j'ai songé que j'étais peut-être au milieu de ma vie. Aujourd'hui, je ne peux plus le dire, et la question que je me pose est devenue la suivante : « Comment vais-je utiliser les quelques années qui me restent à vivre? » Toutes ces préoccupations au sujet du temps viennent « d'en bas ». Elles sont basées sur l'hypothèse que notre chronologie est tout ce que nous avons à vivre. Mais vu d'en haut, selon la perspective de Dieu, notre temps est inscrit dans l'éternité amoureuse de Dieu. Vues d'en haut, les années que nous passons sur cette terre ne font pas seulement partie du *chronos* mais du *kairos* — un autre mot grec qui signifie temps —, une occasion de nous rappeler l'amour que Dieu nous offre de toute éternité. Ainsi, notre courte vie, au lieu de n'être que ces quelques années auxquelles nous nous accrochons, devient une occasion de salut pour répondre de tout notre cœur, de toute notre âme et de tout notre esprit à l'amour de Dieu, et devenir ainsi de véritables partenaires de la communion divine.

Se préparer à la mort

Certaines personnes disent qu'elles ont peur de mourir. D'autres affirment qu'elles n'ont pas peur. Mais la plupart des gens craignent vraiment de mourir. Subir la lente détérioration du corps et de l'esprit, vivre les souffrances d'un cancer qui s'aggrave, vivre les effets dévastateurs du sida, devenir un fardeau pour ses amis, perdre le contrôle de ses mouvements, entendre ou se faire dire des demi-vérités, oublier des événements récents et le nom de ses visiteurs — ce sont toutes ces choses et d'autres encore que nous craignons réellement. Il n'est donc pas étonnant que nous disions parfois : « J'espère que ça ne sera pas long. J'espère que je mourrai subitement d'une crise cardiaque et non à la suite d'une longue et douloureuse maladie. »

Mais quoi que nous pensions ou espérions, nous ne pouvons pas prédire notre mort et il est inutile de nous inquiéter. Nous devons tout de même nous y préparer. Nous préparer à la mort est la tâche la plus importante de toute notre vie, du moins lorsque nous croyons que la mort n'est pas la destruction totale de notre identité mais plutôt le chemin vers sa révélation en plénitude. Jésus nous décrit la mort comme un moment où la défaite totale et la victoire entière se rejoignent. La croix sur laquelle Jésus est mort symbolise cette unité de la défaite et de la victoire. Jésus nous parle de sa mort en affirmant qu'il sera « élevé » : élevé sur la croix et élevé dans la résurrection. Jésus veut que notre mort soit semblable à la sienne, chassés du monde mais accueillis chez Dieu.

Comment alors nous préparer à la mort? En vivant chaque jour avec la certitude que nous sommes des enfants de Dieu, dont l'amour est plus fort que la mort. Il est inutile de spéculer et de nous inquiéter au sujet des derniers jours de notre vie. Mais en faisant de chaque jour une célébration de notre identité de fils et de filles bien-aimés de Dieu, nous pourrons vivre nos derniers moments, qu'ils soient longs ou courts, comme des jours d'enfantement. Les souffrances de la mort ressemblent aux douleurs de l'accouchement. Par elles, nous quittons le sein de ce monde pour naître à la plénitude des enfants de Dieu.

Saint Jean l'affirme clairement : « Voyez combien le Père nous a aimés! Son amour est tel que nous sommes appelés enfants de Dieu — et c'est ce que nous sommes réellement. Voici pourquoi le monde ne nous connaît pas : il n'a pas connu Dieu. Mes amis, nous sommes maintenant enfants de Dieu, mais ce que nous deviendrons n'est pas encore clairement révélé. Cependant, nous savons ceci : quand le Christ paraîtra nous deviendrons semblables à lui, parce que nous le verrons tel qu'il est » (*1 Jean* 3, 1-2).

En affirmant ce que nous sommes déjà, nous nous préparons mieux à être ce que nous serons.

Rentrer chez soi

Notre vie est une occasion de dire oui à l'amour de Dieu. Mourir, c'est retourner « chez nous », vers cet amour. Voulons-nous rentrer chez nous? Il semble que tous nos efforts tendent à retarder le plus possible ce retour.

Dans sa lettre aux chrétiens de Philippes, l'apôtre Paul présente une attitude radicalement différente. Il écrit : « Je me sens tiré des deux côtés : je désire quitter cette vie pour être avec le Christ, ce qui serait bien préférable; mais il est beaucoup plus important, à cause de vous, que je continue à vivre »

(*Philippiens* 1, 23-24). Le désir le plus ardent de Paul est de s'unir complètement à Dieu en Jésus, et ce désir lui permet de considérer la mort comme un gain positif. Par contre, il désire également rester vivant en son corps pour pouvoir compléter sa mission. Cela lui donne l'occasion d'accomplir un travail qui portera du fruit.

Nous sommes à nouveau mis au défi de regarder notre vie à partir « d'en haut ». En effet, si Jésus est venu nous offrir la pleine communion avec Dieu, en nous faisant partager sa mort et sa résurrection, que pouvons-nous désirer de plus que d'abandonner nos corps mortels pour atteindre le but final de notre existence? La seule raison pour nous de vouloir demeurer dans cette vallée de larmes peut être de poursuivre la mission de Jésus qui, comme son Père l'a envoyé, nous a envoyés dans le monde. Vue « d'en haut », la vie est une mission courte et souvent douloureuse, remplie d'occasions de faire grandir le royaume de Dieu, et la mort est une porte ouverte qui nous conduit à la salle du banquet où le Roi lui-même nous servira.

Tout cela semble tellement… à l'envers! Mais c'est la manière d'être de Jésus, c'est le chemin qu'il nous invite à suivre. Il n'y a rien de morbide dans cette approche. Bien au contraire, c'est une vision joyeuse de la vie et de la mort. Tant que nous demeurons dans notre corps, prenons-en soin pour pouvoir apporter la joie et la paix du royaume de Dieu à ceux et celles que nous croisons sur notre route. Mais lorsque le temps est venu pour nous de mourir, réjouissons-nous de pouvoir rentrer à la maison et d'être unis à Celui qui nous appelle ses bien-aimés.

Épilogue

En écrivant ces méditations, j'ai découvert qu'il y aurait encore bien d'autres choses à écrire. C'est pourquoi cet épilogue est très artificiel. Il pourrait tout aussi bien servir de préface à plusieurs autres méditations. Mais je suis heureux de cette « conclusion ouverte », car elle m'encourage à pénétrer encore davantage le mystère divin en sachant qu'il est une source inépuisable de vie et d'amour. Je sais qu'il reste beaucoup de choses à écrire sur la vie spirituelle, chaque mot en appelant un autre, chaque livre en appelant un autre.

À vous qui avez lu en entier ou en partie ces méditations, je veux dire : n'arrêtez pas ici. Continuez par vous-mêmes. Mes écrits avaient pour but de vous encourager à trouver vos propres mots, et mes pensées visaient à vous aider à découvrir les vôtres. Ce que j'ai écrit dans ce livre n'est que l'expression de mon propre itinéraire spirituel, lié à ma personnalité, à mon époque, à mon milieu et aux circonstances de ma vie. Votre itinéraire spirituel est tout aussi unique que le mien; il possède ses beautés particulières et ses frontières spécifiques.

J'espère que la description que j'ai présentée de l'amour de Dieu dans ma vie vous donnera la liberté et le courage de découvrir — et peut-être même de décrire — l'amour de Dieu dans la vôtre.

Ma foi
comme une histoire

Ma foi comme une histoire
est la traduction de *Adam. God's Beloved*, publié par Orbis Books, 1997.

Traduction : Josée Latulippe

À Jeanne et Rex Arnett

Avant-propos

Peu après la mort d'Adam Arnett en février 1996, Henri Nouwen m'a confié qu'il pensait écrire un livre sur Adam. Il souhaitait l'écrire et se demandait si j'accepterais de l'aider en lui racontant des faits de la vie d'Adam. J'étais encore sous le choc. Adam venait à peine de mourir; pour moi, c'était trop tôt pour écrire un livre. Je lui ai dit que j'avais besoin de plus de temps. Ce fut difficile pour Henri. Il a donc écrit le livre sans moi. Ce fut difficile pour moi!

Henri a envoyé une première ébauche du livre à son éditeur, Robert Ellsberg, et ils ont correspondu au sujet des points forts et des points faibles du manuscrit, et du travail encore à faire. Henri a également parlé à Jeanne et Rex Arnett, les parents d'Adam; il souhaitait prendre du temps avec eux pour écouter des histoires et des anecdotes sur les premières années de la vie d'Adam. Ils avaient prévu se rencontrer pour qu'Henri puisse compléter les deux premiers chapitres.

Puis Henri est décédé subitement, le 21 septembre 1996.

En tant qu'exécutrice testamentaire, j'ai hérité entre autres de la responsabilité de mener à terme la publication de ce livre. L'éditeur d'Henri m'a appuyée, et j'ai rencontré les parents d'Adam. Puis, je me suis mise à travailler sur le manuscrit.

Au départ, j'ai été frappée par l'intensité et le sens profond de la relation entre Adam et Henri. Cette relation a pris naissance à un moment particulier de la vie d'Henri, alors qu'il était à la recherche d'un foyer. Par sa simplicité et sa présence, Adam a accueilli Henri « chez lui ». C'est une histoire incroyable.

J'étais également consciente de la faiblesse du texte, surtout de la partie relatant les premières années de la vie d'Adam. J'ai donc travaillé à compléter cette section. Ce travail m'a permis de faire le deuil de deux bons amis. Je leur parlais en travaillant, mais jamais je ne les ai « entendus » me répondre. Je me sentais cependant pleine d'énergie et j'accomplissais ma tâche avec passion et conviction. C'était pour moi un signe de leur présence et de leur esprit qui me guidait. Je crois vraiment qu'ils m'ont aidée.

Le texte de ce livre, qui décrit leur relation, m'a inspirée profondément au cœur de ma propre souffrance. Je suis aujourd'hui très heureuse qu'Henri ait pris cette initiative. Je suis également reconnaissante d'avoir eu la chance de contribuer à la publication de l'histoire d'Adam et de Henri. Comme Henri, je l'ai fait avec amour, avec une grande joie et avec liberté.

Henri présente l'histoire d'Adam sur le modèle de la vie de Jésus, et il le fait admirablement. En écrivant, il a aussi pris conscience que l'histoire d'Adam était en fait sa propre histoire. Finalement, par le génie de son écriture, Henri offre à chacun et chacune d'entre nous le cadeau de sa propre histoire.

Sue Mosteller, c.s.j.
Henri Nouwen Literary Center
L'Arche Daybreak
Richmond Hill, Ontario

1er mai 1997

Introduction

Comment ce livre a été écrit

À partir de septembre 1995, les gens de l'Arche Daybreak m'ont offert une année sabbatique pour célébrer mes dix ans en tant que pasteur de leur communauté. Mon plus grand désir étant d'écrire, j'ai choisi, pendant cette année-là, de travailler sur différents thèmes qui m'avaient inspiré et soutenu dans mon ministère. Plusieurs de ces thèmes étaient façonnés par ma vie dans la communauté de Daybreak, qui était devenu mon chez-moi.

Je me demandais : « En quoi est-ce que je crois? Qu'est-ce que ça veut dire quand j'affirme croire en Dieu Père, Fils et Esprit Saint? Qu'est-ce que je dis quand je récite le Credo? » Ces questions m'habitaient depuis quelque temps. J'ai donc décidé d'écrire un petit livre sur le Symbole des Apôtres.

J'en ai parlé avec plusieurs personnes, puis j'ai proposé à mon ami et éditeur, Robert Ellsberg, de commencer à travailler sur une profession de foi pour aujourd'hui. Il m'apparaissait important de trouver une manière nouvelle d'exprimer la foi que j'avais essayé de vivre pendant toute ma vie. De plus, je croyais qu'un tel projet aiderait les nombreux hommes et femmes de notre monde aux prises avec les mêmes questions et pour qui les formules traditionnelles ont perdu leur sens et leur pertinence.

Robert Ellsberg était emballé par ma suggestion et a pris le temps de recueillir différents articles sur le Credo. Quand j'ai commencé à les lire, je me suis trouvé plongé dans des discussions théologiques très complexes sur les origines et les diverses formulations de l'expression centrale de la foi chrétienne. Je me suis mis à me demander si mon projet, apparemment bien simple, n'était pas en fait une entreprise ambitieuse et prétentieuse. Je voulais simplement exprimer dans un langage compréhensible de quelle façon nous pouvons vivre notre vie au nom de notre Dieu d'Amour. Plus je lisais, moins cela me semblait facile. Je me suis demandé comment j'oserais écrire un livre sérieux alors que j'avais quitté le monde universitaire depuis plus de dix ans et que je n'avais nullement l'intention de me lancer dans une recherche théologique très poussée. N'étais-je pas d'abord le pasteur d'une petite communauté formée de personnes vivant avec un handicap intellectuel? Ce n'était sûrement pas l'environnement idéal pour discuter des douze articles de notre profession de foi! La plupart des gens avec qui je vis dans la communauté de Daybreak sont incapables d'articuler systématiquement leurs croyances et, pour la plupart d'entre eux, une réflexion sur des articles de théologie est difficile, voire impossible.

Comme je commençais à me demander si je n'essayais pas d'aller bien au-delà de mes limites, Adam Arnett est décédé. Adam était mon ami, mon maître et mon guide : un ami insolite, parce qu'il ne pouvait exprimer son amour et son affection comme le font la plupart des gens; un maître insolite, parce qu'il ne pouvait réfléchir ni articuler des idées ou des concepts; un guide insolite, parce qu'il ne pouvait me donner d'instructions ou de conseils précis. Adam était l'une des personnes avec qui j'habitais lorsque je suis arrivé à l'Arche Daybreak. À mon arrivée dans la communauté, on m'a demandé de prendre soin d'Adam.

Quand j'ai vu Adam étendu dans son cercueil, j'ai été frappé par le mystère de sa vie et de sa mort. Soudainement, j'ai senti en mon cœur que cet homme très lourdement handicapé était aimé de Dieu de toute éternité, qu'il avait été envoyé dans le monde avec une mission de guérison tout à fait unique, qui était désormais accomplie. J'ai identifié plusieurs parallèles entre l'histoire de Jésus et celle d'Adam. Je savais aussi très profondément que, d'une façon mystérieuse, Adam était devenu pour moi une image du Christ vivant, tout comme Jésus, lorsqu'il vivait sur la terre, avait été pour ses disciples un ami, un maître et un guide. Par Adam et en lui, je suis arrivé à une compréhension nouvelle de ces relations de Jésus, pas seulement comme il les a jadis vécues, mais comme Jésus veut les vivre aujourd'hui, avec moi et avec nous, à travers les plus petits et les plus vulnérables. En prenant soin d'Adam, j'en suis venu à mieux connaître Dieu. Plus encore, Adam m'a aidé, par sa vie, à découvrir et à redécouvrir l'Esprit de Jésus vivant dans ma propre « pauvreté d'esprit ». Jésus a vécu il y a très longtemps, mais Adam a vécu à mon époque. Jésus était physiquement présent à ses disciples. Adam m'était physiquement présent. Jésus était l'Emmanuel, Dieu-avec-nous. Adam était devenu pour moi une personne sacrée, un homme saint, une image du Dieu vivant.

Adam était-il très étrange? Était-il une sorte d'ange? Pas du tout. Adam était une personne parmi bien d'autres. Mais un lien s'est créé entre nous, et il est devenu important pour moi. Je l'aimais, et notre relation était l'une des plus importantes de ma vie. La mort d'Adam m'a profondément bouleversé parce qu'il représentait pour moi, plus que tous les livres et tous les professeurs, celui qui m'a conduit à la personne de

Jésus. Sa mort fut un signal de réveil. J'avais l'impression qu'il me disait : « Maintenant que je t'ai quitté, tu peux écrire mon histoire et dire à tes amis et à tes lecteurs que je t'ai enseigné le mystère de notre Dieu qui a habité parmi nous et nous a envoyé son Esprit Saint. »

* * *

Lorsque je suis retourné à mon travail d'écriture après les funérailles d'Adam, je me suis à nouveau retrouvé devant ma question : « En quoi est-ce que je crois? » Il m'est tout à coup devenu clair que c'était une question à laquelle Adam pouvait m'aider à répondre. J'ai cessé de lire mes articles de théologie et d'histoire, et j'ai commencé à réfléchir sur la vie et la vocation de cet homme remarquable qui était mort à peu près au même âge que Jésus, à 34 ans. Repassant en pensée cette courte vie, j'ai pris conscience que l'histoire d'Adam me donnerait des mots pour parler de ma foi et de la profession de foi chrétienne d'une manière facilement compréhensible pour les gens. Adam, qui n'avait jamais prononcé un mot, est progressivement devenu pour moi une véritable source de mots pour exprimer ma foi profonde de chrétien vivant à la fin du second millénaire. Lui qui était si vulnérable est devenu un soutien puissant m'aidant à annoncer la richesse du Christ. Et lui qui ne pouvait formellement me reconnaître, par moi aiderait les autres à reconnaître Dieu dans leur vie.

La mort inattendue d'Adam et ma propre douleur m'ont conduit dans ce lieu intérieur que je recherchais, là où j'étais capable de parler de Dieu et de son irruption dans l'histoire humaine. J'ai pris conscience que l'histoire d'Adam m'aiderait à raconter celle de Jésus, parce que l'histoire de Jésus m'avait aidé à comprendre celle d'Adam.

Il aurait pu s'appeler Jean ou Pierre. Le fait que celui qui m'a révélé Jésus d'une façon toute particulière se prénommait Adam était une simple coïncidence, mais une coïncidence providentielle. Comme le premier Adam, notre Adam représente toute personne et permet de soulever plus aisément la question : « Qui est "ton" Adam? Quelle est la personne qui te parle de Dieu? »

J'ai commencé à écrire, et l'histoire qui suit est probablement ce qui se rapproche le plus de ce que je pourrais écrire sur le Symbole des Apôtres. Adam a été pour moi la porte d'entrée du Credo; j'écris donc avec amour, avec reconnaissance pour ce qu'il a été et pour le lien qui nous unissait. J'écris également avec l'espoir que plusieurs personnes, à travers l'histoire d'Adam, seront capables de reconnaître l'histoire de Dieu au milieu de nous et pourront ainsi dire, d'une façon renouvelée : « Oui, je crois. »

Chapitre I

La vie cachée d'Adam

Né le 17 novembre 1961, Adam était le second fils de Jeanne et Rex Arnett. C'était un magnifique petit bébé qui apporta beaucoup de vie et d'énergie dans l'existence de ses parents, de son frère de huit ans, Michael, et de ses grands-parents. Michael souffrait de fréquentes crises d'épilepsie et nécessitait une attention constante; Jeanne et Rex insistèrent donc pour qu'Adam subisse des examens pour dépister cette maladie. Tous les tests s'avérèrent négatifs, ce qui leur apporta un grand soulagement.

Mais Adam évoluait très lentement, ce qui inquiétait sa mère. À trois mois, il fut atteint d'une grave infection à l'oreille, accompagnée d'une forte fièvre. Jeanne reconnut immédiatement ces symptômes; elle l'enveloppa dans une couverture et l'emmena chez leur voisine, une infirmière, qui les conduisit à l'hôpital. Plus tard, ce soir-là, le médecin confirma qu'Adam était lui aussi épileptique.

Adam mit du temps à apprendre à marcher à quatre pattes, et il avait plus d'un an la première fois qu'il arriva à se tenir debout. Il marcha longtemps en se tenant aux meubles, se déplaçant lentement, les contournant prudemment. Finalement, alors qu'il venait d'avoir deux ans, il laissa aller ses appuis et se mit à marcher sans soutien. Ses parents étaient enchantés.

Il fit plusieurs crises pour lesquelles on prescrivit des médicaments; mais pendant plusieurs années, sa santé physique fut relativement bonne. Il n'apprit jamais à parler, mais il pouvait obéir à des consignes, il savait ce qui se passait autour de lui et communiquait à sa manière. Lorsque son père dessinait avec son doigt des cercles au-dessus de la tête de son fils en bourdonnant, jusqu'à ce que « l'abeille » atterrisse doucement sur le nez d'Adam, celui-ci saisissait le bras de son père, faisant un cercle dans l'air pour lui indiquer qu'il voulait répéter ce petit jeu.

* * *

À l'âge de quatre ans, il avait acquis certaines routines. Il aimait par exemple sortir derrière la maison; il grimpait sur la table de pique-nique et s'y asseyait, attendant que sa mère lui apporte un verre de jus. Puis il se rendait au bout de la table, là où il n'y avait pas de banc, et commençait à descendre. Après avoir passé son pied dans le vide, il restait là, immobile, sans monter ou descendre. Il ne disait rien, attendant simplement d'être secouru. On lui avait appris à descendre, mais il préférait faire les choses ainsi. Silencieusement, il attendait de l'aide. Cette attitude d'attente, apparue si tôt, fut la principale caractéristique de sa vie.

Adam ne pouvant jouer ni parler avec des enfants de son âge, il n'avait pas la chance de se faire des amis ni d'élargir ses horizons. À l'exception des membres de sa famille, les gens considéraient surtout la vie et le développement d'Adam à partir de son handicap.

Adam aimait sortir de la maison par l'arrière, marcher jusqu'à la rue et revenir. Même si quatre maisons de cette rue étaient identiques, il savait toujours laquelle était la sienne et il ne s'éloignait jamais. Quand il courait, il se déplaçait péniblement dans la rue, les bras dans les airs. Parfois, les voisins le reconnaissaient et alertaient ses parents, de peur qu'il ne se sauve.

Jeanne devait l'amener avec elle faire ses courses. Lorsqu'il fut trop grand pour s'asseoir dans le siège d'enfant du chariot au supermarché, elle l'assoyait au fond du chariot et déposait ses achats sur lui. « Au commencement, il était très sage, rappelle Jeanne, mais quand je partais à la recherche d'un article, il s'étirait et mettait des choses dans le chariot. Je le grondais et lui disais que je n'en voulais pas, mais il n'arrêtait jamais. Au début, il restait assis sagement, mais à mesure que les articles s'accumulaient sur lui, il s'agitait et déplaçait les choses. Je devais le rassurer, lui dire que c'était presque terminé et qu'il serait bientôt libre. À mesure que le chariot s'emplissait, il prenait un article après l'autre, le soulevant lentement et silencieusement, plaçant son bras hors du panier et laissant tomber ce qu'il avait en main. À cause d'Adam, je revenais parfois à la maison avec plus de choses que je ne le souhaitais, mais parfois avec moins! » À travers tout cela, Rex et Jeanne surent garder leur sens de l'humour.

Adam aimait beaucoup manger, surtout des desserts. Souvent, quand Michael parlait beaucoup sans se soucier du contenu de son assiette, Adam étirait sa main et plongeait sa cuiller dans le dessert de son frère. Il tentait parfois même de tirer vers lui l'assiette de Michael lorsque celui-ci ne regardait pas. Rex et Jeanne appréciaient les petits défauts d'Adam.

Dans la maison des Arnett, il y avait une armoire au haut d'un escalier, sur un palier. Un jour, Rex aperçut Adam qui venait d'en ouvrir la porte et avait sorti l'aspirateur. Adam était fasciné de découvrir qu'il pouvait déplacer l'aspirateur, petit à petit, jusqu'au bord des marches. Rex se rappelle : « J'étais au pied de l'escalier, tout excité de le voir entreprendre quelque chose. J'ai appelé Jeanne pour qu'elle vienne voir. Adam nous jetait un regard chaque fois qu'il approchait l'aspirateur un peu plus du bord des marches, sachant qu'il faisait quelque chose de mal. Finalement, il donna un dernier coup sur l'aspirateur qui tomba, s'écrasant sur chacune des marches. » Rex raconte cette histoire en la considérant comme une petite victoire. Adam venait de faire quelque chose! Quelque chose de bruyant! Rex était si emballé qu'il dit à Adam : « Fais-le encore! » Il conclut son histoire en riant : « Nous étions prêts à acheter un autre aspirateur juste pour qu'il puisse continuer de le lancer du haut de l'escalier en faisant l'expérience de son pouvoir. »

Adam ne répondait aux exigences d'aucune école, ce qui ajoutait à l'isolement de son enfance. Il avait huit ans lorsque Jeanne trouva un groupe de parents qui, avec des bénévoles, avaient mis sur pied un programme pour enfants handicapés. Adam pouvait y participer deux heures par jour. Il put finalement fréquenter l'école à l'âge de dix ans, mais il arrivait souvent en retard, ou bien ses parents devaient aller le chercher plus tôt à cause d'une crise d'épilepsie. Sa vie scolaire était aussi limitée que sa vie sociale. Adam était invité à très peu de célébrations d'anniversaires et il vécut la plus grande partie de son enfance caché dans sa maison avec sa famille immédiate.

Il avait toutefois un penchant pour les sports. Peu après son admission à l'école, Adam se mit à sauter sur son lit à toute heure du jour et de la nuit. En réalité, ses parents aimaient qu'il fasse des choses par lui-même, mais cela était dangereux. Ils étaient inquiets pour sa sécurité et ne cessaient d'essayer de lui faire comprendre que ce n'était pas la meilleure place pour sauter. Mais lui pensait que ça l'était! Rex solidifia le lit, qui avait constamment besoin de réparations; puis un jour, le tout s'écroula. Peu après cet incident, l'école présenta aux parents une vidéo de piètre qualité montrant un enfant sautant sur un trampoline. Jeanne demanda qui c'était, et le professeur répondit : « C'est votre enfant! » Cela résolut le mystère.

Adam n'était pas pleinement reconnu dans son Église, et c'est avec douleur que ses parents apprirent que, en raison de son handicap, il ne pourrait recevoir les sacrements de l'eucharistie et de la confirmation avec les autres enfants de son âge. Plus tard, cependant, dans un groupe de partage de la foi, Adam put faire sa première communion et célébrer avec cette petite communauté d'amis.

* * *

Pendant ces années de vie cachée, Adam communiquait à sa façon, mais il n'était pas très bien compris. Un jour, les médecins posèrent à son sujet un diagnostic de surdité. Suivit pour Adam une année très difficile. Plusieurs spécialistes l'examinèrent et lui ajustèrent des appareils auditifs, qu'il n'aimait pas du tout. Pendant plusieurs mois, peu importe les efforts déployés par ses parents pour l'aider à s'adapter et à accepter ces appareils, il montrait son inconfort et faisait tout ce qu'il pouvait pour les arracher de ses oreilles. C'est seulement près d'un an plus tard qu'un nouveau diagnostic révéla qu'il n'était pas sourd et que les appareils auditifs amplifiaient les sons qu'il entendait déjà, blessant ses oreilles. Le père d'Adam fait remarquer : « Je crois qu'il a beaucoup souffert, mais nous ne l'avons jamais su, parce qu'il ne pouvait pas nous le dire. »

Adam était incapable de lire l'heure, mais il connaissait bien l'heure des repas. Chaque jour, vers 17 heures, il entrait dans la cuisine, faisait lentement glisser les portes de l'armoire, en sortait une casserole et la déposait sur la cuisinière. C'était pour rappeler à Jeanne qu'il était temps de préparer le souper. Si Jeanne ne comprenait pas, il secouait la casserole et s'assurait qu'elle « entende » que le souper était prioritaire.

À treize ans, Adam participa à une session de deux semaines pour apprendre à être propre, dans un centre pour personnes avec des handicaps. Il avait deux caractéristiques qu'ignorait le personnel du centre : il adorait manger et urinait seulement quand il portait une couche ou son caleçon. Les membres du personnel étaient émerveillés et enchantés de voir qu'il était le seul à pouvoir se rendre à la salle à manger sans aide. Ils ne saisissaient cependant pas pourquoi, après avoir passé trois ou quatre heures sur la toilette, en vain, dès qu'il remettait son caleçon il se transformait en chutes du Niagara! À la fin de la session, Rex vint le chercher dans sa voiture toute neuve. Ce devait être après un long après-midi d'entraînement car dès qu'Adam monta dans la voiture, il la « baptisa » aussitôt. Il souriait.

* * *

Peu de temps après, Rex étant parti à une réunion, Jeanne était seule à la maison avec les garçons. Avant de monter à l'étage chercher quelque chose, elle dit à Michael : « Surveille ton frère, je reviens tout de suite. » Pendant qu'elle était en haut, le téléphone sonna. Elle parlait au téléphone lorsque Michael se mit à crier : « Viens! Viens! Urgence! Urgence! » Jeanne courut en bas et trouva Adam étendu contre le fauteuil. Il y avait tellement de sang qu'elle était incapable de trouver la source de l'hémorragie. Quand elle souleva sa tête, elle vit avec terreur que, dans sa chute, ses deux dents du devant avaient été poussées à l'intérieur de ses gencives. À l'hôpital, on l'opéra pour remettre ses dents en place. Le médecin affirma que pendant sa crise et sa chute, Adam s'était fait une entaille en forme de V dans la langue; de là s'écoulait tout le sang.

Cette crise transforma la vie d'Adam. À l'hôpital, les médecins l'examinèrent à fond et décidèrent de modifier sa médication. Dans les jours qui suivirent, sa mère ne cessait de dire aux infirmières que le garçon qui reposait inerte sur le lit n'était pas celui qui vivait chez elle, marchait seul et participait à la vie de la maisonnée. On lui répondit qu'il n'y avait rien d'autre à faire et qu'elle pouvait le ramener à la maison. Après trois autres jours passés à la maison, elle appela une infirmière qui réussit à percer le mystère. Après avoir prescrit les nouveaux médicaments, les médecins avaient omis d'annuler l'ordonnance précédente. Cette surdose de médicaments provoqua des dommages permanents. Après cette expérience, Adam ne fut plus jamais le même. Il avait très peu d'énergie et était désormais incapable de se déplacer et de contrôler ses propres activités. Il avait besoin d'aide pour marcher; souvent, on devait le porter. Ses crises étaient fréquentes et épuisantes. Lorsqu'il ne se sentait pas très bien, qu'il souffrait de maux d'estomac ou autres, il allait trouver son père ou sa mère et se serrait tranquillement contre eux dans une douce étreinte. Il adorait cette position et pouvait y demeurer pendant de longues périodes.

Quand je demande à Rex de parler d'Adam, il affirme : « Adam était notre artisan de paix. Par sa présence tranquille, il nous ramenait à cette partie paisible de nous-mêmes et créait une atmosphère d'amour dans notre foyer. » Rex parle peu du travail énorme que représentaient pour Jeanne et lui les soins à apporter à Michael et à Adam. Soulever, baigner, raser, nourrir, laver, habiller et déshabiller, école et programmes, médecins et spécialistes — la tâche était énorme.

Quand on diagnostiqua chez elle une hypertension sévère, on conseilla à Jeanne de commencer à chercher un endroit pour placer Michael et Adam, dans des maisons spécialisées dans les soins aux personnes avec un handicap. C'était une chose impensable pour des parents tels que Rex et Jeanne. Ils savaient toutefois qu'à long terme il leur serait impossible de garder leurs garçons à la maison. Adam et Michael étaient en train de devenir des jeunes hommes, et prendre soin d'eux représentait une tâche énorme. Il était temps pour eux de trouver un nouveau milieu de vie. Mais où pourraient-ils aller?

Les parents connaissaient l'Arche Daybreak parce que plusieurs personnes de cette communauté faisaient partie de leur petit groupe de partage. L'Arche est une fédération internationale de communautés, dans l'esprit des Béatitudes, fondée par Jean Vanier en 1964. Chaque communauté est composée de foyers dans des quartiers bien ordinaires. Des personnes avec un handicap et leurs assistants y vivent ensemble, partageant leur vie dans un esprit de réciprocité. L'Arche croit que « les personnes qui ont un handicap intellectuel ont souvent des qualités d'accueil, d'émerveillement, de spontanéité » et qu'« elles sont ainsi pour la société un rappel vivant des valeurs essentielles du cœur » (Charte de l'Arche).

Les Arnett avaient visité la communauté de Daybreak à plusieurs reprises. Même s'ils savaient que les gens qui y vivaient étaient de très bonnes personnes, ils pouvaient difficilement imaginer remettre leurs enfants entre les mains de ces jeunes assistants sans expérience. En tant que parents, ils reconnaissaient l'amour et l'attention offerts par ces jeunes mais trouvaient que, dans le grand groupe, régnait une attitude plutôt décontractée. Les parents de Michael et d'Adam craignaient que les besoins de leurs fils soient négligés. Ils s'étaient bien renseignés et avaient appris que la communauté n'avait encore jamais accueilli de personnes épileptiques ou nécessitant des soins médicaux particuliers, qu'elle n'avait pas l'équipement pour prendre soin d'une personne aux besoins aussi grands que ceux d'Adam. Michael, en revanche, pourrait bien être un candidat, parce qu'il pouvait se déplacer et assurer une partie de ses soins personnels.

Suivit une recherche longue et pénible, pendant laquelle ces parents dévoués visitèrent plusieurs agences et institutions. Ils furent choqués et étonnés de voir l'état de certaines d'entre elles ayant une place disponible pour Adam; les gens devaient y côtoyer quotidiennement les mauvaises odeurs, la tristesse et la solitude. Rex affirme que, pour la première fois, il se sentit désespéré.

Ils retournèrent à Daybreak. Lorsqu'une place se libéra, Michael déménagea, à contrecœur, dans le foyer Green House de la communauté. Plus tard, Adam fut placé dans un hôpital pour soins de longue durée, près de la maison de ses parents. Ceux-ci pouvaient lui rendre visite chaque jour, ce qu'ils firent pendant les cinq années qui suivirent.

Ces années de transition furent pour Rex et Jeanne un long purgatoire, sans parler de ce que Michael et Adam ont pu vivre. Michael était très triste de quitter le confort et les soins de sa famille. Au début, il demandait de rentrer chez lui pour retrouver tout ce qu'il avait perdu. Quant à Adam, plongé dans l'environnement impersonnel de l'hôpital, entouré d'autres personnes ayant besoin de soins prolongés, il réagit en perdant du poids ainsi que sa capacité de se tenir debout, de marcher ou de se déplacer seul. Rex et Jeanne, dont l'identité même était façonnée par leur relation à leurs fils, en avaient le cœur brisé. Ils devaient désormais les confier aux soins de personnes qui ne les connaissaient pas et qui ne pourraient jamais leur donner l'amour et l'attention qu'eux-mêmes leur avaient prodigués. Ils se demandaient sans cesse : « Y a-t-il un autre moyen de faire les choses? Adam pourra-t-il un jour avoir un foyer? »

* * *

Quand je réfléchis à cette première partie de la vie d'Adam, je ne peux m'empêcher d'établir un parallèle avec la vie de Jésus dans sa famille. Jésus n'est pas venu au monde dans le pouvoir et la puissance. Il est venu vêtu de faiblesse. Il a vécu la plus grande partie de sa vie caché, partageant la condition humaine en tant que bébé, jeune enfant, adolescent qui essaie de percer, puis comme adulte. La vie cachée d'Adam, comme celle de Jésus à Nazareth, fut une préparation à ce temps de ministère auprès de nombreuses personnes, même si ni lui ni ses parents ne l'ont jamais considérée ainsi.

Je ne dis pas qu'Adam fut un second Jésus. Ce que je dis, c'est que la vulnérabilité de Jésus nous permet de voir la vie extrêmement vulnérable d'Adam comme une vie d'une très grande importance spirituelle. Adam ne possédait pas de vertu héroïque exceptionnelle : il n'excellait dans rien de ce qui fait la manchette des journaux. Mais je suis convaincu qu'Adam a été choisi pour témoigner, à travers sa faiblesse, de l'amour de Dieu. Je ne cherche pas à romancer sa vie ou à la présenter sous un jour sentimental. Comme nous tous, Adam avait des limites, davantage que la plupart d'entre nous; il était incapable de s'exprimer avec des mots. Mais il était une personne à part entière, un homme béni. Dans sa faiblesse, il est devenu un instrument de la grâce de Dieu. Il est devenu révélation de la présence du Christ parmi nous.

Adam rayonnait d'une lumière intérieure. Une lumière de Dieu. Il avait peu de distractions, il était attaché à peu de choses ou de personnes, il avait peu d'ambitions pour encombrer son espace intérieur. Adam n'avait pas à s'adonner à des exercices spirituels pour aviver sa soif de Dieu. Son soi-disant « handicap » l'en avait doté. Pour lui, Dieu n'a jamais été le sujet d'une recherche intellectuelle ou affective.

Comme ce fut le cas pour Jésus, seulement ceux et celles qui étaient prêts à l'accueillir comme envoyé de Dieu pouvaient reconnaître son état de bien-aimé, sa ressemblance à Dieu et sa mission de paix.

La plupart des gens considéraient Adam comme une personne handicapée ayant peu à donner, comme un fardeau pour sa famille, sa communauté et la société en général. Tant qu'on le jugeait ainsi, sa vérité demeurait inaccessible. Ce qui n'était pas accueilli ne fut pas donné.

Mais ses parents l'ont aimé, simplement parce qu'il était Adam. Ils l'ont reconnu et aimé pour lui-même. Sans en être conscients, ils l'ont aussi accueilli comme envoyé par Dieu dans la vulnérabilité absolue pour être un instrument de la bénédiction divine. Le voir ainsi transforme radicalement les choses, car Adam apparaît alors comme quelqu'un, comme un merveilleux enfant de la promesse.

Plus tard, à Daybreak, sa transparence nous permettra de reconnaître quelque chose de l'amour inconditionnel de Dieu. Sa présence et sa valeur inestimables nous ont éclairés, elles nous ont permis de saisir que nous sommes nous aussi enfants de Dieu, chéris et bien-aimés, que nous nous considérions riches ou pauvres, intelligents ou handicapés, beaux ou laids. En tant que maître spirituel, Adam devait nous conduire avec une telle douceur en ces lieux intérieurs que nous préférons laisser intacts, afin que chacun et chacune d'entre nous puisse vivre sa vraie vocation. Dans notre relation avec lui, nous découvririons une identité encore plus profonde, plus vraie.

Mais au début de sa vie, cette promesse était cachée. Je ne crois pas que les parents d'Adam aient parlé de leur fils ou pensé à lui en ces termes. Les parents de Jésus non plus, d'ailleurs. Mais cela n'exclut pas cette compréhension du mystère de sa vie qui a surgi peu à peu après sa mort. Ce fut le cas pour Jésus. C'est le cas pour Adam. Ce fut aussi le cas de ces personnes qu'on considère comme les grands guides spirituels de l'histoire.

Aux yeux de Dieu, ce qui est le plus important est souvent ce qui est le plus caché. L'histoire des dix-huit ans qu'Adam a passés à la maison avec ses parents est bien ordinaire. Pas de miracles ni d'événements étranges. Seulement une petite famille dans sa maison de banlieue, tentant de vivre une vie normale avec deux merveilleux garçons pas tout à fait ordinaires. Cette histoire est celle d'Adam, dont la beauté est restée mystérieusement voilée pour toutes les personnes qu'il a rencontrées, à l'exception de ses parents et d'un petit nombre d'amis « éclairés ».

Chapitre II

Adam au désert

Les évangiles nous apprennent que, peu après son baptême, Jésus fut conduit par l'Esprit au désert. Pendant quarante jours, il fut tenté par le démon. Dans la vie spirituelle, le désert est le lieu de tentation, d'épreuve et de purification. Adam vécut lui aussi un temps de « désert ».

En vertu d'une politique gouvernementale, l'hôpital pour soins de longue durée refusait d'accueillir Adam avant qu'il ait dix-huit ans et reçoive une pension du gouvernement. Lorsqu'elle reçut le premier chèque au nom de son jeune fils, Jeanne l'apporta à l'hôpital. Ils l'acceptèrent et préparèrent un lit pour Adam.

Le premier jour, on présenta à Jeanne et à Rex les compagnons de chambre d'Adam : un homme de 80 ans victime d'un accident vasculaire cérébral, cloué à son lit et incapable de communiquer, un homme doux souffrant de sclérose en plaques et un jeune Jamaïcain, paralysé, qui s'était cassé le cou dans un accident de travail. La chambre était spacieuse, avec deux grandes fenêtres. Le lit d'Adam était près de la porte.

Le lendemain, quand sa mère vint lui rendre visite, elle trouva Adam assis, silencieux, les mains, la taille et les pieds attachés à son fauteuil roulant. N'en croyant pas ses yeux, dans un état de choc où se mêlaient colère et tristesse, elle réussit à convaincre le personnel qu'Adam n'irait nulle part et que les attaches n'étaient pas nécessaires. Avec le temps, les employés apprirent à connaître Adam et ses besoins.

L'hôpital manquait de personnel; il offrait donc peu de présence humaine aux patients et aucun programme visant à les sortir de leur chambre ou à les stimuler physiquement ou intellectuellement. Les soins physiques étaient prodigués selon l'horaire, les plateaux étaient distribués, mais la vie était monotone, ennuyeuse et solitaire.

En peu de temps, ses parents avaient pris la responsabilité de donner à Adam ses repas du midi et du soir. Des amis s'offrirent pour remplacer Jeanne et Rex quand ceux-ci ne pouvaient le faire. Cela permit à Adam d'avoir des visiteurs, des conversations et quelques gâteries que seuls pouvaient lui donner les personnes qui le connaissaient.

Pendant ces cinq années de désert, jamais Adam n'exprima ses sentiments ou ses pensées sur sa vie à l'hôpital. Il ne pouvait protester ou réclamer de meilleures conditions de vie; il ne pouvait même pas exprimer sa solitude, sa douleur ou son insatisfaction. Pendant des heures, nuit et jour, il demeurait seul et silencieux, attendant patiemment un vrai foyer.

Adam retournait régulièrement passer une fin de semaine à la maison. Rex se rappelle : « C'était un être tellement doux! Nous aimions l'avoir avec nous. » Alors que Rex et Jeanne tentaient désespérément de rendre sa vie aussi confortable que possible, leur souci principal était de trouver un vrai foyer pour Adam. Ils poursuivirent leurs recherches. Ils visitèrent des foyers, des agences et des institutions dans tous les coins de l'Ontario, à la recherche d'un endroit approprié.

Un jour, Rex s'aperçut qu'Adam avait fait une autre crise et s'était à nouveau frappé le menton, enfonçant ses deux dents du devant dans sa mâchoire supérieure. Personne ne s'en était rendu compte; on ignorait depuis combien de temps Adam attendait d'être soigné et soulagé. Lorsqu'il demanda de l'aide, Rex se fit dire qu'il n'y avait pas de dentiste parmi le personnel de l'hôpital et qu'il devait conduire Adam chez son propre dentiste. Cette fois, Adam perdit ses deux dents.

Rex et Jeanne se rapprochèrent de Peter, compagnon de chambre d'Adam. Peter faisait parfois peur aux gens, avec ses cheveux noirs, épais et touffus; c'était en fait un homme doux et patient. Il était devenu en quelque sorte le porte-parole d'Adam. Lorsque Rex et Jeanne venaient à l'hôpital, Peter pouvait leur dire qu'Adam avait passé une mauvaise nuit, qu'il n'avait pas fait de crise ce jour-là ou que certains de ses amis étaient venus le voir. Ses amis de la communauté jamaïcaine de Toronto venaient souvent voir Peter, mais la visite qu'il préférait était celle de sa mère. Celle-ci venait de New York en autobus une fois par mois, apportant avec elle un peu de la maison, avec son amour et sa nourriture jamaïcaine. Peter aimait aussi Rex, Jeanne, Adam et leurs amis, qui parlaient avec lui et l'aidaient à passer ses longues journées solitaires.

* * *

Le séjour d'Adam à l'hôpital fut sans aucun doute son désert. Tout comme l'Esprit de Dieu descendit sur Jésus au Jourdain et le conduisit au désert, ce même Esprit descendit sur Adam alors qu'il vivait à la maison et le conduisit à ce lieu de purification. Ce fut un temps de tentations, peut-être pas tant pour Adam lui-même que pour ceux et celles qui avaient vu en lui un cadeau et l'avaient appelé « notre artisan de paix ». Rex et Jeanne étaient en effet découragés des résultats de leurs recherches et de la définition qu'offre notre société des personnes marginalisées. Qui pouvait reconnaître ce splendide homme de Dieu dans une institution si vaste, anonyme, enfoncée dans la routine et le manque de personnel? Qui pouvait voir son caractère exceptionnel, dans un contexte où l'on considérait Adam et les autres patients non pas tant comme des êtres humains mais comme des objets de soins? Qui pouvait célébrer la vie d'Adam, quand il y avait tout juste assez de temps pour lui donner son bain et le nourrir? La pression faisait oublier l'origine divine d'Adam et sa mission sacrée.

Adam a été envoyé pour apporter la Bonne Nouvelle au monde. C'était sa mission, comme celle de Jésus. Adam était là — très simplement, très silencieusement, et de façon particulière. Par sa vie même, il annonça le merveilleux mystère de notre Dieu : je suis né de Dieu, aimé de lui, et j'ai du prix à ses yeux. Adam fut un témoin silencieux de ce mystère. Son témoignage n'avait rien à voir avec sa capacité ou non de parler, de marcher, de s'exprimer, de faire de l'argent, d'avoir un emploi; rien à voir avec le fait qu'il soit beau, célèbre, marié ou célibataire. Son témoignage était en lien avec son être. Il était et il est l'enfant bien-aimé de Dieu. C'est ce que Jésus est venu annoncer, et c'est ce que continuent d'annoncer, dans et par leur faiblesse, tous les pauvres. La vie est un don. Celui qui nous a façonnés appelle chacun et chacune d'entre nous par son nom; nous sommes aimés et uniques. Malheureusement, notre monde nous envoie sans cesse un message fort et insistant nous conduisant à croire que nous devons prouver que nous sommes aimés par notre apparence, nos possessions ou nos réalisations. Nous devenons soucieux de « réussir notre vie » et nous sommes très lents à saisir la vérité libératrice de nos origines et de notre destinée. Pour nous, le message doit être annoncé et incarné : il nous faut sans cesse l'entendre et le voir. À ce moment-là seulement trouvons-nous le courage de le reconnaître et d'en vivre.

Jésus n'a pas accompli grand-chose dans sa vie. Sa mort fut un échec apparent. Adam non plus n'a pas accompli grand-chose. Il est mort pauvre comme il était venu au monde. Cependant, Jésus et Adam sont tous deux les fils bien-aimés de Dieu — Jésus par nature, Adam par « adoption ». Leur identité de fils, ils l'ont vécue comme la seule chose qu'ils avaient à offrir. C'est la mission qui leur était confiée. C'est aussi ma mission et la vôtre. La vraie sainteté consiste à y croire et à en vivre.

* * *

Ces années passées à l'hôpital furent les dernières années de la vie cachée d'Adam. De bien des façons, Adam n'était qu'un « client » pour la plupart des spécialistes, enseignants, médecins, infirmières, dentistes, travailleurs sociaux, pasteurs et employés du gouvernement qui le rencontraient et travaillaient avec lui, mais qui n'ont pas réussi à reconnaître ou à accueillir son beau courage, sa patience sans limite et son cœur doux.

Rex, Jeanne et leurs amis ont gardé l'identité véritable d'Adam bien vivante. Ils ont résisté à la tentation de ne voir que ses handicaps. Ils acceptaient en effet qu'il ne puisse changer les pierres en pains, ou sauter sans danger d'une haute tour, ou encore acquérir de grandes richesses. Adam n'avait pas à accomplir toutes ces choses séculières parce que, au fond de leur cœur, ses parents et amis savaient qu'il était bien-aimé. À cause de ce savoir divin, ils cherchèrent pendant cinq ans un foyer pour Adam, un endroit où celui-ci pourrait révéler ses dons et exercer son ministère unique.

Daybreak ne disposait pas de l'équipement nécessaire pour accueillir Adam, à cause de ses besoins physiques et médicaux particuliers. Mais avec le temps, l'amitié a fleuri entre ses parents et les gens de Daybreak. La communauté, qui avait accueilli Michael comme un de ses membres, voyait la grande douleur de Rex, Jeanne et Adam. Peu à peu, il est devenu évident qu'Adam devait vivre à Daybreak avec son frère et que les dispositions nécessaires devaient être prises.

La préparation de Daybreak fut longue. On envoya un des assistants à l'Arche, en France, pour lui permettre de se familiariser avec les soins à apporter aux personnes ayant des besoins physiques et médicaux plus importants. Une section de la maison New House fut rénovée. On y installa une nouvelle salle de bain, des mains courantes sur les murs et des rampes d'accès pour les fauteuils roulants. Un nouveau programme de jour fut mis en œuvre, proposant des activités ouvertes à tous les habitants de Richmond Hill. Les préparatifs durèrent plus d'un an, mais finalement tout fut en place pour accueillir Adam dans son nouveau chez-lui. Il y avait enfin de l'espoir pour Rex et Jeanne! Michael était rempli de joie, lui qui avait espéré toutes ces années pouvoir vivre avec son frère. Pour tous les gens de Daybreak, l'excitation était mêlée de crainte alors qu'ils accueillaient le frère de Michael et élargissaient ainsi leur mission pour accueillir une personne aux besoins plus grands.

Le 1er mai 1985, Rex et Jeanne aidèrent à déménager leur deuxième fils à la maison New House de Daybreak. Michael était près d'eux, rempli de joie. Jeanne pleura en plaçant les meubles et les vêtements d'Adam dans sa nouvelle chambre. Rex blaguait avec les assistants en déchargeant les effets personnels de son fils. Ainsi commençait la vie publique d'Adam.

Chapitre III

La vie publique d'Adam

J'ai rencontré Adam pour la première fois en août 1986. À mon arrivée à Daybreak, on m'a attribué une chambre au sous-sol de la maison New House, un des huit foyers de la communauté. Ce foyer et les gens qui y habitent devaient devenir mon principal lieu d'appartenance à l'intérieur de la grande communauté de Daybreak. C'est là que je pourrais apprendre à connaître la vie quotidienne d'un foyer de l'Arche.

J'ai aussi rencontré les autres résidants de la maison : Roy, un homme de 75 ans qui a vécu pendant 50 ans dans une grande institution pour personnes avec un handicap; John, dans la trentaine, qui souffre du syndrome de Down; Rosie, qui a passé vingt de ses 22 ans dans un foyer; et Michael, âgé d'une vingtaine d'années, qui n'a aucun contact avec sa famille et souffre de paralysie cérébrale sévère. Ces personnes avec un handicap se trouvent au cœur de la vie communautaire formée autour d'eux. Les assistants de la maison sont de jeunes hommes et femmes venant de divers pays pour vivre un an ou plus avec des personnes ayant un handicap et pour former avec eux une communauté de vie à New House.

On m'avait dit que la mission de l'Arche était de « vivre avec » les personnes qui ont un handicap intellectuel. C'est donc dans cet esprit que je suis entré dans ma nouvelle vie avec les gens de New House. Le travail manuel, le ménage et la cuisine m'étaient totalement étrangers. Pendant vingt ans, j'avais enseigné dans des universités aux Pays-Bas et aux États-Unis, sans prendre le temps de me créer un foyer. De plus, je n'avais jamais côtoyé des personnes avec un handicap. Avec ma famille et mes amis, j'avais la réputation de manquer d'esprit pratique, et mes amis m'appelaient souvent « le professeur distrait ».

Mais distrait ou non, on m'a rapidement demandé : « Henri, accepterais-tu d'aider Adam, le matin, à se préparer pour la journée? Ça veut dire faire sa routine du matin. » Aider Adam signifiait le réveiller à 7 heures, lui enlever son pyjama et lui mettre sa robe de chambre, le conduire à la salle de bain, lui faire la barbe, lui donner son bain, choisir ses vêtements pour la journée, l'habiller, le coiffer, marcher avec lui jusqu'à la cuisine, faire son petit déjeuner, rester près de lui pendant son repas, supporter son verre pour l'aider à boire, lui brosser les dents, lui mettre son manteau, ses gants et son chapeau, l'asseoir dans son fauteuil roulant et le pousser, dans une rue remplie de nids de poule, jusqu'au centre de jour de Daybreak, où il demeurait jusqu'à 16 heures.

J'étais horrifié! Je ne pensais tout simplement pas être capable de faire tout cela. « Et s'il tombait? Comment dois-je le soutenir en marchant? Et s'il se fait mal? Il ne peut même pas me le dire! Et s'il avait une crise? Et si l'eau de son bain était trop froide ou trop chaude? Et si je le coupais? Je ne sais même pas comment l'habiller! Tant de choses peuvent aller de travers… De plus, je ne connais pas cet homme. Je ne suis pas infirmier. Je n'ai aucune formation pour ce genre de choses! » J'ai exprimé certaines de ces objections, mais la plupart sont demeurées à l'état de pensées. La réponse était claire, ferme et rassurante : « Tu peux y arriver. D'abord, nous serons là pour t'aider, et tu auras tout le temps de te sentir à l'aise. Quand tu te sentiras prêt, tu pourras le faire seul. Et même à ce moment-là, tu pourras toujours nous appeler en cas de besoin. Ça va prendre un peu de temps, mais tu vas y arriver. Tu apprendras la routine, tu feras connaissance avec Adam et il apprendra à te connaître. »

J'ai donc accepté, avec crainte et tremblement. Je me rappelle encore ces premiers jours. Même avec le soutien des autres assistants, j'avais peur d'entrer dans la chambre d'Adam et de réveiller cet étranger. Sa respiration bruyante et les mouvements incontrôlés de ses mains m'intimidaient. Je ne le connaissais pas. J'ignorais ce qu'il attendait de moi. Je ne voulais pas le contrarier. Et, devant les autres, je ne voulais pas faire rire de moi. Je ne voulais pas être source d'embarras pour les autres.

Au début, j'ignorais comment entrer en relation avec Adam sans parler ni converser comme je le faisais avec les autres; je me concentrais donc sur la routine. Durant ces premiers jours, je le considérais comme quelqu'un de très différent de moi. Comme il était incapable de parler, je ne m'attendais pas à ce qu'il communique avec moi. Fréquemment, un moment de silence interrompait sa respiration bruyante; je me demandais alors s'il serait capable de prendre la prochaine inspiration. Parfois, il agitait ses mains, entrecroisait ses doigts et les décroisait, me faisant soupçonner que quelque chose le dérangeait, sans que je sache ce que ça pouvait être. Lorsque je marchais avec lui, je devais me placer derrière lui et le soutenir avec mes bras et mon corps. J'avais toujours peur qu'il trébuche sur mes pieds, qu'il tombe et se blesse. J'étais très conscient qu'à tout moment il pouvait être terrassé par une crise d'épilepsie : qu'il soit assis dans la baignoire, sur la toilette, en train de déjeuner, de se reposer, de marcher ou de se faire raser.

Au début, je me demandais et je demandais aux autres : « Pourquoi m'avez-vous confié cette tâche? Pourquoi ai-je accepté? Qu'est-ce que je fais ici? Qui est cet étranger qui chaque jour exige une si grande partie de mon temps? Pourquoi m'a-t-on demandé, à moi, le moins capable de tous les résidants de cette maison, de prendre soin d'Adam? Pourquoi ne pas m'avoir confié quelqu'un dont les besoins sont moins grands? » La réponse était toujours la même : « Pour que tu puisses apprendre à connaître Adam. » C'était pour moi une énigme. Adam me regardait parfois et me suivait des yeux, mais il ne parlait pas et ne répondait à aucune des questions que je lui posais. Adam ne souriait pas lorsque je réussissais une tâche; il ne protestait pas non plus quand je faisais une erreur. Je me demandais même s'il me reconnaissait. Comment arriverais-je à le connaître? Que pensait-il? Que ressentait-il? Quelle relation vivait-il avec moi?

Pendant les premières semaines, je ne cessais d'appeler, de la salle de bain : « S'il vous plaît, aidez-moi. S'il vous plaît, venez m'aider. Je n'arrive pas à le mettre dans la baignoire. Je ne trouve pas sa brosse à dents. Je ne sais pas si ce sont ses pantalons propres ou de travail. S'il vous plaît, restez avec lui pendant que je vais chercher son rasoir. J'ai peur de le laisser seul. » Ils venaient toujours à mon secours : Anneika, Regina, D.J., Steve ou quiconque se trouvait là. « Ne lâche pas, Henri! me répétaient-ils sans cesse. Tu commences tout juste à le connaître. Bien vite tu en auras pris l'habitude. Très vite, tu aimeras Adam. » J'avais tant d'inquiétude que je n'arrivais pas à imaginer ce que pouvait signifier « aimer Adam ».

Malgré tous mes efforts, je n'arrivais pas à comprendre. N'aurait-il pas été logique que les personnes les mieux formées travaillent avec les plus handicapées? Les meilleures, avec les plus démunies? Mais les assistants me répétaient sans cesse qu'ici, à l'Arche, nous ne nous voyons pas comme soignants et patients, ni comme employés et clients. Certains d'entre nous sont des assistants et d'autres, des membres au cœur de la communauté. Chacun — oui, chaque personne — est en fait un « amateur », qui signifie littéralement une personne « qui aime ».

Mais je n'étais pas conscient de tout cela au début. Pendant un certain temps, toute mon énergie passait à tenter d'accomplir les bonnes tâches et de faire le moins d'erreurs possible. Ainsi, j'ai finalement appris la routine et j'ai commencé à reprendre confiance. J'ignore si Adam avait confiance en moi ou pas.

Il me fallait habituellement deux heures pour réveiller Adam, le conduire à la salle de bain, de la salle de bain à la cuisine, de la cuisine à son fauteuil roulant et au centre de jour. Quand j'avais accompli tout cela, je ressentais un profond soulagement. Je me rendais alors au travail, où je faisais ce que je réussis bien : parler, dicter des lettres, conseiller, faire des téléphones, animer des rencontres, prêcher, présider des célébrations. Voilà le monde où je me sentais à l'aise et compétent.

Cependant, je dois le dire, dès le début j'avais le sentiment d'être privilégié. J'étais reconnaissant envers les jeunes assistants de New House qui m'encourageaient à aider Adam et ne cessaient de me répéter que j'étais capable de le faire. J'étais reconnaissant de ne pas en avoir été dispensé parce que trop vieux, trop maladroit, trop gauche ou trop inexpérimenté pour essayer. Mais surtout, je me sentais particulièrement honoré qu'on me confie le plus faible et le plus handicapé de la maison, de toute la communauté. Jusqu'à un certain point, je savais que c'était là l'essentiel de ce qu'est l'Arche : placer les personnes les plus faibles et vulnérables au centre de tout afin de trouver leurs propres dons. Adam était plus faible et vulnérable que quiconque à Daybreak, et c'est à moi, le moins compétent de tous, qu'on l'avait confié pour que j'en prenne soin… mais pas uniquement pour cela.

* * *

Progressivement, très progressivement, les choses ont commencé à changer. Parce que j'étais davantage confiant et détendu, mon esprit et mon cœur s'ouvraient à une véritable rencontre avec cet homme qui m'avait rejoint sur le chemin de la vie.

En « travaillant » avec Adam, je me suis retrouvé au cœur de Daybreak. Combien de fois Jean Vanier, fondateur de l'Arche, m'avait-il dit : « L'Arche n'est pas construite autour du monde, mais autour du corps. Nous sommes tellement privilégiés qu'on nous confie le corps d'une autre personne! » Toute ma vie avait été modelée par les mots, les idées, les livres et les encyclopédies. Mais là, mes priorités étaient en train de changer. L'important pour moi était Adam et notre temps passé ensemble, alors qu'il m'offrait son corps dans la plus totale vulnérabilité, alors qu'il se donnait à moi pour que je le dévêtisse, le baigne, l'habille, le nourrisse et le conduise d'un endroit à un autre. Être proche de son corps me rapprocha d'Adam. J'apprenais lentement à le connaître.

Je dois avouer qu'à certains moments j'étais impatient et préoccupé par ce que je ferais après avoir terminé la « routine » quotidienne d'Adam. Alors, sans prêter attention à sa personne, je me mettais à le presser. Consciemment, mais surtout inconsciemment, je poussais vivement ses bras dans ses manches ou ses jambes dans son pantalon. Je voulais être sûr d'avoir terminé à 9 heures pour pouvoir me rendre à mon autre emploi. C'est là que j'ai appris qu'Adam pouvait communiquer! Il me faisait prendre conscience que je n'étais pas vraiment présent à lui et que j'étais davantage préoccupé par mon horaire que par le sien. À quelques reprises, il a répondu à la pression que j'exerçais sur lui par une crise d'épilepsie. J'ai alors réalisé que c'était sa façon de me dire : « Ralentis, Henri! Ralentis! » Eh bien! cela me ralentissait certainement! Une crise l'épuisait tellement que je devais tout arrêter et le laisser se reposer. Parfois, quand la crise était très forte, je devais le ramener au lit et le couvrir de plusieurs couvertures pour l'empêcher de frissonner violemment. Adam communiquait ainsi avec moi et me rappelait systématiquement qu'il avait besoin et souhaitait que je sois présent à lui sans précipitation et avec douceur. Il me demandait clairement si j'acceptais de suivre son rythme et d'adapter mes façons de faire à ses besoins. Voilà que je comprenais un nouveau langage, celui d'Adam.

Je me suis mis à parler à Adam. Sans être certain qu'il m'entendait ou me comprenait, je souhaitais lui dire ce que je ressentais et pensais de lui, de moi, de nous. Le fait qu'il ne pouvait me répondre avec des mots semblait ne plus avoir d'importance. Nous étions ensemble, notre amitié grandissait et j'étais heureux d'être là. Rapidement, Adam est devenu mon confident. Je lui parlais du temps qu'il faisait, du jour qui s'offrait à nous, de sa journée et de mon travail, de ses vêtements que je préférais, de la marque de céréales que j'allais lui servir et des gens qui passeraient la journée avec lui. J'en suis venu à lui confier mes secrets, à lui parler de mes humeurs, de mes frustrations, des relations faciles et difficiles, et de ma vie de prière. Le plus étonnant dans tout cela a été la prise de conscience très progressive qu'Adam était vraiment présent à moi, écoutant avec tout son être et m'offrant un espace de sécurité. Je ne m'attendais pas à cela, mais même si j'ai de la difficulté à l'exprimer, cela s'est vraiment produit.

Au fil des semaines et des mois, je me suis de plus en plus attaché à ces une ou deux heures passées chaque jour avec Adam. Elles sont devenues mes heures de tranquillité, le meilleur moment de la journée pour la réflexion et l'intimité. Elles sont devenues en fait comme un long temps de prière. D'une certaine façon, Adam ne cessait de me « dire » : « Sois juste là avec moi, confiant que c'est ici que tu dois être, et nulle part ailleurs. » Parfois, pendant que je travaillais ou que je parlais avec des gens, je me mettais à penser à Adam. Il était comme une présence silencieuse et pacifiante au cœur de ma vie. Quand il m'arrivait d'être inquiet, irrité ou frustré par quelque chose qui n'allait pas assez bien ou assez vite, Adam me venait à l'esprit et semblait me ramener au calme dans le tourbillon de ma vie, comme dans l'œil d'un cyclone. Les rôles étaient inversés. Adam était en train de devenir mon maître, me prenant par la main, marchant avec moi dans ma confusion au milieu du désert de ma vie.

Plus encore, le temps que je passais quotidiennement avec lui a créé entre nous un lien bien plus profond que j'aurais pu l'imaginer au départ. Adam m'aidait à m'enraciner non seulement à Daybreak mais dans mon être lui-même. Être proche d'Adam et de son corps me rapprochait de moi et de mon propre corps. C'était comme si Adam me ramenait sans cesse à la terre, aux fondements de l'être, à la source de la vie. Par mes nombreuses paroles, prononcées ou écrites, j'avais toujours été tenté de m'envoler dans des idées ou des perspectives très nobles, sans garder contact avec la quotidienneté et la beauté de la vie. Adam ne me permettait pas de telles envolées. Comme s'il me disait : « Non seulement tu as un corps, tout comme moi, Henri, mais tu es ton corps. Ne laisse pas tes mots se séparer de ta chair. Tes mots doivent devenir et demeurer chair. » Adam communiquait avec moi et était en train de prendre place au centre de ma vie. Je commençais à vivre une véritable relation avec Adam, une relation d'amour.

Adam n'était plus un étranger pour moi. Il était en train de devenir un ami et un compagnon digne de confiance. Par sa présence, il m'expliquait ce que j'aurais dû savoir depuis le début : ce que je désirais le plus dans la vie — l'amour, l'amitié, une communauté et un grand sentiment d'appartenance —, je le retrouvais avec lui. Dans les moments passés ensemble, son être si doux communiquait avec moi et peu à peu il m'enseignait l'amour, d'une manière très profonde. Je suis convaincu que, profondément en lui, Adam « savait » qu'il était aimé. Il le savait dans son âme même. Adam était incapable de réfléchir sur l'amour, sur le cœur, centre de notre être, centre de l'humanité, lieu où nous donnons et recevons de l'amour. Il ne pouvait me parler des mouvements de son cœur, du mien ou de celui de Dieu. Il ne pouvait rien m'expliquer avec des mots. Mais son cœur était là, pleinement vivant, rempli d'amour qu'il pouvait à la fois donner et recevoir. Le cœur d'Adam le rendait pleinement vivant.

En me rapprochant d'Adam, j'ai fait l'expérience de son magnifique cœur comme étant la porte de son être, de sa personne, de son âme et de son esprit. Son cœur, si transparent, était pour moi le reflet non seulement de sa personne mais aussi du cœur de l'univers et, bien sûr, du cœur de Dieu. Après mes nombreuses années d'étude, de réflexion et d'enseignement de la théologie, Adam est entré dans ma vie. Par sa vie, par son cœur, il m'a annoncé et résumé tout ce que j'avais appris.

J'ai toujours cru en la parole de Dieu faite chair. J'ai proclamé que le divin s'est incarné dans l'être humain pour que celui-ci puisse être révélation du divin. Adam se joignait aux autres membres de la communauté pour célébrer l'eucharistie et m'entendre prêcher. Il s'assoyait en face de moi dans son fauteuil, et je « voyais » la présence divine devenue visible en lui. Je crois que la parole de Dieu habitait dans le silence intime du cœur d'Adam. Pendant les moments passés ensemble, Adam me conduisait à cette demeure intérieure où était dévoilée la signification profonde de son humanité et de la mienne.

L'humanité d'Adam n'était pas réduite par ses handicaps. C'était une humanité à part entière, où la plénitude de l'amour était rendue visible pour moi et pour tous ceux et celles qui ont appris à le connaître. Oui, je me suis mis à aimer Adam d'un amour qui dépassait la plupart des sentiments, émotions et passions que j'avais associés à l'amour humain. Adam ne pouvait me dire : « Je t'aime. » Il ne pouvait me serrer spontanément dans ses bras ou m'exprimer sa reconnaissance avec des mots. J'ose quand même affirmer que nous nous aimions d'un amour aussi incarné que tout autre et qui en même temps était véritablement spirituel. Nous étions des amis, des frères, liés en nos cœurs. L'amour d'Adam était pur et vrai. Un amour semblable à celui rendu mystérieusement visible en Jésus, qui guérissait quiconque le touchait.

Lorsque j'assiste à des rencontres ou à des retraites de l'Arche, on nous demande souvent de réfléchir à ces questions : « Qui dans votre foyer vous a montré que les personnes avec un handicap ont autant à donner qu'à recevoir? Qui vous a permis de prendre racine dans votre communauté? Qui vous a encouragé à vous engager dans une vie partagée avec des hommes et des femmes avec un handicap? Qui vous a invité à dire oui à une vie qui, de l'extérieur, semble sans intérêt et si marginale? » Je réponds toujours : « Adam. » Adam était si dépendant de nous qu'il m'a propulsé à l'essentiel, à la source. Qu'est-ce que la communauté? Qu'est-ce que l'attention? Qu'est-ce que l'amour? Qu'est-ce que la vie? Et qui suis-je? Qui sommes-nous? Qui est Dieu? Adam était pleinement vivant pour moi et il jetait un éclairage sur toutes ces questions. Cette expérience ne peut être comprise par une explication logique, mais dans et par le lien spirituel qui unissait deux personnes très différentes, qui se sont découvertes complètement égales dans le cœur de Dieu. Mon cœur pouvait lui offrir certains soins dont il avait vraiment besoin; le sien m'a comblé du don de lui-même, un don pur et durable.

* * *

Comment en suis-je venu à reconnaître tout cela?

Un jour, quelques mois après mon arrivée à Daybreak, un de mes amis, un prêtre qui avait enseigné la théologie pastorale à de nombreux étudiants pendant plusieurs années, est venu me rendre visite. À ce moment-là, j'avais oublié et transformé ma vision initiale, très partielle, d'Adam. Je ne le considérais plus comme un étranger, ni même comme une personne handicapée. Nous vivions ensemble, et ma vie avec Adam et avec les autres de la maison était tout à fait « normale ». Je me sentais vraiment privilégié de prendre soin d'Adam et j'avais hâte de le présenter à mon invité.

Quand mon ami est arrivé à New House et m'a vu avec Adam, il m'a regardé puis m'a dit : « Henri, est-ce ici que tu passes ton temps? » J'ai vu qu'il était non seulement troublé mais en colère. « As-tu quitté l'université, où tu inspirais tant de gens, pour donner ton temps et tes énergies à Adam? Tu n'es même pas formé pour ça! Pourquoi ne laisses-tu pas ce travail aux personnes formées pour le faire? Tu as sûrement de meilleures choses à faire de ton temps. »

J'étais sous le choc. Je me suis mis à imaginer toutes sortes de choses et, sans le dire, j'ai pensé : « Es-tu en train de me dire que je perds mon temps avec Adam? Toi, un prêtre et un guide d'expérience! Ne vois-tu pas qu'Adam est mon ami, mon maître, mon directeur spirituel, mon conseiller, mon pasteur? »

J'ai rapidement pris conscience qu'il ne voyait pas le même Adam que moi. Ce que mon ami affirmait était logique pour lui parce qu'il ne « voyait » pas vraiment Adam, et il n'était certainement pas prêt à apprendre à le connaître.

Mon ami avait de nombreuses autres questions au sujet d'Adam et des gens qui habitaient avec moi dans la maison : « Pourquoi dépenser tant de temps et d'argent pour des personnes avec des handicaps sévères, alors que tant de gens compétents peuvent tout juste survivre? Pourquoi ces gens accaparent-ils du temps et des énergies qui devraient être consacrées à résoudre les vrais problèmes auxquels fait face l'humanité? »

Je n'ai pas répondu aux questions de mon ami. Je n'ai ni discuté ni débattu de ses « problèmes ». Je sentais au fond de moi que je n'avais rien de très intelligent à dire qui puisse le faire changer d'idée. Mes deux heures quotidiennes avec Adam étaient en train de me transformer. En lui offrant une présence, j'entendais une voix d'amour tout intérieure qui m'appelait au-delà de tous les soins prodigués. Ces deux heures étaient un vrai cadeau, un temps de contemplation pendant lequel, ensemble, nous touchions à quelque chose de divin. Avec Adam, j'ai fait l'expérience d'une présence sacrée et j'ai « vu » le visage de Dieu.

Pendant de nombreuses années, j'avais réservé le mot « incarnation » à l'événement historique de la venue de Dieu en Jésus. Le fait d'être si proche d'Adam m'a fait prendre conscience que « l'événement du Christ » est beaucoup plus que quelque chose qui s'est produit il y a très longtemps. Il se produit chaque fois que l'esprit accueille l'Esprit dans le corps. Il s'agit d'un événement sacré qui se produit au présent, parce que c'est l'événement de Dieu au milieu de nous. Voilà en quoi consiste la vie sacramentelle : l'incarnation incessante de Dieu chaque fois que des gens se rencontrent « au nom de Dieu ». Ma relation avec Adam me donnait de nouveaux yeux et de nouvelles oreilles. J'étais transformé bien au-delà de ce que j'avais prévu.

Je n'étais qu'une des nombreuses personnes qui consacraient à Adam temps et énergie. Adam n'était jamais seul, sauf pendant ses huit heures de sommeil. De 9 heures à 16 heures, il était entouré d'hommes et de femmes qui marchaient avec lui, nageaient avec lui, faisaient des exercices avec lui, le massaient, l'aidaient à manger et lui changeaient régulièrement ses vêtements. Pendant toutes ces heures, des gens lui parlaient, riaient avec lui, écoutaient de la musique avec lui et créaient un endroit où il se sentait chez lui. À 16 heures, il revenait à la maison et pouvait s'asseoir pendant quelques heures dans sa chaise berçante pour somnoler et se reposer. Ensuite, c'était l'heure du souper, le moment où Adam pouvait faire montre de son peu d'indépendance en tenant sa cuillère et sa tasse et étonnait ses invités par son grand appétit. Après le souper suivait un temps de prière, avec des chants. Les gens lui tenaient les mains ou entouraient ses épaules avec leur bras. Michael, le frère d'Adam, était un fidèle visiteur. Comme moi, il aimait s'asseoir à côté d'Adam, lui parlait parfois, mais était aussi heureux et satisfait par de longs moments de silence en sa présence. Jeanne et Rex aimaient le ramener chez eux pour une fin de semaine ou pour des vacances. Ils venaient souvent lui rendre visite, marcher avec lui, s'asseoir avec lui dans la salle de séjour ou sur son lit, lui murmurant à l'oreille des mots d'amour. Chacun vivait une relation avec Adam. Chacun a reçu de lui des dons de paix, de présence, de sécurité et d'amour.

Adam pouvait-il prier? Savait-il qui est Dieu et ce que signifie le nom de Jésus? Comprenait-il le mystère de la présence de Dieu parmi nous? Longtemps j'ai réfléchi à ces questions. Longtemps j'ai été curieux de savoir, de toutes les choses que je connaissais, ce qu'Adam pouvait savoir, et de tout ce que je pouvais comprendre, ce qu'Adam arrivait à comprendre. Maintenant, je sais que toutes ces questions venaient « d'en bas » et reflétaient davantage mon inquiétude et mon insécurité que l'amour de Dieu. Les questions de Dieu, les questions « d'en haut », étaient plutôt : « Peux-tu laisser Adam te guider dans la prière? Peux-tu croire que je suis en communion profonde avec Adam et que sa vie est une prière? Peux-tu laisser Adam être, à ta table, une vivante prière? Peux-tu voir mon visage dans le visage d'Adam? »

Pendant que moi, la personne dite « normale », je ne cessais de me demander jusqu'à quel point Adam me ressemblait, celui-ci n'avait pas la capacité de faire des comparaisons, il n'en éprouvait pas le besoin. Il vivait, tout simplement, et par sa vie il m'invitait à accueillir son don unique, enveloppé de faiblesse mais offert pour ma transformation. Alors que j'avais tendance à m'inquiéter de ce que je faisais et de ce que je pouvais produire, Adam m'annonçait qu'« être est plus important que faire ». Alors que j'étais soucieux de ce qu'on disait ou écrivait sur moi, silencieusement, Adam me disait que « l'amour de Dieu est plus important que les louanges des gens ». Alors que j'étais préoccupé par mes réalisations personnelles, Adam me rappelait que « faire des choses ensemble est plus important que faire des choses tout seul ». Adam ne pouvait rien produire, il n'avait aucune renommée dont il pouvait être fier, il ne pouvait exhiber aucun prix ou trophée. Mais par sa vie même, il était le témoin le plus radical que j'aie jamais rencontré, témoin du vrai sens de notre vie.

* * *

J'ai mis du temps à constater ce renversement complet de valeurs, mais après en avoir fait l'expérience, j'avais l'impression de marcher dans un monde spirituel entièrement nouveau. Je comprenais mieux désormais ce que Jésus voulait dire en affirmant : « Heureux vos yeux parce qu'ils voient, et vos oreilles parce qu'elles entendent. En vérité, je vous le déclare, beaucoup de prophètes, beaucoup de justes ont désiré voir ce que vous voyez et ne l'ont pas vu, entendre ce que vous entendez, et ne l'ont pas entendu » (*Matthieu* 13, 16-17). Pour moi, les grands paradoxes de l'Évangile — les derniers seront les premiers, ceux qui perdent leur vie la gagneront, les pauvres sont heureux et les doux auront le Royaume en héritage — se sont incarnés en Adam.

Il n'y a là-dedans rien de doucereux ou de pieux. Plusieurs hommes et femmes ont assisté Adam au cours des onze années qu'il a passées à Daybreak, et ils ont tous des histoires à raconter sur le cadeau que fut pour eux le fait de prendre soin de lui. Adam avait 22 ans quand il est arrivé à la maison New House. Il était plutôt costaud; ce n'était pas facile de le soutenir et de marcher derrière lui. Les nombreuses activités nécessaires au maintien de sa bonne forme physique étaient complexes et fatigantes. Au fil des ans, un certain nombre de personnes dans la communauté de Daybreak avaient appris la « routine » d'Adam, de sorte qu'on pouvait faire appel à elles lorsque personne de la maison n'était disponible pour l'aider. Ses compagnons au foyer, Rosie, Michael, John et Roy, nécessitaient eux aussi beaucoup d'attention. Rosie, arrivée à New House en même temps qu'Adam, est tout aussi handicapée. Michael, qui a non seulement un handicap intellectuel mais souffre aussi de paralysie cérébrale grave, a besoin d'aide pour chacun de ses gestes. John, qui vit avec le syndrome de Down, peut se déplacer avec une certaine autonomie; il a tout de même besoin d'un grand soutien émotionnel et de beaucoup d'attention. Et Roy, qui à 80 ans est le membre le plus âgé de la communauté, a besoin d'un soutien émotionnel et physique de tous les instants. New House, avec cinq ou six assistants et cinq personnes avec un handicap, est un endroit très actif; les nombreux assistants qui y ont vécu et travaillé ne pensaient pas toujours à Adam de la manière dont je l'ai décrit. Toutefois, la prise de conscience que ceux et celles qui leur étaient confiés — Adam, Rosie, Michael, John et Roy — avaient autant à leur donner qu'à recevoir d'eux, les empêchait de se considérer comme des préposés à l'entretien ménager, des changeurs de couches et des laveurs de vaisselle. Plusieurs d'entre eux sont entrés en contact avec le mystère de leur propre vie et ont fait l'expérience d'un renouveau de leur être intérieur, surtout parce qu'ils ont été capables de recevoir un don spirituel de la part des personnes dont ils avaient la charge.

Parler du « don d'Adam », ce n'est pas romancer des conditions de vie par ailleurs assez exigeantes et peu gratifiantes. Le don d'Adam était une réalité quotidienne. Le lundi matin, lorsque Jane, D.J. et les autres assistants se réunissaient pour échanger sur la semaine écoulée et sur celle à venir, les principales questions étaient toujours : « Qu'est-ce qui a été difficile pour toi cette semaine? Quel cadeau as-tu donné et quel cadeau as-tu reçu? » Au milieu de la planification des repas, du ménage, des visites chez le médecin, des courses, des réparations et des innombrables autres choses à faire, les dons d'Adam, de Roy, de Michael, de Rosie et de John demeuraient la préoccupation principale. Chacun savait qu'il ne serait pas longtemps un bon assistant de l'Arche sans cette grande récompense : les dons spirituels de personnes comme Rosie et John. Tous découvraient que prendre véritablement soin de quelqu'un était quelque chose de réciproque. S'ils n'avaient été payés en retour que de leur maigre salaire, leurs soins se seraient rapidement transformés, devenant à peine plus que de l'entretien. Non seulement ils auraient été ennuyés, épuisés et profondément frustrés, mais Adam et les autres n'auraient pas pu leur offrir leurs cadeaux, remplir leur mission ou accomplir leur potentiel humain.

* * *

Adam et les autres membres au cœur de la communauté annonçaient la Bonne Nouvelle. Adam nous rappelait sans cesse que la beauté des soins que nous lui prodiguions était non seulement dans le don mais aussi dans l'accueil. C'est lui qui m'a fait prendre conscience que le plus grand cadeau que je pouvais lui offrir était mes mains et mon cœur ouverts, prêts à recevoir son précieux don de paix. Cet échange nous enrichissait tous les deux. Je lui ai révélé qu'il avait un don à offrir, et ce don est véritablement devenu don lorsque je l'ai accueilli. Son cadeau, il l'offrait librement à toutes les personnes qu'il rencontrait. Ainsi, nombreux sont ceux et celles qui en furent enrichis. Il ne cessait de nous rappeler que prendre soin de quelqu'un, c'est autant recevoir que donner, autant remercier que demander, autant lui reconnaître sa capacité de donner que rechercher l'affirmation de soi. Prendre soin d'Adam, c'était lui permettre de prendre soin de nous pendant que nous prenions soin de lui. À cette condition seulement Adam et les assistants pouvaient-ils grandir dans la réciprocité et la fécondité. À cette condition seulement les soins donnés à Adam n'étaient pas un fardeau mais un privilège, parce qu'ils portaient du fruit dans notre propre vie.

Au milieu de ces soins réciproques, Adam a pu vivre une vie publique, au-delà des limites de Daybreak. Parfois, de vrais « miracles » se sont produits. J'ai pu observer, pendant et après mon séjour à Daybreak, des changements remarquables chez certaines personnes, conséquences directes de leur contact avec Adam.

Un jour, mon ami Murray, un homme d'affaires de New York, époux de Peggy et père de neuf enfants, m'a téléphoné à Daybreak. Des amis lui avaient parlé de moi et il avait lu plusieurs de mes livres. Il avait été plutôt consterné d'apprendre que je quittais l'université pour aller vivre avec des personnes ayant un handicap intellectuel. Il voulait faire tout ce qu'il pouvait pour s'assurer que je n'arrêterais pas d'écrire. Il était profondément engagé dans le monde financier et y comptait de nombreux amis. Il proposa de mettre sur pied un groupe de personnes qui m'offrirait une subvention annuelle me permettant de continuer d'écrire, tout en conservant ma tâche faiblement rémunérée de pasteur pour personnes handicapées.

Il me disait souvent : « Henri, tu es un écrivain. Tu ne connais rien à l'argent. Laisse-moi t'aider avec l'argent, tu pourras ainsi nous aider avec tes écrits. » Murray était un homme profondément religieux. Il avait peur que ses enfants soient tellement préoccupés par la nécessité de gagner de l'argent et de mener de brillantes carrières qu'ils en oublient leur héritage spirituel. « Tu dois aider mes enfants à se rapprocher de Dieu. »

J'ai rencontré Murray pour la première fois à l'Athletic Club de New York. Peu après, son épouse Peggy et lui m'ont invité dans leur maison de vacances en Irlande. Rapidement, j'ai fait la connaissance de toute la famille dans leur foyer à Peapack, au New Jersey. Je n'oublierai jamais ces repas, avec au moins douze personnes à table, Murray à un bout et moi à l'autre. Après le bénédicité, Murray me disait : « Henri, parle à mes enfants (ils étaient tous dans la vingtaine ou dans la trentaine) et convaincs-les retourner à l'église. » Les « enfants », des hommes et des femmes bien instruits et très articulés, montraient beaucoup de sympathie à l'endroit des tentatives bien intentionnées de leur père, mais ne se gênaient pas pour nous laisser savoir le peu qu'ils s'attendaient à retirer d'une pratique religieuse. Le débat animé mais affectueux qui suivait révélait qu'il y avait autour de la table bien plus de religion que ne le soupçonnait Murray.

Une véritable amitié est née entre la famille de Murray et moi. Un jour, j'ai dit à mon ami : « Murray, il est temps de me rendre visite à Daybreak. Viens passer quelques jours avec moi. » Murray a hésité. Il sentait que son devoir était de s'assurer que je continue à écrire, pas de s'engager dans ma vie avec des personnes handicapées. En fait, il se demandait si je n'étais pas en train de perdre mon temps avec ces « pauvres gens ». Mais après quelques efforts de persuasion de ma part, il a accepté. Il a été plus que déconcerté quand je lui ai dit que je souhaitais qu'il vienne habiter avec moi à New House et que la petite chambre d'invités au sous-sol était prête à l'accueillir. Il a suggéré : « Je pense que je serais mieux à l'hôtel. » Mais j'ai insisté : « Non, non. Tu vas apprécier être avec nous, et puis tu auras la chance de rencontrer Adam. »

Il ne venait pas me rendre visite pour faire la connaissance d'Adam. À contrecœur, il a cependant accepté ma proposition. Nous avons partagé un bon repas plaisant et animé à New House. Murray était attentif mais parlait peu. Il m'a suivi pendant quelques jours, rencontrant des gens, visitant quelques-uns des autres foyers et « observant » ma relation avec Adam. À ma grande surprise, Murray était plutôt à l'aise dans la maison. Il ne disait pas grand-chose, mais il était là, tout simplement.

Un matin, au déjeuner, Murray et moi étions assis en silence près d'Adam. Murray observait ses moindres gestes et il me regardait l'aider à amener sa cuillère jusqu'à sa bouche et à tenir son verre de jus d'orange. Soudain, le téléphone a sonné. On me demandait au bureau. Rapidement, j'ai dit à Adam que j'étais désolé de devoir partir en vitesse, mais que je le laissais entre bonnes mains. Puis j'ai dit à Murray : « Je dois m'absenter un moment. Pourquoi n'aiderais-tu pas Adam à terminer son déjeuner? Après, les assistants l'aideront à se rendre au travail. » Murray a dit : « D'accord. » Je n'avais pas deviné l'ampleur de son inquiétude.

Murray m'a confié plus tard que pendant les trente minutes qui ont suivi, assis près d'Adam, il s'est mis à le reconnaître non pas comme un homme handicapé très différent de lui, mais comme un homme magnifique avec qui il partageait bien des côtés vulnérables. Murray était un homme d'affaires important, ce qui ne l'empêchait pas de connaître ses propres luttes, ses propres peurs, ses propres expériences d'échec, ses propres handicaps. Assis près d'Adam, en l'aidant à terminer son déjeuner, Murray a vécu un moment de grâce. Il prenait conscience qu'Adam et lui étaient frères. La distance a disparu, et une profonde compassion a pris naissance dans le cœur de Murray. Il a créé un lien étroit avec Adam, qui l'attirait et l'éclairait. Le lendemain fut vraiment un jour nouveau pour Murray. Il a plus tard partagé avec moi ce sentiment qui grandissait en lui, sentiment d'être accepté, aimé et apprécié, non seulement par Adam mais par tous les résidants de New House.

La visite de Murray à Daybreak a porté de nombreux fruits dans sa vie; elle a créé en lui l'ouverture nécessaire pour accepter sa propre blessure, ses propres échecs, et pour être moins sur la défensive avec sa famille et ses amis. Elle nous a assurément permis d'approfondir notre amitié. À partir de ce moment-là, Murray parlait d'Adam avec beaucoup d'amour et, chaque fois qu'il m'appelait, il me demandait : « Comment va Adam? »

Quatre ans après sa visite à Toronto, Murray fut victime d'une violente crise cardiaque. Sa mort fut une grande perte pour Peggy, pour ses enfants, sa famille et ses amis, et pour moi. Lorsque j'ai pris la parole à ses funérailles, j'ai rappelé qu'Adam avait joué un rôle important en aidant Murray à affronter ses propres faiblesses, le préparant ainsi au dernier passage le conduisant à Dieu.

* * *

L'histoire de Murray n'est pas unique. D'innombrables personnes, venues à New House pour une semaine, un jour ou seulement quelques heures, ont été profondément touchées par la présence silencieuse d'Adam. Certaines m'ont confié que, de retour chez elles, elles ne cessaient de penser à lui et de parler de lui à leurs amis. Souvent, leur rencontre avec Adam devenait une expérience de renouveau intérieur. En effet, Adam leur offrait l'occasion de considérer autrement leur vie, leurs buts et leurs aspirations. Aux personnes qu'il rencontrait, Adam offrait une présence et un havre de sécurité leur permettant de reconnaître et d'accepter leurs propres handicaps, souvent invisibles. Il rayonnait d'une paix intérieure qui soutenait les gens qui vivaient des moments difficiles ou qui devaient prendre des décisions importantes. Tous ceux qui rencontraient Adam ne vivaient pas la même expérience. Pour certains, c'était une expérience de paix; pour d'autres, une rencontre d'eux-mêmes; pour d'autres, une redécouverte de leur cœur; pour d'autres encore, cela ne signifiait rien.

Le ministère d'Adam avait ceci de particulier : Adam ne semblait pas être conscient de tout ce qui se passait autour de lui et par lui, parce que les mots soins, ministère, guérison et service ne lui disaient pas grand-chose. Il ne semblait posséder ni idée, ni projet, ni intention, ni aspiration. Il était tout simplement présent, s'offrant lui-même dans la paix, se donnant en entier afin que les fruits de son ministère soient purs et abondants. J'en suis témoin, ces mots qu'on dit de Jésus pourraient l'être d'Adam : « Tous ceux qui le touchaient étaient sauvés » (*Marc* 6, 56).

Adam était un véritable maître et un vrai guérisseur. Ses guérisons étaient pour la plupart intérieures; elles annonçaient la paix, la force, la joie et la liberté à ceux et celles qui souvent étaient à peine capables de reconnaître leurs blessures. Par ses yeux et par sa présence, Adam nous disait : « Ne crains pas. Tu n'as pas à fuir ta douleur. Regarde-moi, approche-toi de moi et tu découvriras que, tout comme moi, tu es l'enfant bien-aimé de Dieu. »

Pour cette raison, je ne crois pas qu'il soit exagéré d'affirmer que Daybreak a été le lieu du ministère public d'Adam. Je crois fermement que, comme Jésus, Adam a été envoyé dans ce monde pour accomplir sa mission unique. Pendant les années passées à la maison avec sa famille, il a vécu la réciprocité de l'amour, grandissant physiquement tout en transformant intérieurement ses parents. C'était là sa préparation. À Daybreak, ses dons, son enseignement et ses guérisons ont eu un impact considérable sur les nombreuses personnes qui habitaient avec lui ainsi que sur celles qui sont venues en visite ou qui ont vécu dans les autres foyers de la communauté.

Chapitre IV

La manière d'Adam

Adam a vécu onze ans à New House. Pendant ces années, plusieurs assistants y ont travaillé. Certains venaient du Canada et des États-Unis, d'autres d'Australie, d'Allemagne, du Brésil, de la Pologne, d'Ukraine et de bien d'autres pays. Ils venaient souvent pour un an ou deux, explorer une nouvelle orientation de vie et vivre une expérience « différente » loin de chez eux. Quelques-uns se sont découvert une vocation permanente à l'Arche, mais la plupart ont poursuivi leur route et sont devenus avocats, travailleurs sociaux, thérapeutes, infirmières ou gens d'affaires.

De plus, de nombreuses personnes venaient nous rendre visite. New House, même si elle est la plus occupée de toutes les maisons de Daybreak, est la plus accueillante. « Venez manger ce soir! » est une invitation courante, et ils sont nombreux, les gens des autres foyers de la communauté, d'autres villes ou pays, à se joindre aux résidants pour prendre un repas et partager les joies et les souffrances de cette maisonnée bien particulière. La table est souvent décorée de fleurs et de bougies, et les repas sont préparés avec soin, en tenant compte des diverses exigences alimentaires. Les conversations sont habituellement animées, et le repas est souvent suivi de prières, de chants et de musique. Il y a rarement moins de douze personnes autour de la table, et souvent bien davantage.

Pendant le temps passé à New House, Adam a dû rencontrer des centaines de personnes. Les nouveaux venus étaient souvent mal à l'aise et éprouvaient une certaine peur lorsqu'ils rencontraient les personnes avec un handicap, si visiblement différentes d'eux. Mais une heure autour de la table suffisait à faire disparaître presque toute leur nervosité. La plupart des gens qui sont venus à New House se rappellent d'Adam comme du centre paisible de la maison. Adam a, d'une certaine manière, marqué leur cœur et leur esprit. Souvent, ils écrivaient : « Transmettez mon affection à Adam. » « Embrassez-le de ma part. » « Dites-lui que je pense à lui et à vous tous. »

C'est autour de la table, pendant les repas à New House, que la plupart des « miracles » d'Adam se sont produits. Apparemment, il ne faisait rien. Il était là, tout simplement. Mais son « être là », sa simple présence touchait profondément le cœur et l'âme des gens. Pas de guérisons soudaines, pas de conversions immédiates, mais la découverte qu'Adam, que le monde entier et que chacun de nous avions une nouvelle importance, une nouvelle signification, une nouvelle raison d'être.

Certains des miracles d'Adam ont été si intimes, ils se sont produits au plus profond des cœurs, qu'ils peuvent difficilement être exprimés verbalement. Certains se sont produits des mois et des années après la visite de la personne à Daybreak. Certains exigeaient de la personne une conversion radicale, un véritable retournement. Je me rappelle encore cette femme en visite à New House. Elle s'approcha d'Adam en disant : « Pauvre homme! Pauvre homme! Pourquoi cela vous est-il arrivé? Je vais prier sur vous pour que notre cher Seigneur vous guérisse. » Elle invita les assistants à former un cercle autour d'Adam pour prier. Mais l'un d'entre eux lui toucha doucement l'épaule et lui dit : « Adam n'a pas besoin de guérison; il va bien. Il est heureux que vous soyez venue partager notre repas. Passons à table. » J'ignore si cette visiteuse a un jour été prête à se laisser toucher par Adam, à voir son unité et sa sainteté dans sa blessure, mais elle a fini par prendre conscience que tous étaient heureux avec Adam tel qu'il était.

La « manière » d'être et de vivre d'Adam a sans aucun doute eu un impact profond sur la vie des personnes qui le rencontraient, moi le premier. Trois histoires me viennent à l'esprit : celle du père Bruno, celle de mon amie Cathy et la mienne.

* * *

Après avoir habité à New House, j'ai accepté la tâche de pasteur de Daybreak à temps plein et j'ai déménagé dans notre petite maison de retraite avec chapelle appelée Dayspring. Un an plus tard, un prêtre d'âge mûr est arrivé. Il était en année sabbatique. Le père Bruno venait de compléter un terme de dix-huit ans comme abbé du monastère camaldule à Big Sur, en Californie, et éprouvait le besoin de vivre pour un temps hors de sa communauté. C'était un homme mince, de grande taille; sa barbe était courte, ses yeux, doux, et son tempérament, pacifique. Il parlait doucement, mais il était surtout silencieux et un peu timide. Un vrai moine. Pourquoi était-il venu chez nous? Il avait entendu parler de Daybreak et croyait que ce serait un bon endroit pour vivre la transition entre son poste d'autorité et la vie de simple moine qu'il reprendrait. Il désirait partager la vie de personnes avec un handicap. Il a vécu avec nous pendant trois mois, à New House. Peu de temps après son arrivée, je le voyais souvent dans l'entrée de la maison ou dans la rue, poussant Adam dans son fauteuil roulant. Comme il n'était pas un assistant mais un invité faisant un long séjour, il disposait de beaucoup de temps libre et avait décidé d'en passer une grande partie avec Adam. Tous deux semblaient beaucoup apprécier être simplement en compagnie de l'autre.

Lorsque je les voyais ensemble, je me disais : « Adam ne pourrait avoir meilleur compagnon que ce moine doux et calme! La vie d'Adam ne ressemble-t-elle pas à la sienne? La paix parle à la paix. La solitude accueille la solitude. Le silence repose avec le silence. Quelle grâce! »

Un jour, Bruno est passé me voir. Je lui ai demandé : « Comment allez-vous, Adam et toi? » Bruno m'a regardé, rempli d'émerveillement et de joie. Il a dit : « Adam est pour moi un véritable cadeau. Il m'enseigne à être un meilleur moine. » J'ai répondu : « Je pense que je sais ce que tu veux dire, mais j'aimerais que tu essaies de me l'expliquer. »

Bruno n'était pas très bavard. Il ressentait profondément les choses et préférait garder le silence. Il a bien voulu cependant expliquer ce qu'il vivait avec Adam. Il m'a dit : « Pendant plusieurs années, j'ai essayé de mener une vie spirituelle et j'en ai aidé d'autres à y arriver. J'ai toujours su que je devais me dépouiller pour accueillir Dieu, laisser aller peu à peu mes pensées, mes émotions, mes sentiments et mes passions qui empêchaient la communion profonde avec Dieu à laquelle j'aspirais. En Adam, j'ai rencontré un homme choisi par Dieu pour nous conduire plus profondément à cette communion. Pendant ces longues heures passées avec Adam, je me suis retrouvé attiré dans une solitude de plus en plus profonde. Dans le cœur d'Adam, j'ai touché à la plénitude de l'amour divin. »

Je ne pouvais m'empêcher de penser à Adam; son authenticité et sa vie avaient permis l'extraordinaire expérience spirituelle de Bruno. Un abbé, père de moines, avait trouvé un guide, un maître spirituel en la personne d'Adam.

* * *

Au fil des ans, j'en suis venu à considérer Adam comme quelqu'un susceptible d'aider les personnes que je ne pouvais aider. De plus en plus de gens venaient à Daybreak pour une retraite, un accompagnement spirituel ou simplement pour trouver un peu de solitude et de silence au cœur de leur vie mouvementée. Parfois ils arrivaient avec des problèmes très concrets, espérant rencontrer quelqu'un qui puisse les aider à relativiser leur situation, leur apporter un soulagement et peut-être un peu de guérison. Plusieurs membres de la communauté tentaient de répondre aux besoins de nos nombreux visiteurs, et nous étions de plus en plus étonnés de constater à quel point quelques jours de silence et un bon accompagnement spirituel dans le cadre d'une communauté d'amour pouvaient les aider.

Mais parfois, nous nous demandions si les attentes de certaines personnes n'étaient pas démesurées. Adam nous fut d'un grand secours dans un de ces cas. C'est l'histoire de Cathy.

Un jour, une limousine allongée noire, aux vitres teintées, est apparue à Daybreak. Plusieurs personnes regardaient, perplexes, cette voiture arriver. Qu'est-ce qu'une personne se déplaçant dans un tel véhicule venait faire à Daybreak?

Lorsque la limousine s'est arrêtée devant Dayspring, une petite femme très maigre en est descendue. « Je m'appelle Cathy, dit-elle. Je viens de New York et j'ai besoin d'aide pour résoudre mes problèmes. » Sue Mosteller, l'hôte de Dayspring, et moi l'avons conduite dans la maison. « Comment pouvons-nous vous aider? »

« Eh bien! pour être honnête avec vous, je suis terriblement déprimée. Je consulte un psychiatre depuis plusieurs années déjà, et il n'a pas réussi à m'aider. Au contraire, mon état empire. Alors mon frère, qui connaît Daybreak, m'a dit : "Pourquoi ne vas-tu pas là-bas? Ces gens peuvent peut-être t'aider." Alors me voici. » Elle devait avoir au moins 70 ans. Elle avait un très beau visage, et une petite étincelle brillait dans ses yeux. Elle était soigneusement vêtue et semblait en pleine possession de ses moyens. Pourquoi était-elle déprimée?

Sue lui a dit : « Pouvez-vous nous en dire un peu plus? Certains événements ont-ils déclenché votre dépression? »

« Oh oui! a répondu Cathy. Cela vous paraîtra peut-être étrange, mais chaque fois que je lis la page sociale du *New York Times* et que j'y vois les noms de tous les gens invités par le président des États-Unis et la Première Dame à dîner à la Maison blanche, je suis déprimée parce que je ne suis pas sur la liste! »

Sue et moi nous sommes regardés. C'était du nouveau pour nous!

Cathy a poursuivi : « Je suis toujours en train de me comparer aux autres et, en vieillissant, je réalise que de plus en plus de gens m'oublient. Et quand je vois des gens qui n'ont pas la moitié de ma fortune ou de mes relations mais qui sont plus désirables que moi… je deviens très, très déprimée. »

Puis Cathy s'est mise à nous raconter sa vie — son mariage prestigieux, ses enfants, son divorce, son second mariage, sa vie sociale bien remplie, sa relation avec l'Église, ses œuvres de charité et sa renommée. Elle nous a raconté tout cela avec beaucoup d'honnêteté et d'ouverture, non sans humour. « Les gens s'attendent toujours à avoir de l'argent, dit-elle. Quand je perds quelque chose, je promets à saint Antoine que je vais donner 1 000 $ à mon Église lorsque je l'aurai retrouvé. Aujourd'hui, quand je vais à la messe, le prêtre me demande : "Cathy, avez-vous perdu quelque chose cette semaine?" »

Progressivement, une image très inhabituelle mais tragique s'est dégagée. Devant nous se tenait une femme qui avait tout ce dont un être humain pouvait rêver — argent, gloire, relations et pouvoir — et qui se demandait si quelqu'un l'aimait vraiment. Riche mais pauvre. Célèbre mais insécure. Grande mais très petite.

Sue a dit : « Cathy, croyez-vous que vous êtes une bonne personne simplement parce que vous êtes Cathy? »

Des larmes ont mouillé ses yeux. Elle a dit : « Je ne sais pas. Avec tout ce qui m'entoure, je ne sais même pas qui je suis. J'ignore ce que ce serait si les gens m'aimaient simplement en tant que Cathy. Est-ce qu'ils le feraient? Je me le demande souvent! »

Soudain, j'ai compris sa dépression. Cathy se posait la même question que nous tous : si les gens nous connaissaient tels que nous sommes vraiment, sans tous les ornements dont nous nous sommes parés, nous aimeraient-ils quand même? Ou bien nous oublieraient-ils dès que nous ne leur serions plus utiles? Voilà la question centrale de l'identité : sommes-nous bons à cause de ce que nous faisons ou possédons, ou à cause de ce que nous sommes? Suis-je quelqu'un parce que le monde fait de moi quelqu'un, ou suis-je quelqu'un parce que j'ai appartenu à Dieu bien avant d'appartenir au monde? Tant d'événements s'étaient produits dans la longue vie de Cathy qu'elle avait perdu contact avec la personne originale, simple et aimable qu'elle était.

Plus Sue et moi parlions avec Cathy, plus nous prenions conscience qu'aucun de nos arguments n'arriverait à la convaincre de s'aimer elle-même. En fait, nous-mêmes n'étions pas entièrement à l'abri des pièges dont parlait Cathy. Nous étions nous aussi impressionnés par sa fortune et sa renommée. Serait-elle un jour capable d'accepter que nous lui révélions son véritable être spirituel? Il n'aurait pas fallu grand-chose pour qu'elle en vienne à nous considérer, comme les autres, comme des utilisateurs potentiels. À mesure que je devenais conscient de la difficulté de Cathy de se libérer de sa prison sociale, j'ai pensé à Adam. Il était peut-être le seul qui ne songerait jamais à l'utiliser. Il ne lui demanderait pas d'argent, ne recherchait aucune gloire et n'avait besoin d'impressionner personne.

Je lui ai dit : « Cathy, vous êtes invitée à New House ce soir pour le souper. Vous partagerez le repas d'Adam et de ses compagnons. » Elle était un peu surprise. Pourquoi iraitelle prendre un repas avec des personnes handicapées alors qu'elle venait pour trouver une aide spirituelle? Je pouvais lire l'interrogation dans ses yeux, même si elle a répondu poliment : « Il me fera plaisir d'aller voir ces pauvres gens. » À la dernière minute, j'ai décidé de ne pas y aller avec elle. Je voulais qu'elle soit leur seule invitée.

Lorsqu'elle est revenue, vers 21 heures, je l'attendais, un peu inquiet, me demandant si j'avais eu raison de l'envoyer à New House. Mais lorsqu'elle est entrée dans le salon, elle était détendue et heureuse. « Henri, c'était si bon! Je me suis sentie acceptée, même aimée, et bienvenue. Je pense qu'ils m'ont vraiment aimée. Je dois dire que j'étais un peu craintive quand vous m'avez demandé d'y aller, mais j'étais assez heureuse d'être là. Tout le monde était gentil et amical. Je me suis vraiment découvert des affinités avec Adam, peut-être parce que j'étais assise à côté de lui et que j'ai pu l'aider un peu. Quel bel homme! Vraiment, ce fut une soirée superbe! »

J'avais de la difficulté à croire le changement qui s'était produit dans son regard et sur son visage. Était-ce là notre visiteuse déprimée? J'ai remarqué qu'elle avait dans les mains une tablette de chocolat. « Eh bien! Vous avez gagné la barre de chocolat de John! »

« Oui. Après le repas, John s'est levé et a fait un discours dont je n'ai absolument rien compris. Puis il nous a demandé de dire un chiffre et la couleur de nos vêtements. Ce que nous avons fait. Il a regardé son calepin et a déclaré que j'avais gagné. Il s'est approché de moi, m'a donné la barre de chocolat et m'a embrassée. Je n'arrivais pas à y croire. Mais je me suis sentie si accueillie, et ces gens ne me connaissent même pas! »

Quel cadeau et quel mystère! Une des personnes les plus riches du monde, profondément reconnaissante pour une barre de chocolat! Adam, John, Rosie, Roy et Michael avaient réussi à lui rappeler sa véritable identité : Cathy, une belle personne.

De retour à New York, Cathy m'a téléphoné : « Mon mari s'est aperçu qu'il m'était arrivé quelque chose d'important à Daybreak. Il voulait savoir ce que j'avais fait là-bas. Je lui ai parlé de mon souper à New House, d'Adam, de John et de la barre de chocolat. Je ne ressens plus, comme avant, cet affreux sentiment de dépression. Je sens une nouvelle présence de Dieu en moi, de l'amour de Dieu pour moi. »

Dans les années qui ont suivi, Cathy et moi nous parlions régulièrement au téléphone. Je lui ai rendu visite à deux reprises. Elle me redisait souvent : « Quelque chose de très profond s'est produit pendant mon séjour à Daybreak. Je ne suis plus déprimée, parce que je me sens davantage en lien avec moi-même. » Je pouvais constater qu'elle disait vrai. Elle avait de nombreux problèmes physiques et souffrait beaucoup, mais sa dépression s'était dissipée.

Lorsque Cathy est décédée, huit ans après sa visite à Daybreak, sa famille m'a demandé de présider ses funérailles. J'ai protesté : « Pourquoi moi? Elle connaissait tant de prêtres!
— Non. Nous voulons que ce soit vous, parce qu'elle vous était si reconnaissante, à vous et à la communauté de Daybreak. »
J'ai accepté. À la famille et aux amis réunis, j'ai dit que Dieu avait béni Cathy non seulement dans ses dons, mais aussi dans sa pauvreté, parce qu'elle avait accepté de recevoir un don de guérison de la part d'Adam, et une tablette de chocolat de John. J'ignore s'ils pouvaient comprendre ce que je disais,

mais je voulais dire à tous qu'un très pauvre homme avait fait quelque chose de miraculeux pour une très pauvre femme.

* * *

Finalement, il y a l'histoire qui raconte comment Adam, par sa manière d'être authentique, m'a indiqué, ou plutôt m'a conduit à une prise de conscience de mon être profond. J'ai vécu quatorze mois à New House. J'étais heureux d'être là, et ma relation avec Adam s'est approfondie et solidifiée avec le temps. Cependant, des jours difficiles m'attendaient. C'était bien la dernière chose que j'avais prévue. Après mes nombreuses années d'enseignement, Daybreak était devenu mon chez-moi, l'endroit où je pouvais vivre en communauté, prier et prendre soin des « pauvres ». J'avais toujours cherché un endroit où je me sentirais en sécurité. Les universités où j'avais enseigné m'avaient offert la possibilité unique de développer ma pensée sur la vie spirituelle et de partager mes idées avec des centaines d'étudiants; mais jamais elles ne m'avaient offert un foyer. Daybreak l'avait fait. Je m'y sentais apprécié et aimé, et jamais je n'ai remis en question ma décision de me joindre à L'Arche.

Cependant, il se passait autre chose. Vivre proche d'Adam et des autres m'a rapproché de mes propres vulnérabilités. Alors qu'au début il semblait facile de distinguer qui était handicapé de qui ne l'était pas, notre vie quotidienne ensemble rendait les frontières beaucoup moins définies. Oui, Adam, Rosie et Michael ne pouvaient pas parler, mais moi je parlais trop. Oui, Adam, Rosie et Michael ne pouvaient pas marcher, mais moi je courais constamment, comme si la vie n'était qu'une suite ininterrompue d'urgences. Oui, John et Roy avaient besoin d'aide dans les tâches quotidiennes, mais moi aussi, je disais sans arrêt : « Aidez-moi! Aidez-moi! » Et lorsque j'ai eu le courage de me regarder plus en profondeur, d'affronter mes besoins émotionnels, mon incapacité à prier, mon impatience et mon agitation, mes nombreuses inquiétudes et peurs, le mot « handicap » a soudain acquis un sens entièrement nouveau. Le fait que mes handicaps étaient moins visibles que ceux d'Adam et des autres ne les rendait pas moins réels.

Peu à peu, j'ai pris conscience que la douce sécurité de New House était en train de défaire les murs de défense que j'avais érigés autour de mes handicaps intérieurs. Dans ce milieu aimant, dépourvu de toute compétition, de toute préoccupation de faire mieux que les autres et de toute pression à me distinguer, j'ai fait l'expérience d'une chose que je n'avais jamais pu voir ou vivre auparavant. Je me retrouvais devant une personne très insécure, démunie et fragile : moi-même. De ce point de vue, je voyais Adam comme étant la personne forte. Il était toujours là, silencieux, rempli de paix et de stabilité intérieure. Adam, Rosie, Michael, John et Roy se révélaient tous à moi comme le noyau solide de notre communauté.

À la fin de 1987, j'ai pris conscience que je me dirigeais tout droit vers une crise. Je ne dormais pas bien. J'étais préoccupé par une amitié qui naguère me comblait mais qui était devenue étouffante. C'était comme si les planches qui recouvraient mon gouffre intérieur avaient été enlevées; je me trouvais face à un canyon rempli d'animaux sauvages n'attendant que le moment de me dévorer. Je me sentais submergé par des sentiments d'abandon, de rejet, de dénuement, de dépendance, de désespoir. Dans un foyer rempli de paix, avec des gens capables de me pacifier, j'étais là, tempêtant intérieurement.

J'en ai parlé avec quelques membres de ma communauté, d'abord indirectement puis assez ouvertement. Je me suis rapidement retrouvé à en discuter avec un psychiatre. Ils m'ont tous dit la même chose : « Il est temps pour toi d'affronter tes démons. Il est temps de panser tes propres plaies, de laisser les autres prendre soin de toi. »

C'était une proposition humiliante. Je devais quitter New House et la communauté pour un endroit où je pourrais vaincre mon angoisse dans l'espoir de trouver une paix et une force nouvelles. Qu'est-ce que cela signifiait? Je l'ignorais. J'étais venu pour vivre en communauté et prendre soin d'Adam. Maintenant, il me fallait quitter Adam et me regarder en vérité avec mes propres handicaps.

Je traversais une crise profonde. Je voulais arriver à croire que j'étais aimé, même si je ne trouvais rien dans ma vie dont je pouvais être fier. Bien sûr, j'avais quitté l'université et son prestige, mais ma vie à Daybreak me donnait beaucoup de satisfaction et me valait même de l'admiration. Oui, on me considérait comme un homme bon, et même noble, parce que j'aidais les pauvres! Mais maintenant que cette dernière béquille m'était enlevée, je devais croire que même si je n'avais rien à montrer aux autres j'étais toujours le fils bien-aimé de Dieu.

À travers cette épreuve émotive, j'ai pris conscience que je devenais semblable à Adam. Il n'avait rien dont il pouvait être fier. Moi non plus. Il était complètement vide. Moi aussi. Il avait constamment besoin d'attention. Moi aussi. Voilà que je résistais, refusant de « devenir comme Adam ». Je ne voulais pas être dépendant et faible. Je ne voulais pas être si démuni. Mais à un certain point, j'ai pris conscience que la manière d'Adam, le chemin de la vulnérabilité complète, était aussi la manière de Jésus.

Pendant les mois passés loin de Daybreak, bien dirigé, j'ai pu entendre une voix intérieure qui me disait doucement : « Tu es mon enfant bien-aimé, en toi j'ai mis tout mon amour. » Longtemps, je me suis méfié de cette voix. Je ne cessais de me dire : « C'est un mensonge. Je connais la vérité. Il n'y a rien en moi qui vaille la peine d'être aimé. » Mais mes guides étaient là, m'encourageant à écouter cette voix et à la laisser parler plus fort. Quand j'ai enfin été capable de lui faire confiance, j'étais prêt à retourner à Daybreak et à y poursuivre mon chemin.

La communauté ne m'a pas demandé de retourner à New House ou de continuer à travailler avec Adam. Cette période initiale pendant laquelle j'avais aidé Adam était terminée. D'autres m'avaient remplacé. On m'a invité à élargir mon ministère comme pasteur de Daybreak.

Avec du recul, je constate qu'à mon retour ma relation avec Adam avait changé. Pendant quatorze mois, il avait été mon guide et mon maître. Il m'avait permis de prendre racine dans la communauté de Daybreak, il avait ouvert mon cœur au don de la vulnérabilité et m'avait conduit à confronter mon propre gouffre intérieur. Maintenant que j'avais découvert et accepté de faire confiance à la voix d'amour qui parlait en moi, j'avais moins besoin d'être constamment avec lui. Nous pouvions désormais être amis, membres d'une même communauté, deux hommes cheminant ensemble vers Dieu. Nos pauvretés s'étaient rejointes et notre relation était solide.

Je suis resté un ami spécial de New House. Chaque fois que c'était possible, j'y allais pour un repas, et on me réservait toujours une place près d'Adam. Lorsque Adam célébrait son anniversaire, les assistants m'invitaient toujours à la fête.

* * *

Bruno, Cathy et moi sommes trois des nombreux bénéficiaires de l'authenticité et de la vie d'Adam. Comme Jésus disait à Philippe : « Qui m'a vu a vu le Père », nous avons eu le privilège de reconnaître en Adam la présence de Dieu (*Jean* 14, 9). Je crois que Dieu a envoyé Adam tout comme il a envoyé Jésus pour être un instrument de grâce, une source de guérison, cause d'une joie nouvelle. Il était si entier, pacifiant, silencieux, respirant bruyamment, bougeant sans cesse ses doigts, jamais conscient d'être si spécial.

Dans notre société marquée par la peur, l'inquiétude, la solitude, la dépression et le sentiment d'être perdus, nous sommes à la recherche de guides. Nous espérons tellement que quelqu'un — un gourou, un directeur spirituel ou un ami — puisse nous aider à sortir de la confusion, à trouver un sens à notre vie et nous guider vers l'unité, la liberté et la paix intérieures. Nous recherchons surtout des hommes et des femmes réputés, remplis de sagesse, d'intuition psychologique, de sensibilité spirituelle et dotés d'une solide expérience de vie. Le problème, c'est peut-être que nous nous attendons à trop et qu'ils veulent peut-être trop donner. Nous devenons alors dépendants, et eux deviennent contrôlants.

Adam était le guide le moins contrôlant et le plus dépendant que j'aie rencontré. C'est peut-être pourquoi j'ai pu autant faire confiance à sa manière d'être. Je crois qu'il a fait des miracles semblables à ceux de Jésus, précisément parce qu'il ne les a jamais revendiqués. Il n'a jamais demandé d'argent, de gloire ni même de remerciements. Dans sa totale impuissance, Adam a été pour Bruno, pour Cathy et surtout pour moi un instrument de la puissance de guérison de Dieu.

Chapitre V

La passion d'Adam

Le mot « passion » vient du verbe latin *patior*, qui signifie « subir ». Il est de la même famille que le mot « passif ».

La passion de Jésus s'est produite après beaucoup d'action. Pendant trois ans, Jésus est allé de village en village, de ville en ville, il a prêché, enseigné, répondu aux questions des gens, guéri les malades, confronté les hypocrites, consolé ceux qui étaient accablés de douleur, appelé les morts à la vie. Partout où il allait, de grandes foules l'admiraient, l'écoutaient, lui demandaient de l'aide. Pendant ces années mouvementées, Jésus gardait le contrôle de la situation. Il allait et venait, selon ce qu'il pensait devoir faire. Ses disciples acceptaient qu'il les guide et le suivaient partout où il se rendait.

Mais à Gethsémani, au Jardin des oliviers, toute cette action a pris fin. Là, Jésus a été livré par un de ses disciples. Ainsi commençait sa passion. À partir de ce moment-là, il ne pouvait rien faire; il devait subir. Il a été arrêté, emprisonné, conduit devant Pilate, flagellé, couronné d'épines, on lui a donné une croix à porter, il a été dépouillé de ses vêtements, cloué sur une croix et ridiculisé jusqu'à sa mort. Il ne pouvait plus agir. On agissait sur lui. C'était une pure passion.

Le grand mystère de la vie de Jésus est qu'il a accompli sa mission non pas dans son action mais dans sa passion, pas par ce qu'il a fait mais par ce qu'on lui a fait, pas par ses propres décisions mais par les décisions d'autres personnes le concernant. Mourant sur la croix, il a crié : « Tout est accompli. »

Toute la vie d'Adam a été passion, une vie de souffrances, pendant laquelle il a subi tout ce qui était fait pour lui, à lui, avec lui et autour de lui. Sa souffrance en était surtout une de totale dépendance des actions et des décisions des autres. Il a pu prendre seulement quelques initiatives — comme sauter sur son lit, pousser l'aspirateur du haut de l'escalier, lever sa cuillère ou sa tasse — mais sans jamais décider où aller, avec qui se retrouver ou quoi faire. Adam a vécu chaque instant de sa vie dans l'attente que d'autres agissent à sa place.

Pendant quelques années sa santé s'est stabilisée, mais la question principale demeurait : comment contrôler ses crises d'épilepsie? Il subissait plusieurs crises par jour, qui parfois l'épuisaient tellement qu'il devait se recoucher pour récupérer. Ses médicaments anti-épileptiques l'aidaient à contrôler les crises, mais entraînaient des effets secondaires et plusieurs désavantages. Ils lui enlevaient toute son énergie, le constipaient, l'endormaient et, avec le temps, remplissaient son système de toxines. Plusieurs séjours à l'hôpital ont été nécessaires avant qu'on réussisse à trouver l'équilibre dans ses médicaments. Lorsqu'il était intoxiqué, Adam devait passer du temps sous surveillance à l'hôpital, pour permettre au médecin de déterminer la bonne dose de médicament anti-épileptique. Ce que tout le monde ignorait, jusqu'à la fin de sa vie, c'est que ces médicaments affaiblissaient peu à peu son cœur.

* * *

Nous ne connaissons pas ses nombreuses luttes, ses souffrances physiques et émotionnelles. Sa plus grande souffrance fut peut-être de ne pas pouvoir exprimer à quiconque ce qui le dérangeait. Lorsque Rex ou Jeanne se rendaient compte, par exemple, que ses dents étaient rentrées dans ses gencives, ils pouvaient agir rapidement pour Adam; c'était toutefois plus difficile de découvrir le problème lorsqu'il portait les mauvais appareils auditifs ou souffrait d'une surdose de médicaments. Trouver les causes de son inconfort évident impliquait beaucoup de suppositions.

De façon générale, la santé d'Adam était fragile, avec des hauts et des bas. Sa respiration était toujours laborieuse, bruyante et irrégulière. Respirer était pour lui exigeant, davantage encore à mesure qu'il vieillissait. Chaque fois qu'il souffrait d'un rhume ou d'une grippe, il avait besoin d'une longue période de récupération pour retrouver sa force et son énergie.

À l'automne 1994, Adam a été très malade. Personne ne savait exactement ce qui se passait, mais on l'a conduit d'urgence à l'hôpital York-Central de Richmond Hill. Lorsque je suis arrivé un peu plus tard, Rex et Jeanne étaient déjà là, et Ann Pavilonis, directrice de la maison New House, parlait aux médecins et aux infirmières. « Il souffre d'une double pneumonie, m'a dit Ann lorsqu'elle est revenue. Les médecins ne savent pas s'il va s'en tirer. » Nous nous sommes retrouvés autour du lit d'Adam. Il était branché à plusieurs moniteurs et semblait inconscient.

Ann a dit : « Le médecin demande à Rex et Jeanne s'ils veulent qu'Adam soit mis sous respirateur si la situation devient critique. » Un peu plus tard, nous en avons parlé ensemble. Rex et Jeanne ont été très clairs : « Nous voulons qu'Adam vive le plus longtemps possible et qu'il souffre le moins possible. » Ils souhaitaient qu'un respirateur soit utilisé uniquement comme mesure temporaire. Ils n'arrivaient pas à imaginer qu'Adam passe le reste de sa vie dépendant d'un tel dispositif. « Il a déjà assez souffert », dit Jeanne.

Mais Adam n'était pas prêt à mourir. Le lendemain, il se portait beaucoup mieux, et une semaine plus tard il était de retour à la maison.

C'était la première fois que je prenais conscience de la fragilité de la santé d'Adam. Je n'avais jamais vraiment songé à la possibilité de le perdre. Il avait seulement 33 ans et, même s'il avait constamment besoin de soins médicaux, il paraissait assez fort pour vivre longtemps. Mais Adam est resté assez faible et ne s'est jamais complètement remis de cette double pneumonie. Nous avons alors pris conscience qu'il était passé tout près de la mort et que nous devions commencer à envisager la possibilité que sa vie soit courte. Nous avions de la difficulté à croire à cette éventualité, et il nous arrivait souvent de l'oublier — à l'exception d'Ann, infirmière, responsable de New House. Adam était au centre de la vie de la maison, et sa faiblesse continuelle était un grand souci pour Ann. Les médecins lui avaient affirmé qu'ils ne pouvaient rien faire pour aider Adam à reprendre des forces; cependant, ils ne disaient pas grand-chose au sujet de son cœur. La vie continuait, mais pendant plusieurs mois Adam n'a pas pu se rendre au centre de jour. Il passait ses journées au lit ou dans son fauteuil dans la salle à manger, le cœur du foyer. Rex et Jeanne, ses parents fidèles et aimants, sont venus plus souvent, alors que leur fils entrait dans les dernières étapes de sa passion.

Les assistants de son foyer et du centre de jour ont été extraordinaires. Ils ont peut-être trouvé difficile d'organiser leur horaire de façon à ce qu'il y ait toujours quelqu'un avec Adam, mais jamais ils ne se sont plaints de perdre de leur « temps libre ». Chacun a passé de longues heures avec Adam, le nourrissant lorsqu'il était trop faible pour manger seul, le changeant et trouvant le moyen de lui préparer les plats qu'il aimait particulièrement. La très grande faiblesse d'Adam les inquiétait aussi, surtout ceux et celles qui étaient directement responsables de ses soins. Ils étaient tous jeunes, plusieurs d'entre eux n'avaient aucune expérience auprès de malades chroniques ou en phase terminale. Ils demandaient : « Et s'il avait une crise et ne se réveillait pas? Et s'il devait mourir pendant que je suis seul à la maison? Et s'il tombait pendant que je lui donne son bain? Et si quelque chose arrivait pendant la nuit? » Leurs inquiétudes, bien réelles, semblaient se rapporter davantage à eux-mêmes qu'à Adam. Mais ils avaient besoin de confiance pour être capables d'être là pour lui. Les mois ont passé, son état ne s'est amélioré qu'un tout petit peu. Mais parce qu'il n'y avait eu aucune urgence, nous nous sommes tranquillisés, et certains d'entre nous sommes devenus habitués à l'état de santé précaire d'Adam.

Jeanne, Rex, Michael et Adam passaient toujours la fête de Noël tous ensemble, en famille. Au fil des ans, ils avaient établi des traditions importantes pour eux. La veille de Noël, ils décoraient l'arbre, buvaient du cidre chaud, et Michael examinait les cadeaux joliment enveloppés reposant sous l'arbre. Deux événements revêtaient une importance particulière : les cadeaux et le souper.

Cette année-là, Adam était trop faible pour aller passer Noël à la maison. Après le souper le jour de Noël, Michael et ses parents sont venus lui rendre visite à New House, où ils ont passé ensemble le lendemain de Noël. Ce n'était facile ni pour Adam ni pour ses parents, parce qu'Adam allait visiblement très mal — il respirait bruyamment et était très fatigué — et parce que Noël n'était pas le même sans lui.

L'année suivante, Noël 1995, Adam revenait tout juste d'un séjour à l'hôpital après une autre pneumonie. À nouveau, il était trop faible pour aller chez ses parents. Ceux-ci ont décidé de passer le jour de Noël à New House avec Adam et Michael. Jeanne avait apporté tout ce qu'il fallait pour le repas, sauf la dinde. John David, un assistant et ami d'Adam, avait fait cuire une poitrine de dinde pour les Arnett. Tout le monde a quitté la maison pour qu'ils puissent prendre le repas en famille. Les trente-cinq autres membres de la communauté se sont rassemblés pour le repas dans la grande salle de rencontre de Daybreak, à côté. Jeanne garde de meilleurs souvenirs de ce Noël que du précédent, mais Adam était si faible qu'elle voulait le laisser dans sa chaise et le faire manger. Rex pensait qu'Adam préférerait venir à table. Le repas servi, il a approché Adam et ils ont pu manger tous ensemble, en famille. Adam a été capable de manger seul et a pleinement profité de son repas, comme dans le bon vieux temps!

* * *

Toute l'activité autour d'Adam n'a pas diminué sa passion. Il vivait dans une dépendance absolue. Il semblait profondément résigné, totalement abandonné entre les mains des autres, rayonnant de lumière et de paix dans son entière faiblesse. Quand j'y repense aujourd'hui, je prends conscience qu'aucun d'entre nous ne voulait faire face à la vérité : la fin de sa passion approchait.

La passion d'Adam représente pour moi un témoignage profondément prophétique. Sa vie, particulièrement sa passion, est une critique radicale adressée à ceux et celles d'entre nous qui cédons aux critères d'une société régie par l'individualisme, le matérialisme et le sensationnalisme. La totale dépendance d'Adam lui permettait de vivre pleinement, à la condition que nous vivions autour de lui dans une communauté d'amour. Son grand enseignement pour nous : « Je peux vivre uniquement si vous m'entourez d'amour et si vous vous aimez les uns les autres. Sans cela, ma vie est inutile et je deviens un fardeau. » Adam nous invitait clairement à croire que la compassion, et non la compétition, est la meilleure façon de vivre notre vocation humaine. Ce défi nous a obligés à réexaminer tous les présupposés qui fondent nos vies individualistes et orientées vers l'action.

La vérité, c'est qu'une grande partie, sinon la plus grande, de notre existence est passion. Même si nous souhaitons tous agir seuls, être indépendants et autonomes, pendant de longues périodes nous dépendons des décisions d'autres personnes. Pas seulement quand nous sommes jeunes et sans expérience, ou vieux et démunis, mais aussi quand nous sommes forts et autosuffisants. Une grande partie de notre succès, de nos richesses, de notre santé et de nos relations sont influencés par des événements et des circonstances sur lesquels nous avons peu ou pas de contrôle. Nous désirons conserver le plus longtemps possible l'illusion de l'action, mais la passion est ultimement ce qui détermine le cours de notre vie. Nous avons besoin de personnes, des gens aimants, qui nous soutiennent pendant nos moments de passion et nous aident ainsi à accomplir notre mission. Voilà, pour moi, le sens de la passion d'Adam : elle nous appelle à accepter l'authenticité de notre vie, à choisir de donner notre amour quand nous sommes forts et de recevoir l'amour des autres quand nous sommes faibles, toujours dans la paix et la générosité.

Chapitre VI

La mort d'Adam

En septembre 1995, plusieurs mois après la première pneumonie d'Adam, j'ai quitté Daybreak pour une année sabbatique. L'année précédente avait été marquée par plusieurs célébrations en lien avec le vingt-cinquième anniversaire de la communauté. Je réalisais que j'avais besoin d'une pause, d'un temps pour me refaire intérieurement et pour écrire.

Mais ce n'était pas facile pour moi de quitter la communauté de Daybreak. J'étais devenu très proche de la vie des personnes avec un handicap et de leurs assistants. Neuf ans s'étaient écoulés depuis mon arrivée à New House et ma rencontre avec Adam. Mais il était temps de prendre un peu de recul, de faire le point sur ces années de travail pastoral et de commencer à penser à la dernière étape de ma vie.

Aux environs de Noël, pendant que je passais quelques semaines en Europe avec mon père, alors âgé de 93 ans, Ann Pavilonis m'a appris qu'Adam n'allait pas très bien. Il avait été incapable d'aller passer Noël chez lui ou de participer aux célébrations de la communauté. Sa famille avait passé le jour de Noël avec lui à New House. Adam était trop faible pour se rendre au centre de jour. Ann est une infirmière remarquable et compétente. Elle m'a dit : « Les médecins ont observé que son cœur était hypertrophié, et ils pensent qu'il n'en a pas pour longtemps. Il est si faible. Nous sommes inquiets devant les jours qui viennent et nous avons peur de le perdre… Prie seulement pour que nous puissions bien vivre tout cela. »

Les semaines suivantes ont été extrêmement difficiles pour Adam, pour ses parents et pour tous les résidants de New House. Adam a passé son temps entre la maison et l'hôpital, y faisant à deux reprises un séjour d'une semaine. On m'a dit que Rosie et Michael, ses compagnons de foyer qui ne parlent pas, ont vraiment vécu ce temps dans la compassion et la solidarité avec Adam. Ils vivaient ensemble depuis dix ans et avaient tissé entre eux des liens très profonds. Roy et John, qui semblaient craindre tout ce qui entourait la mort, refusaient de parler d'Adam, mais ils savaient aussi que son état empirait et ils suivaient avec attention toutes les conversations à son sujet et tout mouvement autour de lui. Les assistants liés à Adam souhaitaient prendre soin de lui à la maison, mais son état était si précaire qu'ils ont réalisé que ce n'était bon ni pour lui ni pour eux.

* * *

Au début février, Adam a été admis à l'hôpital. Son état était critique. Les médecins ont annoncé à Jeanne, à Rex et à Ann que son cœur était tout simplement usé, que les muscles étaient en lambeaux. Rien, hormis une transplantation cardiaque, ne pouvait le sauver. Ces nouvelles ont été surprenantes et accablantes pour les parents d'Adam. Parce que les médecins n'avaient jamais mentionné ces problèmes cardiaques, Jeanne et Rex n'étaient pas conscients que l'état de leur fils était si sérieux. Ils n'étaient pas prêts à le voir mourir si rapidement.

Rex a sérieusement pensé à demander une transplantation, mais il a pris conscience que la qualité de la vie d'Adam n'en serait pas améliorée. Abandonnant ce dernier espoir, il a dû affronter la dure réalité. Jeanne et lui passaient la majeure partie de leur temps à l'hôpital, encourageaient Adam lorsqu'il prenait une longue pause avant de recommencer à respirer. Ils l'invitaient sans cesse à continuer de vivre, lui disant qu'il en était capable. Adam écoutait et faisait de son mieux pour répondre à leurs invitations aimantes. Les assistants venaient, à tour de rôle, passer la nuit avec Adam, pour qu'il ne soit jamais seul.

Très tôt, le lundi 12 février, Ann a vu que les moniteurs auxquels Adam était branché n'indiquaient que des lignes horizontales. Quand le médecin est arrivé, Adam n'avait plus de pouls. Le médecin a fermé le moniteur, il a déclaré qu'Adam avait subi un arrêt cardiaque et qu'il était mort. Avant de quitter la chambre, l'infirmière a descendu le lit, laissant Ann seule avec le corps d'Adam. « Dès qu'ils sont partis, rappelle Ann, j'ai relevé le lit et je me suis mise à parler à Adam. Je ne peux pas vous dire tout ce que je lui ai dit parce que j'étais sous le coup de l'émotion, mais en gros, et de façon très claire, je lui ai dit que ses parents n'étaient pas encore là et qu'il ne pouvait pas mourir avant qu'ils arrivent! Je savais qu'ils étaient en route. Je massais sa poitrine et parlais fort, lui ordonnant de m'écouter! Après quelques minutes, Adam a pris une grande inspiration et s'est remis à respirer! Je lui ai dit : "Tu sais que très bientôt tu pourras partir. Mais tu ne peux pas nous quitter avant que tes parents aient eu le temps de te voir et de te dire adieu." J'ai appelé l'infirmière, qui n'en croyait pas ses yeux, et elle a appelé le médecin. Celui-ci m'a dit qu'Adam n'avait absolument aucun espoir de survie, que je devais le laisser partir. Mais je lui ai dit qu'Adam devait survivre jusqu'à ce que ses parents arrivent! Surpris, le médecin m'a demandé :

"N'êtes-vous pas sa mère? — Non, mais ses parents sont en route." Le médecin est alors parti en secouant la tête et m'a dit qu'il passerait un peu plus tard. » Quand Rex et Jeanne sont arrivés, Adam respirait comme avant.

Pendant ce temps, les gens de Daybreak avaient entendu la nouvelle de la mort imminente d'Adam. Ceux et celles qui avaient participé avec Adam au programme de jour avaient été réunis dans la grande salle de rencontre pour former des groupes qui iraient dire adieu à leur compagnon. Ils avaient tous beaucoup de limites, et les assistants discutaient pour déterminer lesquels iraient immédiatement dans la camionnette adaptée, et qui attendrait à 11 heures. Ils s'étaient finalement mis d'accord. Tracy et Michael iraient les premiers; les assistants ont donc préparé leurs manteaux et fauteuils roulants, sans remarquer que Rosie, dont le départ était prévu pour plus tard, était sortie d'un pas chancelant, avait mis son manteau à moitié et poussé son fauteuil roulant devant l'entrée de la salle.

Rosie, comme Adam, ne parle pas. Elle a appris à marcher à l'âge de 25 ans, après avoir vécu plusieurs années dans un lit, dans une maison d'accueil. Rosie ne s'approche jamais beaucoup des gens et elle crie souvent sans raison apparente. Elle semble vivre dans un monde à part.

Lorsque Tracy et Michael ont été prêts à partir, Rosie était là, dans son fauteuil roulant, bloquant l'entrée. Kathy l'a soulevée doucement et lui a dit qu'elle devrait attendre un peu, qu'elle partirait à 11 heures. Elle l'a ramenée dans la salle et a aussi rentré son fauteuil roulant. Comme elle ressortait, le téléphone a sonné et elle est allée y répondre. Lorsqu'elle est revenue, deux minutes plus tard, qui bloquait l'entrée, assise dans son fauteuil roulant? Rosie!

Kathy lui a demandé : « Rosie, est-ce que tu essaies de nous dire quelque chose? » Rosie ne bougeait pas. Et lorsque Kathy s'est approchée pour l'aider à retourner dans la salle, elle s'est accrochée à sa chaise. « Peut-être dois-tu y aller tout de suite… mais Rosie, tu ne peux pas crier si tu vas à l'hôpital! Adam est très, très malade, et nous allons lui dire adieu. Si tu te mets à faire du bruit, ils vont nous demander de partir, et les autres n'auront pas la permission d'y aller. Qu'en penses-tu? » Rosie s'accrochait fermement à son fauteuil roulant. Comme si elle disait : « S'il vous plaît, je veux y aller maintenant. »

Les infirmières, comme la famille, craignaient un peu ce défilé de gens dans la chambre d'Adam pour lui dire au revoir mais, pour le bien de ces personnes, ils l'ont permis. Rosie, bien avertie au sujet de ses « bruits », a été conduite au chevet d'Adam. En silence, elle regardait Adam dans les yeux. Il semblait la regarder, lui aussi. Elle s'est étirée et lui a pris la main, une chose que jamais personne ne l'avait vue faire auparavant. Elle a tenu sa main dans la sienne et l'a regardé dans les yeux pendant près de deux minutes. Délicatement, elle a reposé sa main sur le lit, s'est adossée à sa chaise, prête à partir. Rosie et Adam s'étaient dit adieu. Rosie était prête à s'en retourner.

* * *

Ce matin-là, j'étais à Watertown, Massachusetts. Kathy Christie, ma secrétaire à Daybreak, m'a téléphoné pour me dire que l'état d'Adam empirait sérieusement et qu'il avait cette fois peu de chances de survie. Quelques heures plus tard, j'étais à bord d'un avion en direction de Toronto.

Quand je suis entré dans la chambre d'Adam, à l'hôpital, j'ai été profondément ému de voir mon cher ami étendu là, visiblement en train de vivre ses dernières heures parmi nous. Je l'ai embrassé sur le front, j'ai passé ma main dans ses cheveux. Il avait les yeux ouverts, mais je n'étais pas sûr qu'il m'avait reconnu. Rex, Jeanne et Ann m'ont accueilli, et j'ai senti leur immense tristesse. Ils avaient traversé tant d'épreuves dans les derniers mois et, jusqu'à tout récemment, ils avaient eu espoir qu'Adam se remettrait. Mais ils savaient maintenant que sa mort était proche.

« Merci, Henri. Merci beaucoup d'être venu, m'a dit Jeanne à travers ses larmes. Tu étais si proche d'Adam. J'ai bien peur que son heure ne soit venue. Nous allons devoir le laisser aller. Il a souffert assez longtemps… trop longtemps. »

Peu après, Michael, le frère d'Adam, est arrivé avec un des assistants. Il s'est dirigé directement vers le lit d'Adam. Il se parlait à lui-même et priait Dieu : « Je… veux… que tu aides mon frère. S'il te plaît, aide-le à marcher de nouveau. » Il regardait tristement ses parents. Son père a mis ses bras autour de son cou. Quelques minutes plus tard, en me voyant, Michael s'est jeté dans mes bras, a posé sa tête sur ma poitrine et s'est mis à pleurer. Pendant un long moment, j'ai tenu son corps tremblant entre mes bras, puis je l'ai tourné vers le lit d'Adam. Tout le monde s'est rassemblé autour du lit. Michael tenait le petit contenant d'huile sainte; j'ai fait l'onction d'huile sur le front et les mains d'Adam, priant Dieu de lui donner la force intérieure nécessaire pour son dernier passage.

« Mon… mon, mon frère… s'en va… au ciel, a dit Michael, en larmes. Mon cœur est brisé… Mon cœur est brisé, mon père. » Je l'ai pris dans mes bras, et nous avons pleuré ensemble. C'était déchirant de voir la douleur de Michael se communiquant à ses parents, et les larmes qui coulaient librement alors que nous nous tenions là, près d'Adam. Après environ une heure, avec l'aide de son père, Michael a dit adieu à son frère et a quitté l'hôpital.

Il était alors 18 heures, mais Jeanne et Rex continuaient de surveiller chaque respiration d'Adam sous le masque à oxygène, s'assurant qu'il soit le plus confortable possible et l'appelant à prendre la prochaine inspiration. De temps en temps, ils mouillaient ses lèvres avec une petite éponge. « Il n'abandonne pas facilement, ai-je dit. C'est un vrai batailleur! » Ann Pavilonis a dit : « Je suis certaine qu'il attendait que Rex, Jeanne et toi arriviez. Maintenant que vous êtes ici, que vous l'avez vu, il est temps de le laisser aller. » Bien sûr, nous ne l'écoutions pas! Ses parents essayaient d'encourager leur fils : « Respire, Adam! Vas-y! Tu peux y arriver! Respire! » Ann les a appelés tous deux à l'écart et les a aidés à prendre conscience qu'il était temps de cesser d'appeler Adam à vivre. « Vous devez le bénir et lui donner la permission de partir. » À contrecœur, ils sont revenus au chevet d'Adam et lui ont dit qu'il pouvait maintenant partir. Je me suis assis sur le lit; je caressais la tête et les cheveux d'Adam et, de temps en temps, je prenais sa tête entre mes mains.

Des membres de la communauté Daybreak sont venus tour à tour tout au long de la soirée pour faire leurs adieux à Adam et parler un peu avec nous. À l'occasion, quelques-uns d'entre nous nous rassemblions autour du lit d'Adam; nous nous tenions par la main et priions pour lui, pour ses parents, sa famille et ses nombreux amis. Nous demandions à Dieu de nous donner une profonde paix intérieure et la liberté de laisser Adam partir quand arriverait son heure.

Plus tard ce soir-là, l'infirmière a débranché les moniteurs, et Rex et Ann ont enlevé le masque pour qu'Adam soit libre de tout système palliatif non nécessaire. Il était proche de la mort, et la seule chose à faire était de nous assurer qu'il soit le plus confortable possible. Puis il s'est mis à lutter pour respirer. Même s'il n'avait pas l'air de souffrir, nous étions épuisés de le voir se battre pour chaque souffle. Jeanne a dit, avec une certaine fierté : « Avec un cœur si faible, je me demande comment il fait. Il n'abandonne pas facilement. Il est si fort! » Rex s'est mis à genoux près du lit et a pris la main d'Adam. Jeanne était debout de l'autre côté, les mains sur son fils.

Vers minuit, nous avons vu qu'Adam passerait la nuit. Je me sentais épuisé. Ann m'a dit : « Rentre à la maison et va te reposer. Rex, Jeanne et moi serons ici. Je t'appellerai quand Adam sera mort. »

* * *

Très peu de temps après que je me sois endormi dans ma chambre à Dayspring, vers une heure, Ann m'a téléphoné : « Henri, Adam est mort. » Immédiatement, j'ai pensé : « Tout est accompli. » La vie d'Adam — et sa mission — venait de prendre fin.

Quinze minutes plus tard, j'étais de retour à l'hôpital. Adam reposait là, complètement immobile, en paix. Plus de lutte pour le prochain souffle, plus de mouvements de ses doigts ou d'agitation incontrôlée de son corps. Rex, Jeanne et Ann étaient assis sur le lit, touchant le corps d'Adam. Tous versaient des larmes, des larmes de deuil mais aussi de soulagement. Main dans la main, nous regardions tous les quatre le visage paisible d'Adam; notre prière était remplie d'action de grâce pour le cadeau de ses trente-quatre années de vie et pour tout ce qu'il nous avait apporté dans sa grande faiblesse physique et son incroyable force spirituelle.

Je ne pouvais arrêter de fixer son visage. Je pensais : « Voici l'homme qui plus que tout autre m'a permis d'entrer en communication avec mon moi intérieur, ma communauté, mon Dieu. Voici l'homme dont on m'avait confié le soin, mais qui m'a accueilli dans sa vie et dans son cœur de manière si profonde. Oui, j'ai pris soin de lui pendant ma première année à Daybreak, et j'en suis venu à tellement l'aimer; il a été pour moi un cadeau inestimable. Voici mon conseiller, mon maître et mon guide, qui n'a jamais réussi à dire un mot mais qui m'a enseigné plus que n'importe quel livre, professeur ou directeur spirituel. Voici Adam, mon ami, mon ami bien-aimé, la personne la plus vulnérable que j'aie connue et en même temps la plus forte. Il est mort maintenant. Sa vie est terminée. Sa mission est accomplie. Il est retourné au cœur de Dieu d'où il était venu. »

Je ressentais une immense tristesse, en même temps qu'une immense joie. J'avais perdu un compagnon et trouvé un gardien pour le reste de ma vie. J'ai prié : « Que tous les anges guident Adam au paradis et l'accueillent dans l'étreinte amoureuse de son Dieu. »

La mort est un si grand mystère, qui nous oblige à nous demander : « Pourquoi est-ce que je vis? Comment est-ce que je vis? Pour qui est-ce que je vis? » Et « Suis-je prêt à mourir… maintenant… plus tard? » C'était comme si Adam m'avait donné la liberté de laisser ces questions jaillir en moi. Comme s'il me disait : « Ne crains pas, Henri. Laisse ma mort t'aider à apprivoiser la tienne. Quand tu n'auras plus peur de ta propre mort, alors tu pourras vivre pleinement, librement et joyeusement. »

Quel privilège d'être là avec Rex, Jeanne et Ann, et de faire l'expérience de ce moment sacré du passage. Je me sentais comme Jean, le disciple bien-aimé de Jésus, qui se tenait avec Marie au pied de la croix. Je n'ai pas d'enfant selon la chair, mais Adam était devenu pour moi comme un fils. Il était aussi devenu comme un père. Là, devant son corps immobile, je savais que Dieu ne m'avait pas laissé seul, sans enfants ni foyer.

Au moment de mourir, Jésus a dit à Marie, en regardant son disciple bien-aimé : « Mère, voici ton fils. » Et à Jean : « Voici ta mère. » Il faisait ainsi de sa mort le début d'une communion nouvelle. Adam aussi, à cet instant et dans les jours suivants, a créé des liens de communion entre sa famille, ses amis et des membres passés et présents de la communauté.

Autour de trois heures, le médecin est arrivé. Rex et Jeanne ont réalisé que le moment du premier adieu était venu. Rex a dit : « S'il vous plaît, docteur, soyez doux avec son corps. » C'est ce que lui-même avait fait pendant trente-quatre ans.

Quand est venu le moment de quitter l'hôpital, Rex et Jeanne ont insisté pour me raccompagner. Il faisait froid, très froid. Tout était immobile, recouvert de la neige laissée par la septième tempête de l'hiver. Quinze minutes plus tard, ils m'ont laissé à Dayspring. En les saluant de la main pendant qu'ils s'éloignaient, j'essayais d'imaginer ce qui se passait dans leur cœur. Un homme et une femme, roulant dans la nuit, pleurant la mort de leur fils bien-aimé, à qui ils avaient donné tout leur amour et toute leur attention. Je pouvais difficilement comprendre leur angoisse. En même temps, j'étais convaincu qu'Adam était là, tout près, les protégeant et veillant sur eux. Il ne les laisserait jamais seuls dans leur douleur.

Chapitre VII

Les funérailles d'Adam

À mon réveil le lendemain, j'ai réalisé que je devais passer un peu de temps avec le frère d'Adam, Michael. Mary Bastedo, responsable du foyer où vit Michael, m'a suggéré de l'amener boire une boisson gazeuse. « Il veut vraiment être avec toi, tout de suite », dit-elle. Michael et moi nous sommes donc rendus dans un restaurant de Richmond Hill, pour boire un *Coke* et un café, en parlant de nous et d'Adam. J'ai dit : « Michael, je suis heureux que nous soyons amis. » De sa façon bien à lui, il a saisi le bras de la chaise et, s'approchant un peu de moi, a souri et m'a répondu : « Oui… mon père. Je suis… ton… ami. »

J'ai dit : « Ton frère Adam est parti maintenant. Il est avec Dieu. Aujourd'hui, nous irons au salon funéraire. Tu verras son corps. Demain, nous enterrerons son corps au cimetière. » Michael m'a regardé, les larmes aux yeux, et a dit : « Je n'aime pas ça, mon père. Je… n'aime pas que… dans la… terre », pointant vers le sol. J'ai dit : « Moi non plus, je n'aime pas ça, Mike. Mais je crois vraiment que Dieu donnera à Adam un nouveau corps, pour qu'il puisse marcher dans le ciel et parler, discuter avec ton grand-père et ta grand-mère, avec ton oncle, qui sont déjà là. »

La douleur de Michael était profonde. Mais heureusement, de temps en temps, quelque chose l'en distrayait pendant quelques courts instants. Une petite diversion que je pouvais lui offrir était de le faire asseoir dans ma voiture, d'allumer la radio et de partir en promenade. Je sentais que Michael s'en tirerait. Il prie beaucoup, et je sentais que sa foi l'aiderait dans les jours à venir.

Cet après-midi-là, j'ai été très surpris, en arrivant à la maison funéraire, de voir Adam étendu dans son cercueil. Il avait l'air si jeune, comme un garçon de dix-huit ans qui venait tout juste de s'endormir. Son visage était très calme. Sa peau était douce, ses cheveux, bien coiffés. Il portait une chemise superbe et un chandail de laine jaune. Sa beauté et sa jeunesse m'ont fait venir les larmes aux yeux. C'était la première fois que je le voyais ainsi, la bouche fermée, très calme. J'avais de la difficulté à croire que cet homme m'avait tant donné et en même temps ne m'avait jamais dit un mot, qu'il n'avait jamais pu courir dans le jardin, jouer au ballon, aller à l'école de façon régulière ou lire des livres. Il aimait simplement être là, en compagnie de ses amis! Il avait l'air tellement en santé, si entier, si beau, que je ne pouvais le quitter des yeux. C'était comme s'il me laissait entrevoir le nouveau corps dont il hériterait à la résurrection.

Jeanne s'était demandé s'il était souhaitable de laisser le cercueil ouvert. « Adam est mort, maintenant. Pourquoi le dernier souvenir des gens devrait-il être celui de son corps mort? » Malgré tout, je lui avais demandé de penser à la possibilité de laisser le cercueil ouvert pour un moment, pour permettre à ceux et celles qui le souhaitaient de le voir avant l'enterrement. Lorsque Jeanne a vu son fils, si doux, si beau et si paisible, elle a réalisé à quel point il était bon de pouvoir le regarder ainsi, de lui caresser les cheveux, de l'embrasser sur le front.

Pendant les heures de visite, dans l'après-midi et la soirée, les membres de la communauté Daybreak sont venus passer un moment avec Adam pour la dernière fois. La plus grande salle de la maison funéraire était remplie. Ann, John David, Leszek, Jody et Claudia, les assistants qui avaient habité avec Adam à New House — pendant quelques mois ou quelques années — étaient submergés de douleur en prenant conscience qu'Adam était bel et bien parti. Ils avaient de la difficulté à imaginer comment la vie dans la maison pourrait continuer sans lui.

Puis il y a eu les amis d'Adam et ses compagnons de foyer. John est venu, même s'il a terriblement peur des hôpitaux, des maisons funéraires, des églises et des cimetières, qui lui font tous penser à la mort de sa mère. John avait vécu avec Adam à New House depuis le jour où Adam était arrivé à Daybreak, et il lui avait toujours témoigné beaucoup d'affection et d'amour. Il répétait sans cesse la phrase qu'il connaît le mieux : « Henri, seras-tu à la maison ce soir? » Il avait besoin de contact, de présence, de proximité, mais ses propres expériences et ses blessures ne lui permettaient pas d'exprimer clairement l'angoisse qui habitait son cœur.

Rosie est venue, elle aussi. Elle était arrivée à Daybreak la même année qu'Adam. Même si elle est profondément handicapée — pour les gens de l'extérieur, elle semble vivre dans son monde impénétrable —, ceux qui vivent et travaillent avec elle ont remarqué à quel point la maladie et la mort d'Adam l'avaient profondément touchée. Comme elle avait eu le temps de dire adieu à Adam, Rosie se contentait de trottiner dans la salle, d'accompagner un assistant pour regarder Adam, puis de s'asseoir un moment par terre, loin de la foule. Rosie exprime souvent sa joie ou sa douleur par un cri fort et perçant;

mais là, elle était le plus souvent immobile et concentrée en regardant son ami, ressentant la profonde douleur occasionnée par son départ.

Michael, pas le frère d'Adam, mais celui qui habitait New House, est venu lui aussi dans son fauteuil roulant. À cause de sa paralysie cérébrale très grave et de son handicap intellectuel, il lui est très difficile de communiquer aux autres ce qui se passe en lui. Même là, devant le corps immobile de son ami, Michael était incapable de s'exprimer. Sa présence devant Adam évoquait toutefois des émotions très fortes chez ceux et celles qui l'entouraient. Ce n'est que le lendemain, pendant les funérailles, que sa voix s'est élevée dans l'angoisse d'un cri perçant.

Roy, l'autre compagnon de foyer d'Adam, est incapable d'avoir un contact direct avec la mort. Il avait décidé qu'une visite au salon funéraire serait trop dérangeante pour lui. Mais à la maison, il ne cessait de répéter : « Comment va Adam? Comment va Adam? » Il tentait de rester joyeux et optimiste au milieu de sa douleur. Il souffrait très profondément, incapable de contrôler ses accès soudains de frustration et de colère. Il aimait Adam très profondément et lui parlait toujours affectueusement. Un lien véritable unissait ces deux hommes. Après les funérailles, Ann et Roy se sont rendus sur la tombe d'Adam. Roy a semblé se sentir mieux après cette visite.

La salle où reposait la dépouille d'Adam était remplie, non seulement de membres de la communauté et de sa famille, mais aussi d'amis venant de loin. Greg et sa femme Eileen, qui s'étaient rencontrés à New House, qui avaient vécu avec Adam, étaient venus de Chicago; Steve, qui avait créé des liens avec Adam en tant qu'assistant et au centre de jour, était venu en avion de Seattle; et Peter, qui avait accompagné Adam pendant deux ans, comme directeur de New House, était arrivé de Nouvelle-Écosse pour venir au salon et participer aux funérailles.

À quelques reprises, pendant les heures de visite, nous avons cessé les échanges; formant un cercle autour d'Adam, nous avons partagé et prié. J'ai lu le psaume 27 qui, me semblait-il, prêtait sa voix à Adam. Après le moment de prière, nous restions en cercle et plusieurs personnes racontaient des histoires au sujet d'Adam, des rêves ou des événements provoquant un sourire ou des larmes, ou les deux. Souffrance et joie dansaient côte à côte autour du corps d'Adam. Deuil et rire, un sentiment de perte irrémédiable et un sentiment de gain immense. Comme si nous pouvions entendre Adam nous dire ce que Jésus disait aux disciples endeuillés : « Ne fallait-il pas que le Christ souffrît cela et qu'il entrât dans sa gloire? » (*Luc* 24, 26).

Jésus a dit d'autres paroles pour nous donner espoir dans de telles occasions : « Si le grain de blé qui tombe en terre ne meurt pas, il reste seul; si au contraire il meurt, il porte du fruit en abondance. Celui qui aime sa vie la perd, et celui qui cesse de s'y attacher en ce monde la gardera pour la vie éternelle » (*Jean* 12, 24-25).

Alors que nous étions réunis autour du corps d'Adam, je sentais que les paroles de Jésus à son sujet nous laissaient entrevoir le mystère de l'immense fécondité non seulement de la vie d'Adam, mais aussi de sa mort.

* * *

Le jeudi 15 février 1996, quelques centaines de personnes se sont rassemblées en l'église catholique St. Mary Immaculate de Richmond Hill pour célébrer la vie et la mort d'Adam. Au moment où toute l'assemblée s'est levée pour accueillir la dépouille d'Adam entrant dans l'église, j'ai été submergé par une prise de conscience : tous ces hommes et femmes réunis avaient été profondément touchés par ce jeune homme, si beau et si vulnérable. Il n'était ni un artiste talentueux, ni un célèbre musicien, ni un personnage religieux important, ni un leader politique à succès. Non, c'était Adam, qui nous avait parlé, pas en paroles mais par son exemple; Adam, qui jamais n'avait eu besoin de voyager, de donner des conférences ou d'écrire des livres pour livrer son message de paix. C'était Adam, qui n'avait jamais eu à gagner un sou, parce qu'il avait rassemblé autour de lui une communauté d'amour; Adam, pour qui nous nous sommes levés, les larmes aux yeux, et pour qui nos cœurs étaient remplis d'amour.

Alors que huit amis intimes d'Adam accompagnaient le cercueil à l'avant de l'église, nous avons chanté : « Heureux les pauvres en esprit, le royaume des cieux est à eux. Heureux ceux qui pleurent, ils seront consolés. »

Nous avons écouté les paroles de Paul : « Ce qui est folie dans le monde, Dieu l'a choisi pour confondre les sages » (*1 Corinthiens* 1, 27).

Et nous avons écouté les paroles exprimant la vision de Jésus : « Heureux les doux, ils auront la terre en partage » (*Matthieu* 5, 4). Nous avons pris conscience que ces paroles s'appliquaient vraiment à Adam.

Alors que je me tenais devant le corps d'Adam, que j'élevais le pain eucharistique et reprenais les paroles de Jésus : « Prenez et mangez, ceci est mon corps livré pour vous », j'ai compris d'une manière toute nouvelle que Dieu s'est fait corps pour nous pour que nous puissions le toucher et être guéris. Le corps de Dieu et celui d'Adam ne font qu'un parce que, Jésus nous l'a clairement dit : « Chaque fois que vous l'avez fait à l'un de ces plus petits, qui sont mes frères, c'est à moi que vous l'avez fait » (*Matthieu* 25, 40). En Adam, nous avons vraiment touché le Christ vivant au milieu de nous.

Tous se sont approchés pour recevoir le Corps du Christ et, après l'eucharistie, tous se sont encore approchés pour toucher le cercueil d'Adam, en signe de dernier adieu. Pendant que nos mains effleuraient le bois, nous avons chanté cette vieille bénédiction irlandaise :

> Que la route se lève devant toi.
> Que le vent souffle toujours dans ton dos.
> Que le soleil brille et réchauffe ton visage.
> Que la pluie tombe doucement dans tes champs.
> Et, jusqu'à ce que nous nous retrouvions,
> que Dieu te garde au creux de sa main.

Puis, pendant que ceux qui avaient accompagné le corps d'Adam jusqu'à l'autel l'emmenaient à l'extérieur de l'église, nous avons chanté :

> Dieu te relèvera sur les ailes d'un aigle,
> te portera dans la brise de l'aube,
> s'assurera que tu brilles comme le soleil
> et te gardera dans la paume de sa main.

* * *

Michael et moi sommes montés dans la voiture de tête pour la procession jusqu'au cimetière. Juste après la célébration, Jeanne m'avait dit : « Michael a tant de peine. Je me demande si c'est une bonne idée qu'il vienne au cimetière. » Mais je sentais que Michael souhaitait être près de sa famille et de ses amis, et qu'il serait bon pour lui de vivre son deuil jusqu'au bout. J'avais dit à Michael : « Pourquoi ne monterais-tu pas avec moi dans la première voiture? » Il m'avait immédiatement répondu : « Oui… mon père. Je vais aller… avec toi… dans ta voiture. »

Au cimetière, les porteurs ont conduit le corps d'Adam jusqu'à l'endroit de l'ensevelissement et l'ont placé sur la structure métallique qui permettrait de le descendre dans la fosse. Celle-ci était couverte de grandes planches de bois, et le tas de terre sur le côté était caché par de grands rubans de gazon artificiel. Au moins cent personnes accompagnaient Adam au lieu de son dernier repos.

Le temps était splendide, très froid, mais le soleil projetait sa lumière éclatante sur le cimetière blanc de neige. Il n'y avait pas de vent, et chaque parole prononcée était parfaitement entendue.

Michael avait manifesté un réel intérêt pour le goupillon d'eau bénite que je portais. Je savais qu'il était celui qui devait bénir la tombe d'Adam et son cercueil. Après une courte prière, j'ai donné le goupillon à Michael. Alors que je le soutenais fermement, Michael s'est penché au-dessus du cercueil et l'a béni délicatement, marchant lentement d'un côté à l'autre. Puis, j'ai prié :

> Dieu, nous confions entre tes mains notre fils, frère et ami Adam. Nous savons qu'en compagnie de tous ceux et celles qui ont vécu et sont morts dans le Christ, il ressuscitera au dernier jour et vivra avec toi éternellement.
>
> Accueille notre cher Adam dans ton Paradis, et aide-nous à nous réconforter les uns les autres, confiants dans la foi, jusqu'à ce que nous nous retrouvions dans le Christ, pour être avec toi et avec Adam pour toujours.

Après ces prières, deux jeunes hommes en salopettes et casques de travail sont apparus. Ils ont commencé à enlever les grandes planches qui soutenaient le cercueil. Je ne pouvais m'empêcher de sourire. Ils me faisaient penser à ces fossoyeurs qui apparaissent dans *Hamlet*, de Shakespeare, apportant un aspect comique à la tragédie. Pendant que nous attendions, leur énergie et leur activité nous ont fait comprendre que nous allions effectivement ensevelir Adam. Nous n'allions pas le laisser seul sur le sol dans la neige froide. Après avoir enlevé les planches, les deux hommes ont laissé le cercueil descendre dans la tombe. C'était comme un long voyage, très lent, dans la terre. Pendant ce temps, nous avons chanté : « Alléluia, alléluia, alléluia. » Les deux hommes ont continué de regarder au fond du trou jusqu'à ce que le cercueil touche le sol et que les cordes et le support de métal puissent être retirés. Puis ils nous ont remis, à Rex et à moi, de grandes pelles. Nous les avons plongées dans la terre fraîche que nous faisions tomber, avec un bruit sourd, sur le cercueil. Les pelles ont circulé ensuite parmi nous, jusqu'à ce que tous ceux et celles qui le souhaitaient aient pu déposer un peu de terre au fond de la tombe d'Adam.

Tout cela était tellement définitif! J'ai regardé le cercueil d'Adam au fond de la tombe, recouvert d'un simple bouquet de fleurs, et j'ai su sans l'ombre d'un doute que plus jamais Adam ne serait parmi nous. Un tas de terre recouvrirait son corps, et peu à peu celui-ci en viendrait à faire partie de la terre qui l'entourait. C'est devant ce grand trou que j'ai été confronté à la finalité de la mort de même qu'à l'espérance de la résurrection.

Tous, nous l'avons senti. Nous avons laissé tomber les mottes de terre gelée et entendu leur bruit sourd sur le cercueil, le cœur brisé de douleur. Michael s'est mis à pleurer dans les bras de ses amis et John a finalement réussi à exprimer sa souffrance en poussant de grands cris. À cet instant, nous avons pris conscience de notre impuissance et de notre solitude. Le soleil, la neige, le froid intense, la tombe, les pleurs et le corps d'Adam dans la terre nous aidaient tous à extérioriser cette peine qui semblait inexprimable. Après que chacun eût donné son coup de pelle, nous avons repris la bénédiction irlandaise, puis j'ai dit : « Allons, dans la paix. » Lentement, la foule s'est retournée et a commencé à se disperser.

Je me suis attardé quelques instants avec d'autres. C'était difficile de laisser là, tout seul, cet homme magnifique. Dans un dernier regard à l'endroit recouvert de neige où reposait le corps d'Adam, j'ai senti sa nouvelle solitude. Adam est mort. Il ne reviendra pas. Nous ne pourrons plus jamais le toucher. Nous devrons continuer sans sa présence physique parmi nous. Comment? Nous l'ignorons. Nous devons attendre, ressentir la douleur, vivre notre deuil, laisser couler nos larmes. Adam nous a quittés. Il repose en paix, et nous devons continuer de vivre dans l'espérance. Je suis sûr d'une chose : nous devons rester unis, confiants que celui qui nous a unis souhaite que nous le demeurions. Et en me rendant à l'endroit où nous devions partager le dîner, je savais qu'Adam serait heureux de nous voir rassemblés là, avec de nombreuses larmes et quelques sourires.

Chapitre VIII

La résurrection d'Adam

La résurrection d'Adam a débuté dans la douleur de ceux et celles qui l'avaient aimé. Et cette douleur était réelle et très profonde. Après l'enterrement, quand nous nous sommes tous rassemblés dans la grande salle de rencontre de la communauté de Daybreak, j'ai pris conscience de l'immensité de notre perte. Adam était pour bien des gens, pas seulement pour moi, l'âme de la communauté, le centre tranquille autour duquel nous avions vécu nos existences agitées. Ce centre n'était plus là.

Et maintenant? Et après? Comment allions-nous continuer? Pourrions-nous continuer? Pendant les jours où Adam était exposé, et aux funérailles, il nous était encore possible de sentir sa présence. Nous pouvions encore regarder son jeune visage, le toucher. Maintenant, il n'y avait que le vide, l'absence. Je ne cessais de me demander comment devaient se sentir les disciples de Jésus après son ensevelissement. Hébétés? confus? fâchés? amers? Le fondement de leur existence venait de s'écrouler! Le sens de leur vie venait de leur être enlevé! Tout s'était immobilisé. Plus d'enseignement ni de prédication, plus de repas partagés, plus de temps de prière et de silence, plus de moments intimes de conversation. Où étaient passés les foules, les miracles, la grande attente d'un nouvel ordre, d'une nouvelle liberté? Où était passée l'abondance de poissons et de pain, et la pure joie de vivre? Une grosse pierre avait été roulée à l'entrée du tombeau (*Matthieu* 27, 60) et la pierre avait été scellée (*Matthieu* 27, 66). C'était irrévocable et tellement choquant. Que restait-il à faire sinon retourner à la maison ou rester assis, complètement stupéfaits?

Nous ne pouvons parler ou même penser à la résurrection sans entrer dans la profondeur de notre douleur. Les amis de Jésus, comme ceux d'Adam, ne pouvaient dire : « Ne pleurez pas, il va revenir. » Nous avions besoin de pleurer, de ressentir sa perte, de pleurer son départ. Le deuil est vide, ténèbres, non-sens, inutilité, paralysie. Plus encore, c'est la mort progressive en nous de la personne aimée qui avait fait sa demeure dans notre cœur. Le deuil est un départ une heure à la fois, un jour à la fois, une minute à la fois. Longtemps nous agissons ou pensons comme si la personne était toujours là, mais à chaque détour nous prenons conscience qu'elle est partie, pour toujours. Qui a réveillé Adam ce matin? Mais… il n'est plus ici! Qui lui donnera son bain, qui le rasera, le coiffera et lui mettra son nouveau manteau? Mais… il n'est plus ici! Qui lui préparera son petit déjeuner, qui l'aidera à boire son jus d'orange et le préparera pour sa journée? Mais… il n'est plus ici! Ce soir, Rex et Jeanne viendront… passer du temps avec nous, pas avec Adam. C'est une mort continuelle, c'est être surpris par l'absence encore et encore; c'est un départ lent et douloureux, une solitude à fendre l'âme. Nous ne pouvons éviter notre deuil. Nous ne pouvons le raccourcir. Nous devons lui donner du temps, beaucoup de temps.

* * *

Alors, quand commence la résurrection? Quand reverrons-nous Adam? Quand oserons-nous parler non seulement de son absence mais aussi de sa présence? Pour nous, la résurrection a commencé dans des visions et des rêves.

Yvonne, une bonne amie d'Adam, m'a raconté une histoire qu'elle avait imaginée au milieu de sa peine. Elle pensait à Adam, à sa mort et à leur amitié. Elle a pris conscience que la prochaine fois qu'elle le verrait, ce serait au ciel. Puis elle s'est imaginée en train de marcher dans le paradis. Alors qu'elle marchait, elle a vu un jeune homme radieux s'approcher d'elle. Elle était étonnée; elle ne le reconnaissait pas, mais il est venu directement à elle et lui a dit : « Bonjour, Yvonne. Tu ne me reconnais pas? » Yvonne continuait de le regarder, avec l'impression de le connaître, sans savoir où elle l'avait rencontré. Il s'est mis à rire : « Je suis Adam. Ton ami. Te souviens-tu de moi? » Yvonne était consolée par son énergie de jeunesse et par son accueil.

Élizabeth, membre de longue date de L'Arche, a fait un rêve. Elle raconte : « Dans mon rêve, j'ai vu Adam courir et danser, sauter, libre comme un oiseau. Je l'ai vu comme un esprit libre, qui riait et parlait, bougeait la tête, les bras, les jambes, comme un athlète magnifique. Il était si joyeux, si radieux, il faisait toutes les choses qu'il n'avait jamais pu faire pendant qu'il était avec nous. Je me suis réveillée tout excitée d'avoir vu Adam danser! »

Personnellement, je n'ai eu aucune vision, je n'ai fait aucun rêve. Au contraire, j'avais cette étrange sensation au creux de l'estomac, un sentiment que plus rien ne valait la peine. Ce sentiment n'était pas toujours présent — mes activités quotidiennes continuaient —, mais de temps à autre je me demandais : « Pourquoi est-ce que je fais tout cela? Pourquoi devrais-je visiter une autre personne, manger un autre repas, écrire un autre livre, présider une autre liturgie? De toutes façons, ça ne donne rien. Pourquoi aimer quand tout se termine dans la mort? » Couché sur mon lit, je ressentais une fatigue épuisante et je me demandais : « Pourquoi devrais-je encore une fois me lever? »

Mais chaque fois que je parlais d'Adam à mes amis, ils écoutaient. Et ils écoutaient d'une façon différente quand il était question d'Adam. Ils écoutaient mon cœur en deuil et y entendaient la voix de ce jeune homme silencieux que j'avais tant aimé. Quand je parlais, ils me disaient : « Tu l'aimais vraiment, n'est-ce pas? Parle-nous encore de lui. » Et je leur en disais plus — sur la naissance d'Adam, sur ses merveilleux parents, sur son arrivée à Daybreak, sur notre relation et sur la façon dont il avait touché mon cœur. Une histoire si simple! Mais chaque fois que je la racontais, je pouvais voir jaillir du cœur de mes amis une vie et une espérance nouvelles. Mon deuil devenait leur joie, ma perte était leur gain, et ma mort, leur accession à une vie nouvelle. Très lentement, je me suis mis à voir Adam vivre dans le cœur de ceux et celles qui ne l'avaient jamais connu, comme s'ils faisaient désormais partie d'un grand mystère. Puis quelqu'un m'a dit : « Peut-être devrais-tu écrire sur Adam, pour que plusieurs puissent connaître son histoire et l'apprécier. »

* * *

Est-ce à ce moment que sa résurrection a commencé, au milieu de mon deuil? C'est ce qui est arrivé à Marie de Magdala, dans sa douleur, quand elle a entendu une voix familière qui l'appelait par son nom. C'est ce qui s'est passé pour les disciples déçus, sur la route d'Emmaüs, quand un étranger leur a parlé et que leur cœur est devenu tout brûlant. Cela s'est produit aussi pour les disciples apeurés dans la chambre haute quand ils ont entendu : « Paix à vous! » et des paroles de réconciliation. Cela s'est produit pour les amis de Jésus, endeuillés, qui sont retournés à la pêche dans le lac et ont rempli leur bateau, après qu'un homme sur la rive leur a dit de jeter leurs filets à droite et plus tard les a invités à rompre leur jeûne avec lui.

Le deuil devient une danse, la douleur devient joie, le désespoir devient espérance et la peur devient amour. Puis, timidement, quelqu'un dit : « Il est ressuscité, il est vraiment ressuscité. »

Mon cœur refuse de croire que tout ce qu'Adam a vécu dans son corps a été inutile. Son incroyable vulnérabilité et sa vie, qui est devenue la mystérieuse voie par laquelle il a partagé son amour avec tant de gens, sont destinées à la gloire. Tout comme les blessures de Jésus étaient les signes qui permettaient aux autres de le reconnaître, les blessures d'Adam deviennent les marques de sa présence unique parmi nous. Le corps brisé d'Adam a été le germe de sa vie nouvelle de ressuscité. Paul affirme :

> Mais, dira-t-on, comment les morts ressuscitent-ils? Avec quel corps reviennent-ils? Insensé! Toi, ce que tu sèmes ne prend vie qu'à condition de mourir. Et ce que tu sèmes n'est pas la plante qui doit naître, mais un grain nu, de blé ou d'autre chose. Puis Dieu lui donne corps, comme il le veut et à chaque semence de façon particulière (*1 Corinthiens* 15, 35-38).

Le corps unique d'Adam a été la semence de sa vie ressuscitée. Par sa jeune beauté dans son cercueil, j'ai entrevu quelque chose de cette vie nouvelle. Je dois croire aux visions et aux rêves de mes amis, et à cette nouvelle espérance qui jaillit du cœur de ceux à qui je raconte la vie d'Adam. Je dois croire en ce qui se passe à travers mon deuil et celui d'autres personnes. Dans la confiance, je dois aussi croire que je verrai enfin que la résurrection d'Adam, ce fils bien-aimé de Dieu, n'est pas seulement une chose à attendre, mais aussi quelque chose qui est déjà en train de s'accomplir au milieu de notre douleur.

Chapitre IX

L'esprit d'Adam

Adam, qui est venu de Dieu, envoyé pendant trente-quatre ans dans ce monde, est retourné à Dieu. Sa mission est accomplie. Mais elle n'est pas terminée. Elle ne sera jamais terminée, parce que l'amour est plus fort que la peur et que la vie est plus forte que la mort. L'amour d'Adam et sa vie ne sont pas faits pour la corruption. Ils sont éternels, parce qu'ils font partie de l'amour de Dieu et de sa vie. Juste avant sa mort, Jésus a affirmé :

> Je vous ai dit la vérité : c'est votre avantage que je m'en aille; en effet, si je ne pars pas, l'Esprit Saint ne viendra pas à vous; si, au contraire, je pars, je vous l'enverrai... [et] il vous fera accéder à la vérité tout entière (*Jean* 16, 6-7.13).

L'esprit d'Adam est l'Esprit de Jésus. C'est l'Esprit d'« amour, joie, paix, patience, bonté, bienveillance, foi, douceur, maîtrise de soi » (*Galates* 5, 22). Tous ceux et celles qui ont vécu avec Adam ont été touchés par son magnifique esprit. C'est l'Esprit qui a guéri tant de personnes et qui en a conduit plusieurs à une nouvelle compréhension de leur vie. La mort d'Adam n'a pas éteint son esprit. Au contraire, la mort a libéré son esprit qui peut désormais souffler ailleurs et toucher des personnes qui ne l'ont jamais rencontré mais qui ont entendu parler de lui par ceux et celles qui ont eu le privilège de le connaître. Ainsi, garder vivante la mémoire d'Adam, c'est bien plus que conserver sa photographie sur le mur, mentionner son nom dans nos prières ou vivre une célébration spéciale à l'occasion de l'anniversaire de sa mort. Garder vivante sa mémoire, c'est demeurer ouverts à recevoir l'Esprit de Jésus qui vivait en lui et qui nous est aujourd'hui envoyé. Adam a encore tant de choses à nous donner. Et nous avons tellement besoin de ce qu'il peut nous donner!

Il y a quelques semaines, je suis allé faire une courte visite à New House. Tous y étaient — Rosie, Roy, John, Michael, Ann et les autres. Adam n'était pas là. Mais nous avons parlé de lui. John David a dit : « Adam parti, les choses sont différentes. Nous ressentons constamment son absence. » Jody a ajouté : « Il nous manque tellement! » Et Leszek a dit, tout simplement : « Est-ce que je peux vous offrir quelque chose à boire? »

Nous étions debout ou assis dans différents coins du salon. Pas dans un cercle fermé, mais dans un cercle de deuil et de douleur. Nous avions le sentiment d'être à la fin d'une époque. Notre communauté a vingt-six ans; Adam avait été là pendant onze ans; il avait intégré dans le tissu de notre communauté sa forme et son style bien à lui. Nous étions conscients que la mort d'Adam marquait la fin de notre jeunesse, comme communauté. Notre deuil nous conduisait dans la vie adulte de notre communauté de vie. Nous avions vu des gens arriver et partir, des gens commencer une nouvelle vie, vivre pleinement, puis mourir. Nous avions désormais une longue histoire commune et nous pouvions nous rappeler notre passé. La mort d'Adam nous laissait dans l'attente de quelque chose de nouveau, que nous ne pouvions pas encore exprimer en mots.

D'Adam, nous en sommes finalement arrivés à parler de nous, de notre vie, de notre avenir. John David se préparait à son mariage avec Sheilagh, et Jody, à son mariage avec David. Leszek se préparait à retourner chez lui en Pologne pour poursuivre ses études et Petro, un assistant ukrainien, faisait une demande d'admission au Séminaire de Lvov. J'ai pris conscience que les assistants d'Adam s'en allaient poursuivre leur vie un peu partout dans le monde.

Ils apporteront avec eux dans leur cœur l'esprit d'Adam. Où qu'ils vivent ou travaillent, il leur rappellera sans cesse les nombreuses choses qu'Adam leur a enseignées. Et ce qui n'était pas très clair alors qu'ils vivaient avec lui leur existence occupée, ils pourront enfin le comprendre lorsqu'ils se souviendront de lui dans les années à venir. Ils diront à leurs amis : « Je vais te parler d'Adam, avec qui j'habitais à New House, à Daybreak, il y a plusieurs années. » Et en racontant son histoire, ils découvriront encore que l'esprit d'Adam, l'esprit d'amour, continue de porter du fruit dans leur vie. Il continuera de les guider alors qu'ils accomplissent leur propre mission.

Pendant ce temps, ceux qui restent — John, Rosie, Roy, Michael, Ann et les autres — montrent encore du doigt la chaise vide et la photographie d'Adam sur le mur. À ceux et celles qui viendront partager un repas, ils diront : « Adam a vécu ici. C'était un guide et un ami merveilleux. La vie d'Adam a été pour nous un don de paix, d'espérance, d'amour et d'une immense reconnaissance. »

Conclusion

La vie d'Adam et notre relation ont été pour moi de véritables cadeaux. D'un point de vue « terrestre », parler de notre relation n'a pas du tout de sens. Mais moi, Henri, l'ami d'Adam, j'ai décidé de la raconter. Je ne l'ai pas embellie. Je ne l'ai pas adoucie. J'ai essayé de l'écrire de la façon la plus simple et la plus juste possible. Je suis témoin de l'authenticité d'Adam. Je sais que je n'aurais pas pu raconter son histoire sans connaître celle de Jésus. L'histoire de Jésus m'a donné des yeux pour voir et des oreilles pour entendre l'histoire de la vie et de la mort d'Adam. C'est à la lumière de cette histoire que je me suis senti obligé d'écrire l'histoire d'Adam, le plus simplement et justement possible.

L'Arche est devenue ma communauté et Daybreak, mon foyer, à cause d'Adam — parce que j'ai tenu Adam dans mes bras, que je l'ai touché en toute pureté et liberté. Adam m'a donné un sentiment d'appartenance. Il m'a enraciné dans la vérité de mon être physique, il m'a ancré dans ma communauté et m'a donné de vivre l'expérience de la présence de Dieu dans notre vie ensemble. Si je n'avais pas touché Adam, j'ignore où je serais aujourd'hui. Ces quatorze premiers mois à Daybreak, où j'ai lavé et nourri Adam, où je me suis assis près de lui, m'ont donné le foyer que j'espérais tant trouver. Pas seulement un foyer avec de bonnes personnes, mais un foyer dans mon propre corps, dans le corps de ma communauté, dans le corps de l'Église, oui, dans le corps de Dieu.

J'ai entendu parler de Jésus et j'ai lu sur sa vie, mais je n'ai jamais pu le toucher ou le voir. J'ai pu toucher Adam. Je l'ai vu et j'ai touché sa vie. Je l'ai touché physiquement quand je lui donnais son bain, quand je le rasais et lui brossais les dents. Je l'ai touché quand je l'habillais avec précaution, quand je le conduisais à la table pour le déjeuner et que je l'aidais à porter une cuillère à sa bouche. D'autres l'ont touché quand ils le massaient, faisaient des exercices avec lui et s'assoyaient avec lui dans la piscine ou le bain tourbillon. Ses parents l'ont touché. Murray, Cathy et Bruno l'ont touché. C'est ce que nous avons fait : nous avons touché Adam! Et ce qui a été dit de Jésus doit l'être d'Adam : « Ceux qui le touchaient étaient tous sauvés » (*Marc* 6, 56). Nous tous qui avons touché Adam, nous avons été guéris quelque part; c'est notre expérience à tous.

Ainsi, l'histoire d'Adam devient l'expression de ma foi, mon credo, ainsi qu'une expression de ma propre histoire, avec mes forces et mes faiblesses. À mesure que j'écrivais ce livre, j'ai pris conscience de plus en plus que chaque mot m'engageait autant qu'Adam. Il ne peut en être autrement! C'est au départ mon amour pour Adam qui m'a poussé à écrire son histoire, parce que cet amour s'était transformé en deuil, mouillé de larmes et rempli d'attente. Et là, justement où amour et souffrance se sont rencontrés dans mon cœur, l'Esprit de Dieu m'a inspiré en disant : « Assieds-toi. Écris. Raconte l'histoire. Tu peux le faire non seulement parce que tu aimais Adam, mais parce que tu connais si bien cette autre histoire. »

Alors je me suis assis — au cœur de ma douleur — et j'ai écrit, écrit, écrit. Les mots venaient facilement, parce qu'en écrivant je voyais encore plus clairement qu'Adam avait vécu l'histoire de Jésus, celle que je racontais à tous ceux et celles qui voulaient l'entendre.

Maintenant, je vais me reposer un peu. L'histoire est racontée. J'espère et je prie pour qu'ils soient nombreux, ceux et celles qui la liront et la comprendront.

Table des matières

Chemin de passion, chemins du monde Méditation

Lettre à un ami sur la vie spirituelle

Vivre sa foi au quotidien

Ma foi comme une histoire

Imprimé en France
Cet ouvrage a été achevé d'imprimer sur les presses de Jouve SA
à Mayenne en février 2006
N° d'édition : 3014 - N° d'imprimeur : 393373J
Dépôt légal : mars 2006